本专著是受教育部人文社会科学研究一般项目资助（项目名称：身份认同视域下新手教师情绪的社会学研究；项目编号（19YJA880014）

| 光明社科文库 |

教师的情绪
社会学研究

黄 华○著

光明日报出版社

图书在版编目（CIP）数据

教师的情绪：社会学研究 / 黄华著. -- 北京：光明日报出版社，2023.5
ISBN 978-7-5194-7234-4

Ⅰ.①教… Ⅱ.①黄… Ⅲ.①教师—社会学—研究 Ⅳ.①G451.4

中国国家版本馆 CIP 数据核字（2023）第 089004 号

教师的情绪：社会学研究
JIAOSHI DE QINGXU：SHEHUIXUE YANJIU

著　　者：黄　华	
责任编辑：许　怡	责任校对：王　娟　龚彩虹
封面设计：中联华文	责任印制：曹　净

出版发行：光明日报出版社
地　　址：北京市西城区永安路106号，100050
电　　话：010-63169890（咨询），010-63131930（邮购）
传　　真：010-63131930
网　　址：http://book.gmw.cn
E - mail：gmrbcbs@gmw.cn
法律顾问：北京市兰台律师事务所龚柳方律师
印　　刷：三河市华东印刷有限公司
装　　订：三河市华东印刷有限公司
本书如有破损、缺页、装订错误，请与本社联系调换，电话：010-63131930

开　　本：170mm×240mm	
字　　数：237千字	印　张：15.5
版　　次：2024年1月第1版	印　次：2024年1月第1次印刷
书　　号：ISBN 978-7-5194-7234-4	
定　　价：95.00元	

版权所有　　翻印必究

前　言

　　教学工作的基础是人际互动，蕴含其中的关键内核是情绪，换句话说，教与学本质上是情绪性的（emotionality）。教学过程涉及大量情绪有关的工作，比如教师需要有意地调节自己的情绪，展现积极向上的精神风貌；教师需要根据学生的状况来发动他们的热情，以达到更好的教学效果；教师也需要跟身边同事相处，感同身受蕴含其中的喜怒哀乐等。总而言之，教师的工作本身浸润了丰富的情绪和情感。

　　学界和公众对教师的理解在认知和情绪/情感这两个维度上似乎一直以来持有某种吊诡的差异。比如公众在谈及教师的工作时，往往强调其充满爱心、待人热情、和蔼可亲等与情绪/情感密切相关的内容——它们之于教师职业而言，在公众的心目中是优先于与认知有关的品质的（诸如教学方法、技能、经验、手段等）。但是，学界对教师的研究聚焦则更多地指向与认知有关的方面，比如基于心理科学的教师发展研究，主要强调教书育人过程中的感知、注意、意志、认知风格等方面的素质或能力培养。学界对教师认知方面的强调，在很大程度上与流行的理性取向以及与此相符的"分数至上"或"升学主义"有关——因为认知方面的素质能够直接而明显地提升教师的职业效能以及学生的考试成绩。至于教师的情绪/情感，在学术领域中则更多地呈现为"问题"或"缺陷"，比如工作压力、职业衰竭或其他情绪障碍（比如焦虑、抑郁等）。教师的情绪/情感被理解为需要借由理性进行压抑、调节的对象——因为那些消极的情绪/情感可能对教学工作效能带来负面的影响。

　　学界对情绪的研究受到根深蒂固的"知—情"二元论的影响，亦即认知与情绪是对立的关系，前者优先于后者，而且前者需要对后者进行驾驭，如同骑士对烈马，才能助益于目标实现和问题解决。在"知—情"二元论下，情绪往往被化约为单纯的个体因应于刺激的生理唤醒或神经反应，比如心跳加速、呼吸急促、手脚冰凉、浑身颤抖或头晕目眩，等等。而这些身心变化的确在一定程度上阻碍了理智的运作，包括抽象思考、逻辑推理和综合判断等，从而让人做出错误的或偏差的决策，即所谓的"情令智昏"。但是，情绪与认知之间并非泾渭分明的对立关系，而是相辅相成的。情绪为人们认识世界提供重要的线索——它们实际上构成了"非认知的学习"的机会，同时也支撑着人们坚忍地进行困难而意义重大的使命。对此，研究者似乎选择性地忽视了。

　　而且，从哲理上而言，许多学者也强调情绪之于"人"的定义的核心价值，比如 G. H. 班托克（Bantock）认为，情绪实则是人类生命之所系——人在情绪表达中成为最真正本然的自己。① 就教师而言，情绪对其职业和身份的重要性也是不言而喻的。首先，情绪能够为教师提供反思性的觉知，喜怒哀惧种种，皆为信息，能够昭示着某些新的观点或视角，促成新的形式或意向，从而在教学工作和职业发展中引发创意的思考。其次，情绪是教师行动的重要来源。情绪（emotion）与动机（motive）的英文单词实际上是高度同源的。诚如古希腊历史学家修昔底德（Thucydides，约公元前 460 年—公元前 396 年）所言：情绪/情感即便不是人类行为的唯一推动力，也是主要推动力之一。教师虽然秉持着某些理性信念指导其实践，但在具体的教学工作中，他们往往更直接地受到情绪的驱动。再次，情绪是教师自我认知的主要线索。个体的情绪经验耦合了其世界观、价值取向或者某些认识。它如同"一沙一世界"所寓意的，帮助教师观照内在的"自我"。在这个过程中，时有"头（head）—心（heart）"不一致，即"头告诉我一回事，心却告诉我另一回事"，而这恰恰提供了机会让教师对自我进行更为深入的检视。最后，情绪也是教师生命品质的体现，喜怒哀

---

① BANTOCK G H. Education, culture and the emotions [M]. London: Faber & Faber, 1968: 67.

惧皆与生命品质息息相关，它们预示着希望与敬畏，预示着力量的源泉以及内心的守望等。

在教师的工作与生活中，他们的情绪/情感始终带有流变而耦合的特点，有时候模棱两可、有时候捉摸不定、更多时候则是无关紧要、稍纵即逝而不留痕迹，因而难以被觉察到。但显而易见的是，它们始终在那儿——在教师的举手投足之间，抑或在其和颜悦色背后。研究者关注到个体的情绪往往并非可以单独抽离出来的经验，而是交织着身体的经验——借由身体感（个体感受其置身世界的方式）探索与认识周遭世界，或向内与自我进行独白式的对话。身体在传统的教育学研究中倾向于被还原为有机体或心灵的物质载体，是需要主体加以审视和督察的对象。身体的生理化处置带来人们对其理解浮于类属的、年龄的或者概念的范畴，而其中的社会性、精神性等面向则常常被忽视。当前，有越来越多研究者意识到情绪与身体的关联可以成为观察、理解和书写教师个人感受的立足点。

基于这些考量，本课题意识到对教师情绪的认识应该超越单纯的心理学主导的科学范式，而更强调参与式观察和反思式书写的民族志研究。前者基于实证主义的量化研究，将教师的经验置于被认识、被审视的立场，而研究者与其是抽离的，采用无关的或中立的姿态、从"客观而精确"的数据或图表中解读情绪的意义和内涵。作为质性研究的民族志写作则首先强调教师情绪作为活生生的个人经验的事实，并基于此去探究蕴含其中的意义和价值，以及由此折射出来的教师个体与其栖身所系的社会—历史—文化脉络的相互作用。

本书安排九个章节，每个章节对应的内容如下：

本书的第一章作为导论，旨在于说明情绪在本课题研究的概念内涵。通过梳理当前情绪（尤其是针对中小学教师群体）研究的脉络，展示相关学科（主要是心理学）对于情绪的理解和定义，以及探讨与情绪相关的主流概念（比如情商、主观幸福感、职业倦怠等）的研究现状。在这个基础上，第一章将采用较大的篇幅说明社会学视域下情绪的概念和主流的研究范式。其中，最为重要的是情绪的社会建构的观点——它是本课题研究的认识论的起点。在这个基础上，本章梳理当前社会学对情绪研究的现状。

本书的第二章重点说明教师情绪的理论框架和方法论。本课题主张教师情绪并非单纯基于生理过程的心理现象，而是受到生活情境的社会文化的影响。而且，情绪作为复杂的、流变的个人经验，它需要多维度的、交叉的理论框架才能得以更好地理解。在方法论的选择上，本课题强调质性的研究（尤其是民族志取向），因为它对引发情绪发生的社会历史文化脉络更加敏感。而且，质性研究过程中建立的研究者——参与者关系能够帮助作为参与者的教师更好地表达和展现自己的观点和视角，他们的情绪能够被聆听和被感同身受。据此，本课题旨在于将教师情绪/情感经验的某些现实带到充斥着科学和理性气息的学术研究和教育管理的领域，并得以理解和关照。

本书的第三章呈现借由量化研究而获得的关于教师情绪的总体轮廓。在具体操作中，笔者选用具有良好信效度指标的工具（该工具主要评价教师情绪的五个常见的维度：热爱、欢乐、悲伤、愤怒和惧怕），对抽取的样本教师进行群体测量。在数据分析上，本章主要基于关键的人口统计学变量，包括性别、学校在地、教龄和收入等，来报告教师总体的情绪的基本特征。量化研究在本课题中作为辅助方法，旨在于为质性的民族志研究提供初步轮廓。测量工具包含的五个维度也为笔者对教师情绪的民族志观察提供了一个简明的方案。

本书从第四章到第八章系统报告教师情绪质性研究的相关成果。第四章首先探讨教师如何体验置身其中的教育变革的。变革是当前学校教育的关键话语。在某重点学校，笔者聚焦于量化考核为基础的绩效变革，观察那些被精心熟虑设计的考核"分数"如何重构教师对其工作、身份乃至自我的感受和认知。而在某边缘的乡村学校，笔者则聚焦于教育技术方面的升级，观察教师（大部分都是超过40岁的年长教师）是如何看待线上授课的，尤其关注的是"身体"在他们的情绪和认知中的核心意义。

本书第五章借由三位不同学科、背景和职业阶段的教师的个人经验，彰显情绪与教师身份建构的相互关系。身份认同代表了教师对其作为老师的认知和信念，它是在与周遭环境的相互作用中采用特定的话语资源进行反思与对话，从而生成特定的体验——与内心信念符合的环境会带来积极的情绪，反之，则带来消极的情绪。教师的情绪也作为某个场域，允许自我认知的生成与发展。情绪促成了教师内在的省思，对"自己是什么，该做什么"等议题进行探索，从而为身份建构打开新的可能性。

本书第六章考察技术条件变革下教师的情绪体验。学界主流研究对教育技术的聚焦是"效率"。但教师对教育技术的体验超越简单的工作关系，而涉及更为丰富的社会——文化等方面的考量。笔者借助当前流行的社交网络（以微信为例），检视其如何重构教师的工作模式、人际关系以及由此带来的情绪生活方面的变化。社交网络超越了单纯"工具"的角色。它折射了当前教师与社交网络在本体论意义上的共存关系——社交网络日益成为教师核心自我建构的有机组成部分。此外，考虑到微信对当前家校关系的深刻影响，笔者尤其关注微信条件下，家校关系给教师的情绪地图带来的冲击。

本书的第七章致力于理解教师（尤其是处于劣势位置的教师）是如何感受和认识学校情境中的不平等。需要指出的是，"不平等"于此并非基于阶层或等级的，而是基于社会要素的结构化差异。作为官僚科层机构，学校各参与者之间，由于其职称、性别、学科、收入、地位、学校类型都蕴含着或多或少的差异，而且，考虑到中国社会典型的城乡二元结构，城市优势学校和乡镇劣势学校之间存在巨大的发展水平的差异。这些差异代表着结构性的不平等。笔者通过具体的教师经验，刻画这些结构性的不平等对教师的情绪体验带来的潜移默化而不容忽视的影响。

本书的第八章聚焦于教师的具体的情绪现象，主要涵盖五种情绪：欢喜、愤怒、悲哀、惧怕和热爱——它们构成了教师日常情绪/情感生活的主要内容。这些看上去往往飘忽不定、稍纵即逝的情绪，实则如同"微风潜入夜，润物细无声"所昭示的，都在无形之中烘托着、孕育着、进而塑造着教师的言行举止，并使之获得别样的意义。看似细碎的情绪片段，实际上在很大程度上类似于教师持续自我进修的素材或提醒——借由它们，教师得以更好地观照以及关照自己。它们亦如同呼吸之间的空气，在人际互动中传递着某些信息，也滋养和促动着特定的论调和逻辑的生成、流转和改变，从而构成了特定的组织文化和氛围。

本书的第九章针对当前关于教师情绪的某些主流论调展开批判性的思考。这些主流论调或隐或现地流转于学界研究、政府管理或者教师个人的生活经验中，比如理性与情绪的二元论思想。笔者强调情绪并非与理性二元对立，前者构成了机构运行的"空气"或者"感觉气氛"，浸润着特定的认知或价值观的生成、发展、流转和确立，因而情绪与理性是共同建构的关系。再比如，当前对于幸福感的聚焦，在某种程度上使之成为"必需"的个人追求，从而让教师深陷悖论之中。尤其是，在专业化的背景下，对狭隘幸福的强调往往是与作为教师的职业特征背道而驰的。这些主流论调并非理所当然，在批判的视角下，它们需要被解构，并由此而赋予新的意义，指引教师直面自我，感受内在的真实需求，"重返初心、砥砺前行"。

总而言之，本书的要旨主要是基于民族志的立场，通过笔者的观察和书写，将前线教师的活生生的情绪/情感体验"带"（bring forth）出来，让它们得以观照、倾听与检视，并由此希望对学界的研究者、政策的制定者、学校的管理者以及前线的教育者带来些许的启迪，并作为抛砖引玉，希望未来的研究者以此作为铺垫，以实证资料和理论为基础的经验性研究来帮助拓宽我们对特定社会文化脉络下教师情绪经验的理解。

目 录
CONTENTS

第一章 教师作为情绪劳动者 ⋯⋯⋯⋯⋯⋯⋯⋯⋯⋯⋯⋯⋯⋯⋯⋯ 1
　一、教师情绪 ⋯⋯⋯⋯⋯⋯⋯⋯⋯⋯⋯⋯⋯⋯⋯⋯⋯⋯⋯⋯⋯⋯ 1
　二、心理学范式下的教师情绪 ⋯⋯⋯⋯⋯⋯⋯⋯⋯⋯⋯⋯⋯⋯ 9
　三、教师情绪的社会学研究 ⋯⋯⋯⋯⋯⋯⋯⋯⋯⋯⋯⋯⋯⋯⋯ 14
　小结 ⋯⋯⋯⋯⋯⋯⋯⋯⋯⋯⋯⋯⋯⋯⋯⋯⋯⋯⋯⋯⋯⋯⋯⋯⋯ 20

第二章 教师情绪的社会学研究：多维的视角 ⋯⋯⋯⋯⋯⋯⋯ **23**
　一、多维理论框架 ⋯⋯⋯⋯⋯⋯⋯⋯⋯⋯⋯⋯⋯⋯⋯⋯⋯⋯⋯ 24
　二、混合研究方法 ⋯⋯⋯⋯⋯⋯⋯⋯⋯⋯⋯⋯⋯⋯⋯⋯⋯⋯⋯ 30
　三、民族志 ⋯⋯⋯⋯⋯⋯⋯⋯⋯⋯⋯⋯⋯⋯⋯⋯⋯⋯⋯⋯⋯⋯ 34
　小结 ⋯⋯⋯⋯⋯⋯⋯⋯⋯⋯⋯⋯⋯⋯⋯⋯⋯⋯⋯⋯⋯⋯⋯⋯⋯ 42

第三章 教师情绪的群体描画 ⋯⋯⋯⋯⋯⋯⋯⋯⋯⋯⋯⋯⋯⋯ **44**
　一、调查程序与工具 ⋯⋯⋯⋯⋯⋯⋯⋯⋯⋯⋯⋯⋯⋯⋯⋯⋯⋯ 44
　二、调查结果 ⋯⋯⋯⋯⋯⋯⋯⋯⋯⋯⋯⋯⋯⋯⋯⋯⋯⋯⋯⋯⋯ 46
　小结 ⋯⋯⋯⋯⋯⋯⋯⋯⋯⋯⋯⋯⋯⋯⋯⋯⋯⋯⋯⋯⋯⋯⋯⋯⋯ 54

第四章 变革背景下的教师情绪 ······ 56
一、变革、稳定与情绪 ······ 57
二、XQ 学校的绩效改革与教师情绪 ······ 61
三、BZ 学校的线上教学与教师情绪 ······ 70
小结 ······ 77

第五章 教师情绪与身份建构 ······ 80
一、教师身份认同 ······ 81
二、情绪与身份建构 ······ 82
小结 ······ 101

第六章 教师情绪与社交网络 ······ 104
一、技术与情绪 ······ 105
二、社交网络、工作对接与教师情绪 ······ 110
三、社交网络、家校关系与教师情绪 ······ 119
小结 ······ 127

第七章 教师情绪与不平等 ······ 130
一、性别优越与教师情绪 ······ 132
二、劣势学校的教师情绪 ······ 139
三、PUA 式领导下的教师情绪 ······ 145
小结 ······ 150

第八章 教师的喜怒哀惧爱 ······ 153
一、教师的欢喜 ······ 154
二、教师的愤怒 ······ 162

三、教师的悲哀 ································· 168
　　四、教师的惧怕 ································· 173
　　五、教师的热爱 ································· 176
　　小结 ··· 184

第九章　关于教师情绪的主流话语：批判性思考 ············ **186**
　　一、情绪：理性的二元对立者抑或共同建构者 ············ 187
　　二、教师幸福感及其悖论 ··························· 194
　　三、现代性语境、个体化与教师情绪 ·················· 201
　　四、教师的情绪教育：意义与可能性 ·················· 207
　　小结 ··· 214

附录1：教师情绪问卷 ································ **216**
附录2：Chen Junjun教授的问卷使用许可 ················ **219**
参考文献 ·· **220**
后　记 ·· **227**

第一章

教师作为情绪劳动者

一、教师情绪

每位个体的日常，都是由饱含情绪的当下构成。那些丰富的、看似起伏无定的情绪，赋予个体生活或工作某些特定的意义，并指引其进一步的行动。人们常常将情绪比作染色剂，它使我们的生活变得色彩斑斓。在本质上，情绪更像是催化剂，它使我们的活动得以加速或缓抑。情绪英文单词"emotion"的拉丁文由"e"和"movere"构成，蕴含着"使……移动起来"的意义。因此，情绪带有某种行动或驱动的倾向。

对教师而言，日常生活中体验的种种情绪，比如快乐、骄傲、难过、愤怒、生气、喜悦、无聊、绝望等，不仅折射出其工作和生活的异彩纷呈，也无时无刻在提醒其存在的主体真实性（authenticity）——正如流行的口号"我感觉，故我在"（I feel therefore I am）所表达的那样。作为个体，教师总是置身于这样或那样的情绪当中。尽管这些情绪常常是潜意识的、自主发生的，但是它们都蕴含特定的意义，牵涉到教师与自身、与环境相互作用时的方方面面。学校作为他们工作的地方，原本是由社会和符号交往建构的纷繁复杂的环境，教师的情绪在某种程度上如同忽明忽暗的烛火，协助其找到正确的或至少是"合意的"穿行路径。

特别的，近年来日益彰显的教育/课程改革背景下，教师的情绪/情感生活受到强烈的冲击。教师一方面被要求回应这些改革带来的新的挑战，一方面则需要与自身内在的愿望和诉求之间进行协商。这是个艰难的过程，伴随着情绪/情感的强大的张力，原本稳定而安全的舒适区被重新打破，成长与自我实现的喜悦、挫败与自我怀疑的痛苦等，都在变革的底色下交织相联，显得特别强烈。但是当前教师研究对此仍然缺乏足够的回应，而主要聚焦于那些外在、理性或者技术方面的因素。教师的情绪，一直以来都不是学界主流的焦点。① 即便有研究探讨教师与教育/课程变革的关系，情绪在其中也通常是一个边缘化的内容而已。基于科学主义传统的学术研究对教师情绪的忽视有着深远的哲学渊源。研究者认为这主要源自西方文化对情绪的偏见——强调理性在整个人类社会发展中的重要性和决定性，认为理性是人类社会的基本精神，而且理性优于情感，情感受制于理性，因为它是复杂的、变幻莫测的因而是难以理解的。而且，秉持理性主义的科学研究范式也倾向于将情绪跟女性或女性主义哲学相联系，因而无益于成为重要的课题。在某种程度上，情绪意味着非理性的，即是带有破坏性的、原始的、孩子气的——情绪的位置应该是属于家庭之内的私人领域而非科学探讨的公共领域。L. 约翰逊（Johnston）和 R. 朗博思（Longburst）认为：

> 头脑（mind）与那些积极的术语相关，比如理性、理智和男性气质，而身体则于那些消极的术语相关，比如非理性、本能和女性气质。男人被认为是能够超越其身体，或最起码，让其身体的需要通过其他得以满足，而女人则紧紧地纠缠于其身体——因为她们的情绪、月经周期、怀孕和养育都与身体有关。②

然而，自20世纪90年代中期，伴随着人文和社会科学的"情感转向"（affective turn），情绪的重要性被凸显——情绪被认为跟理智一样是认识世

---

① VAN VEEN K, SLEEGERS P. Teachers' emotions in a context of reforms: To a deeper understanding of teachers and reforms [M] //SCHUTZ P A, ZEMBYLAS M. Advances in teacher emotion research. London: Springer, 2009: 233-251.
② JOHNSTON L, LONGHURST R. Space, place, and sex: Geographies of sexualities [M]. Lanham, Maryland: Rowman & Littlefield, 2010: 11.

界的方式，并且能够启发有价值的知识。越来越多的理论家将学术旨趣转向教师的情绪/情感领域。人们逐渐意识到情绪在教育和教育变革中是不可或缺的要素。比如，教师的主观幸福感（subjective wellbeing）被认为是一个影响教师工作效能、职业发展等的关键要素。研究者发现，在一个以知识和技能为主导的培养体系里，教师对于其职业蕴含的情绪上的要求和标准很难做好充分的准备，他们感受到巨大的压力，并且表现出糟糕的情绪管理水平，而这恰恰是他们离开职业的最重要的动因。又比如，今天的教师日益受到与新自由主义思潮密切相关的归责（accountability）制度的影响，他们的价值往往与其教学效果，亦即那些高利害测试（high-stakes testing，比如中考或高考）中的表现挂钩。这种教育变革塑造着学校和班级的情绪环境并进而影响教学生态系统中的人际互动，学校当局和教师之间、教师和同事以及学生之间的关系都得以重新建构，从而对教师的情绪生活带来重大的影响，包括带来更多的焦虑和挫败感等。有许多研究也注意到，教师的学习也并非是单纯的认知性的或技能性的，其情绪过程也是必不可少的。情绪为认知和技能的获得过程描画了某种底色，也提供了动力机制，从而促进或抑制着教师的学习行为。

概而言之，在今天的教育研究的宏大图景中，教师情绪是无法回避的关键主题。在原本强调技术、理性和效用面向的教育改革中，教师情绪也应该回归其日常生活中的中心位置，如同 R. C. 所罗门（Solomon）的话："我们生活于情绪之中（we live in and through our emotions），我们的生活，不仅包含那些愤怒、恐惧、喜爱、悲伤、感激、开心、幽默、羞愧、悔恨、难堪、妒忌、憎恶、仇恨等情绪的片段。我们的生活，其实由这些情绪所定义。"[1] 在探究和理解诸如"教师为谁""教师为何"等核心议题上，情绪实际上都提供了一个富含启发式的视角。

（一）情绪是什么

情绪作为学术概念并没有普遍接受的定义。尽管人们每时每刻都浸润

---

[1] SOLOMON R C. True to our feelings: What our emotions are really telling us [M]. New York: Oxford University Press, 2008: 10.

于特定的情绪,也大概知道自己的情绪如何,但是需要解释"情绪"这两个字的内涵时,却往往词穷。在不同的学科分支里,情绪被赋予不同的意义。在心理学领域,詹姆斯(William James)在1884年发表的《情绪是什么》(What is Emotion)中开启了对这个议题的探讨。他强调生理基础在人类情绪的经验、组成和发生方面的关键意义,认为生理变化(如脉搏、血液循环、呼吸等)是导致情绪产生的原因,换句话说,情绪即个体对自身生理变化的感觉。情绪是大脑对外部事物的一种反馈机制。确切地说,情绪的大脑中枢所在位置是皮层下部,涉及整个丘脑系统、边缘系统、网状结构、皮下神经节等部位的活动。

时至今日,探究情绪最主要的学科是心理学。情绪被认为是锚定于特定的事件——不管是外在的还是内在的,它并非是飘忽不定的。情绪普遍被认为是对系列内在的主观经验的通称,而这些主观经验往往是以个体愿望和需要为中介的。当一个人的愿望得以达成或需要得以满足,他会体验到积极的感受,相反,则会体验到消极的感受,这些内在的感受也会扩散到外面并且在人群中传播。在精神分析研究者看来,情绪被视为某种运动或关联的过程,是潜意识的显现,伴随着有意识的思想的压抑。

作为一种复杂混沌的现象,情绪涉及多个维度的内容,比如主观体验、外部表现和生理唤醒等。不同的心理学家对这些复杂维度的界定各有差异。其中,典型的如P. A. 托伊特(Thoits)提出的四因素模型,他认为情绪构成包含以下四个方面:对背景或情境刺激的评估,生理或身体感受的改变,表情或姿势的展露或阻抑,以及对前述三者构成组合的文化标签。[1] A. K. 韦斯卡普(Wisecup)及其同事认为情绪包含认知评估、生理唤醒反应、采用概念标签这些反应,以及对这些反应的感受做出符合特定文化的表达。[2] 基于心理学的视角,情绪主要是被认为是个人内在的体验,伴随着其对自

---

[1] THOITS P A. The sociology of emotions [J]. Annual Review of Sociology, 1989, 15 (1): 317-342.

[2] WISECUP A K, ROBINSON D T, SMITH-LOVIN L. Sociology of emotions [M] //PECK D L, BRYANT C D. Handbook of 21st Century Sociology [M]. Thousand Oaks, CA: Sage. 2006: 106-115.

我和周遭世界的认知，是某种自我反省的行动和经验。

人类的情绪是进化的结果。基于进化的视角，人跟其他机体一样，都有天生的、原始的、有助于生存的情绪机制，这种机制的两极分别是趋近和回避——趋近对应着愉悦，回避对应着痛苦。尽管很多人都认为情绪具有积极和消极的面向，比如快乐、欢愉等是属于对个体有益的积极情绪，而愤怒、难过等则是对个体无益的消极情绪。但从进化论的角度来看，各种情绪都有对应的适应价值。情绪作为包含认知、生理和行为等复杂成分的身心活动，本质上是机体与环境互动过程中产生的衍生物，其目的在于增强机体的生存与繁衍能力。情绪的适应价值首先表现在其作为快速有效的反应信号，让机体得到及时的反馈，从而更好地在变幻莫测和危机四伏的世界里的行动。而且，情绪的主观体验促成机体对外周环境抱持敏锐的感知，从而促使其对环境进行探究。此外，作为情绪的表现形式的表情有着信息传递和互动的功能，因而成为机体社会化的媒介。进化论者认为，情绪并非仅仅是心智的产物，而是个体适应环境的方式和手段。

情绪在今天的学术图景中有着更加多元的理解和定义。有研究者基于知识考古学的视角，指出中世纪英文词汇里许多表达人类情绪的词语（比如欢乐 merry 和恐惧 fear），本质上表征的是外在自然的特征，而非个体内在心灵的经验。[1] 人类学家 O. 哈里斯（Harris）等人认为情绪并非内在与个体，亦非附着于外在的事物或场域，而是两者之间的耦合。[2] 研究者现在也强调社会文化对情绪的作用。比如，受到维果斯基（Vygotsky）理论影响的研究者会认为情绪构成了个体发展的社会认知过程的部分，与思想和行动密切相关，并且受到个体置身其中的特定的机构的、文化的和历史的塑造。学者 M. 扎莫拉斯（Zembylas）指出，教师情绪是评价性的、关系性的以及政治性的，受到学校和更广泛的社会中的政治以及权力关系的影响。他强

---

[1] TARLOW S. The archaeology of emotion and affect [J]. Annual Review of Anthropology, 2012 (41): 169-185.

[2] HARRIS O, S RENSEN T F. Rethinking emotion and material culture [J]. Archaeological Dialogues, 2010, 17 (2): 145-163.

调研究者应该通过政治和权力关系的视角来理解教师的情绪。①

本课题对情绪的定义是启发式的,而非精确的,它是一个宽泛的名词,涵盖了人与人之间、人与非人客体之间波动起伏的、借由话语(discourse)、身体或者其他途径传递的体验和感受。情绪包含丰富的内容,通常被分类为积极的或消极的、或其他更加具体的维度,比如喜怒哀惧等,但是,本课题拒绝认为情绪有"好"和"坏"之分,"积极"和"消极"并非意味着不同情绪的价值高低或意义大小。相反地,所有这些丰富的情绪共同参与建构了个体动态的、起承转合的生活经验,也都同样地蕴含启发性的意义,对个体的生命历程具有指引作用。

本课题也强调情绪是一种根植于特定的社会文化脉络的建构。为了更好地理解教师在学校的组织结构里发生的情绪经验,笔者有意忽略掉那些他们体验中的心境以及飘忽不定的反应性的心理体验,而是主要聚焦于他们那些与文化、认知、社会秩序和道德反思密切相关的内容,比如他们的热爱、信任、尊重等带有情感色彩的方面。教师的情绪体验在很大程度上与他们感知的责任、权利、价值和道义等方面的因素相关,比如,教师的快乐,往往与其特定的价值观相符,是其伦理思考系统的部分。因此,情绪和认知并非二元论意义上的泾渭分明的对立存在。学校的脉络借由特定的社会和话语过程得以建构、维系和扰动,而情绪和认知在其中相互影响和塑造。情绪并非单纯地作为认知过程的驱动因素,而是与认知——尤其是批判反思和道德思考密切联系的,共同构成他们对其参与的学校过程的理解和体验。

(二)理解情绪的三个理论取向

面对纷繁复杂的情绪研究脉络,扎莫拉斯梳理出三个主流的理论视角:聚焦于情绪作为私人体验面向的心理—动力学视角,聚焦于情绪作为社会文化面向的社会建构论视角,以及聚焦情绪作为私人体验与社会文化相互作用的视角。

---

① ZEMBYLAS M. The emotional characteristics of teaching: An ethnographic study of one teacher [J]. Teaching and Teacher Education, 2004, 20 (2): 185-201.

情绪作为个体的经验。情绪被认为是个体的、私隐的经验,它是发生于心灵内部的,情绪被理解为个体与周遭环境中发生的事情发生关联时生成的内部体验。这种强调内部体验的观点在心理学家,尤其是认知主义者眼中是理所当然的。认知主义者认为,情绪不能简单还原为生理或感官的反应,而是主要涉及认知唤醒和评价的过程,个体的事物或环境的体验带来的是"好"的还是"坏"的情绪取决于个体的判断。尽管认知主义者也会将社会准则或者环境约束等纳入考量,但是他们对情绪的理解本质上是基于二元论的,即个体内在体验和外在世界是割裂的。

基于这个取向,大多数研究关注的是情绪对个体自身的影响——甚少关注人与环境互动环境下对双方的影响。针对教师的研究,该取向强调情绪在教学过程中作为个体经验,比如引起特定情绪的原因、个体感受情绪的方式、情绪的生理反应等,同时,研究方法的选择上强调以变量为中心,采用客观,或所谓无偏(non-biased)的手段去获取教师情绪体验的特定方面,其中,最典型的工具是教师的自我报告。P. A. 许茨(Schutz)和 T. 德奎尔(Decuir)认为,基于情绪作为个体经验的取向,研究的旨趣主要在于分析和界定情绪的概念结构,比如新手教师的焦虑,并由此而发展出相应的工具进行测量和阐释,在这个过程中,原本活生生的情绪体验被当作是静态的变量或特质,可以从环境中抽离出来进行调研。[①] 对于教师置身其中的、赋予情绪特定意义的社会—文化背景,则几乎没有系统地探究。

情绪作为社会文化经验。来自人类学、社会学等领域的研究者日益注意到情绪并非单纯的个体经验,而是蕴含着丰富的社会—文化的信息。对情绪的说明和理解,不仅反映了个体内在的感受状态,同时也是一个沟通经验——在人际互动中生成和发展的。这种视角认为并不能对情绪进行普世或概化的(generalised)理解,而应该是植根于当地的环境,彰显体验者自身关于其所在的人际或意义脉络的特定理解和预设,这种研究常常旨在揭示当事人认为理所当然,但局外人可能忽略的那些充满意义的生活世界。

---

① SCHUTZ P A, DECUIR J T. Inquiry on emotions in education [J]. Educational Psychologist, 2002, 37 (2): 125-134.

将情绪视为社会文化经验的典型取向是社会建构论。情绪的社会建构论的核心观点是：情绪的体验和表达依赖于习得的信念或规则——这些信念或规则在不同的社会—文化脉络下是不同的，相应地，人们体验和表达他们的情绪的方式也会有所差异。[1]"建构"有两方面的含义，其一是情绪是在特定的社会文化环境下生成并获得意义，其二是情绪并非稳定的特质或变量，而是个体对特定情境的理解下进行带有即时性质的表现或感受。由此，社会建构论的研究通常是过程导向的——情绪体验有起有落同时也是有始有终。从这个意义上说，情绪应该被理解为一个动态的、持续变化的携带着丰富意义的过程。与此相应，研究方法更多地依赖质性的、基于个人叙事的工具。J. A. 郝尔斯坦（Holstein）和 J. F. 古瑞姆（Gubrium）认为，情绪研究可以借由个体对其生活经验的故事，来探究特定感受背后的动机、意图、目的和行动，从而对其背后的"意义"获得更丰富的洞见。[2] 个人的叙事并非空穴来风，而是在特定的环境下展开的，因此，情绪尽管是个体的经验，也同样是被特定的社会交互所支配的——并由此而获得相应的意义。

情绪作为交互性的和展现性的（performative）取向近年来日益受到研究者重视，它试图超越前述两个取向之间的藩篱来获得关于情绪更为贴切的理解。将情绪视为交互性的和展现性的，意味着情绪不是单纯的心理动力或社会文化的产物，而是心理动力和社会文化相互作用过程的关键内容。情绪不是在个体与社会之间的边界之外获得的——情绪实际上参与生成了特定的边界让个体或群体之间发生互动。该取向也强调研究社会文化背景——因为它提供了情绪的菜单（repertories），以供给个体获得不同范围和程度的感受和理解。情绪作为交互性的和展现性的，意味着个体的躯体的和社会化的行动在特定情绪的生成或消逝中都同样重要。J. 李维特

---

[1] DEMARRAIS K, TISDALE K. What happens when researchers inquire into difficult emotions? ——Reflections on studying women's anger through qualitative interviews [J]. Educational Psychologist, 2002, 37 (2): 116.

[2] HOLSTEIN J A, GUBRIUM J F. The self we live by: Narrative identity in a postmodern world [M]. New York: Oxford University Press, 2000: 24.

(Leavitt)指出，个体的躯体并非单纯生理性的，而是社会化的——通常存在于某个群体并处于交互关系中，这些交互作用构成的环境引发个体特定的意义和感受，即情绪。[①]

近年来，后结构主义或女性主义的研究者尝试理解情绪受到社会、文化或政治的影响的同时，也聚焦于情绪作为个体内在的面向，尤其是身体在其中的意义。他们主张无法通过情绪本身去理解情绪——如同将情绪视为个体经验的取向所做的那样，理解情绪需要借由其展现性的形式——情绪的本质在于社会结构，尤其是其中宰制性（dominant）的话语效应，并表现为个体对其身体感受的理解、说明乃至规定。个体对其情绪的认识、体验、谈论和表现都与其对躯体的感知密切相关。J.巴特勒（Butler）认为情绪是语言的构造——通过肉体的信号和话语的意义得以生成。[②] 展现性的情绪观点聚焦于个体在特定的表征过程中话语的实践（discursive practices）以及躯体的物化。支持交互论和展现论的后结构主义者在理解情绪时将躯体带入到文化场域，并将个体的行动置身于特定的权力关系中。他们认为，权力关系影响着人们关于自我和身体的理解，而情绪作为工具表达和感受着对自我和身体进行规训的权力关系。

二、心理学范式下的教师情绪

当前关于教师情绪的主流研究范畴是心理学，确切地说，是基于实证研究的心理学。心理学学科框架下，情绪被认为是与认知、意志并列的三大心理现象之一。作为独立的心理过程，情绪有自己的生理发生机制和运作规律，同时也对其他心理活动具有组织的功能。情绪的组织功能主要是对活动的促进或抑制。通常情况下，那些积极的情绪表现为促进效应，而消极的情绪则表现为抑制效应。而且，大量的研究都表明，情绪的强度对

---

① LEAVITT J. Meaning and Feeling in the Anthropology of Emotions [J]. American Ethnologist, 1996, 23 (3): 514-539.
② BUTLER J. Gender trouble: Feminism and the subversion of identity [M]. London: Routledge, 2011.

人们的认知活动效果具有明显的影响。情绪强度（表现为唤醒水平）与认知活动表现之间的关系是倒 U 形的关系，即耶基斯—多德森定律（Yerkes-Dodson Law）。情绪对其他心理活动的组织功能通常是教师情绪研究的焦点议题。通过大量的文献搜索，当前心理学范式下对教师情绪的研究主要聚焦在以下的四个方面。

（一）教师的情绪调节/管理

2020 年 12 月 24 日，河北省秦皇岛市，一位陈姓老师在进教室门前努力调整情绪，试着重新带上热情的笑脸登上讲台的视频迅速在网络上走红。根据陈老师的回应，当时由于是周末，课时很多，刚上完课很累，下一节课因为要讲诗词歌赋，如果不调整状态课堂就会很沉闷，所以就在走廊快速地调整情绪状态，这恰好被另一个老师看到并视频录制下来。根据陈老师的说法，他是"要把最好的一面留给学生！"

陈老师的行为引起了广大网友的普遍赞赏。他的情绪调节被认为是对学生的尊重——他没有因为长辈或师者的角色而随便对待学生，同时也被认为是作为普通人，在心情不佳的情况下，并没有把负面情绪带给学生们。因此，总体而言，陈老师在课前的情绪调节和管理被认为是体现了其"职业精神"以及"敬业水平"。

教师的工作具有明显的情绪劳动特征。根据 A. R. 霍赫希尔德（Hochschild）理论，教师的情绪劳动意味着教师为了表达学校期望的情绪，进行必要的心理调节，如同上述案例中陈老师所做的那样。教师的情绪劳动涉及的心理调节有两个策略：表层扮演和深层扮演。前者是教师内在的情绪与学校规范不一致时，伪装并表达出符合期望的情绪，同时却没有改变其内在的真实感受；后者是指教师调整与学校规范不一致的内在感受，并表达出符合期望的情绪。研究表明，表层和深层的情绪扮演策略都会损耗教师的心理资源，但是深层扮演为参与主体带来的真实感受，能够帮助建构良好的人际关系，增加教师情绪工作对象（通常是学生）的满意度，并使教师最终获得心理资源的补偿。相反，表层扮演由于与其内在真实感受相悖离，从而引发教师对自我感觉的失真体验，导致其心理资源的进一步损耗。① 当然，研究者也注意到教师在其劳动情绪中也往往是在表层扮演和深层扮演这两种策略中进行灵活选择。

教师也发展出更丰富的情绪调节/管理的方法来促进其工作和职业发展。所谓情绪调节，是指教师有意识或无意识地运用各种策略，以增强、维持或减弱情绪的体验、行为和表现的过程。教师常用的心理机制包括表达抑制以及认知重评等。表达抑制跟表层扮演类似，教师试图主动抑制正在发生或即将发生的情绪，认知重评即是对引发情绪的相关事件或环境重新评估以获得它们对个人意义的新的认识。教师还会通过其他途径，比如情境选择、注意分配、反应调整等来调整和管理自己的情绪。

(二) 作为智力的教师情绪

教师工作涉及丰富的情绪情感内容。在课堂里，教师与学生之间的关系不是单纯由"传道授业解惑"的认知过程来定义的，而是镌刻着浓厚的情绪底色。教师如何通过察言观色了解学生的状态，又如何通过自我监控和激励等手段来调适自己，以实现教学效能的最大化是一个关键的议题。对此，基于心理学理解的方向之一是将教师的情绪能力化或智力化——将情绪视作是能力或智力不可或缺的部分。情绪智力能够许予人们更为美好的生活以及成就。人们充盈热爱、富有同情，则更有可能建立良好的关系，并从中受益。

教师的情绪智力可以定义为教师准确地识别、利用和监控情绪相关的信息——不管是自我的还是他者的——并进而调整自己的行为以改进和维护工作的顺利完成。根据这个定义，教师的情绪智力包含四个维度：情绪知觉（感知和觉察参与主体的情绪/情感状态）、情绪理解（理解情绪内容的价值、意义和复杂性等）、情绪利用（运用情绪促进参与主体的发展）以及情绪调节（识别和利用信息来调节和管理参与主体的情绪状态）。

教师情绪智力在心理学领域里被广泛研究。有调查发现，中国教师的

---

① N RING G, VLERICK P, VAN DE V B. Emotion work and emotional exhaustion in teachers: The job and individual perspective [J]. Educational Studies, 2012, 38 (1): 63-72.

情绪智力水平总体为中等偏下，其中情绪调节/管理和情绪表达方面的得分较低。[1] 更多的研究将教师的情绪智力作为变量，检视其对其他变量的作用。比如侯敏等人的调查发现教师情绪智力对其工作绩效有着关键的影响，教师的情绪智力与其工作满意度显著正相关。[2] 这些研究认为教师的情绪智力通常是其职业表现良好和取得成功的关键因素。此外，许多研究也强调，教师在情绪上应该表现出富有弹性、自我激励以及满腔热情等，这些品质能够让教学工作更有效地展开。倘若缺乏这些品质，教师的工作则容易受到影响，而解决之道则是寻求外在辅导或自我调节。

当然，情绪的智力化也引起了许多的争议和批判。其中最为典型的是，情绪智力的研究尽管将情绪纳入教育研究的广泛图景中，但它潜在地意味着是在"理性"的范畴下来展开的，情绪仍然意味着是需要被制约、被调节乃至被超越的，从这个角度而言，情绪本质上是附庸于理性的。情绪被视为智力的某种成分，它不再是单纯的体验或某种状态，也不再是深层的主体特征和真相的痕迹——有助于个人对自我的理解。情绪的意义是动态的、变化的资源——它们是工具或手段，而非目的——个体借由关系、责任、使命、自我认识等而努力获得的目的。

（三）教师主观幸福感

幸福是一个复杂、抽象的概念，具有多维度的结构，它涵盖了教师对其工作体验的诸多方面，包括教师对教育教学的满意感、对其专业身份的认同感、对人际交往的和谐感以及对其职业情境的舒适感。尽管主观幸福感在概念上包含了认知评价的要素，但它在心理学里仍然被认为是教师情绪/情感研究的核心主题。背后的动因之一是教师的"幸福"之于教育事业的重要性——只有教师"幸福"地教，学生才能"幸福"地学。

当前研究的聚焦之一是理解教师主观幸福感的现状。总体而言，研究

---

[1] 茹学萍，朱立佳. 中小学教师情绪智力与教学效能感的关系 [J]. 教学与管理，2014 (18)：69-72

[2] 侯敏，江琦，陈潇，等. 教师情绪智力和工作绩效的关系：工作家庭促进和主动行为的中介作用 [J]. 心理发展与教育，2014，30 (2)：160-168.

对教师主观幸福感的水平并没有取得一致，有些认为是中等偏上，有些则认为较低。在人口统计学变量上的探索表明，性别、婚姻状况、教龄、职称、收入水平等因素都是影响教师主观幸福感的潜在影响因素。另外，教师的性格、动机、职业忠诚度、职业承诺等都跟其主观幸福感密切相关。

然而，当前针对教师主观幸福感的研究主要是截面的，关注现状的，对于其随着教师职业生涯的纵向发展则缺乏关注。尽管有研究对不同年龄或教龄的教师进行对照比较，但对于教师主观幸福感伴随职业成长和环境变迁而发生的演化过程，则缺乏深入的了解。尤其是，置身持续的教育变革的环境，或者处在特定的职业发展阶段（比如新手教师适应过程，或者老教师面对职业发展瓶颈），教师如何感受和评价其内在的幸福水平？对这些主观幸福感的过程性的议题，当前心理学界里则甚少研究提及。

此外，当前学界对教师幸福感的研究强调客观的评量。它成为可以借由工具或手段"科学地"进行描绘和理解的对象，相应地，针对研究结果，也可以借由工具或手段"科学地"进行管理和获取东西。这种效用主义（utilitarianism）的视角对于教师幸福感的研究通常无法反映出教师所处的历史社会文化脉络，尤其是蕴含其中的价值体系、认知风格等方面对私人感受的个体性和集体性的潜在影响。

（四）教师职业倦怠

与主观幸福感密切关联的另一个广受研究的情绪概念是职业倦怠。职业倦怠意指在长期的压力环境下，教师内在滋生的能够被主观感知的持续疲劳或者其他不良心理状态。教师的职业倦怠涵盖三个维度：第一，情绪衰竭，即教师难以应付工作任务时表现出来的身心透支、情感疲劳以及持续的压力体验；第二，去人性化，即教师对其工作对象表现出漠不关心、疏远回避的态度；第三，低成就感，即教师对自己的工作成就或价值的贬损，由此而产生的低自我效能感和低自我价值感。心理学领域相关的研究通常将教师的职业倦怠视作因变量，探索其主要的诱导或影响因素，从外在的方面，包括环境支持、教学条件、学校风气、领导职能、收入水平等，再到更加内化的、个人的方面，比如个人特质、心理弹性、心理资本等。

伍新春等人在2019年发表的研究认为，过去十年，中国中小学教师的职业倦怠总体上是呈"两高一低"的趋势,具体而言,在情绪衰竭、非人性化、个人成就感三个方面录得的量表分值都更高了,即更加疲倦与焦躁的同时也更有成就感了。同时,他们指出这里面两个可能的原因:

  一方面,基础教育课程改革实施以来,教育教学工作向中小学教师提出了更高的要求,同时社会也寄予了教师更高的期望,教师们承受的心理压力呈现出多元化特点,致使教师的情绪衰竭和非人性化程度日益严重。另一方面,随着国家对基础教育的重视,中小学教师的社会地位不断提升,工作给教师带来压力和挑战的同时,也使教师得到了较高的个人成就感。[①]

  而对应教师职业衰竭的现状,研究者也指出可能的应对之策。但这些应对主要是有赖于教师个体的内在能动性,比如强调对情绪调适技巧的掌握、抑制消极感受并且缓解倦怠体验等,或者通过"提升情绪理解能力"、换位思考、宽容理解等来降低消极情绪,又或者主动利用"教材渗透"来提升情绪运用能力等。关于职业衰竭背后的教师情绪/情感劳动的本质以及更为广阔的影响性的社会文化脉络,则在这些研究中鲜有提及。

三、教师情绪的社会学研究

  尽管情绪无处不在,但是在社会学研究的历史里,它却常常被忽视。对此,从事情绪社会学研究的先驱学者霍赫希尔德认为其主要有两个原因。其一,社会学家与其所研究的对象处于相同的环境中——该环境强调个体认知的、智力的和理性的维度要比情绪的和感受的维度重要或优越;其二,社会学家试图彰显其学科"真正的科学性",因此倾向于聚焦社会生活中客观和可测量的那些特征,而情绪的飘忽不定显然有悖于此。[②] 长久以来,情

[①] 伍新春,齐亚静,臧伟伟. 中国中小学教师职业倦怠的总体特点与差异表现[J]. 华南师范大学学报(社会科学版),2019(1):40.

[②] HOCHSCHILD A R. The sociology of feeling and emotion: Selected possibilities [J]. Sociological Inquiry, 1975, 45(2-3): 280-307.

绪通常被认为是与当代社会学研究议题毫无关联甚至是带来扰乱的——情绪最合适的归属应该是个体的私密日记。

如今，人们注意到个体的情绪并非无中生有的现象，而是植根于生理基础，受到特定的社会情境所激发，诸如阶层、收入、性别、公平性等都是影响情绪发生和发展的重要因素。而且，即便是个体情绪的生理学基础，也在历史的演进中受到文化的刻画和"形塑"，个体的情绪是基于其以往的经验和知识在社会化过程中习得的。因此，社会学视域下的情绪概念往往包含更为广阔的社会—历史—文化脉络。比如，社会学家S.特纳（Turner）认为，情绪的包含了如下内容：关键的身体系统的生理激活；社会建构的文化定义和限制，它规定了再具体情境中情感应如何体验和表达；由文化提供的语言标签被应用于内部的感受；外显的面部表情、声音和副语言表达；对情境中客体或事件的知觉与评价。特纳的理论反映了社会学情绪的较为完整的理解。

因此，对情绪的研究，不仅需要基于生理学基础的"自下而上"的认识，也需要强调个体与社会—文化交互过程的"自上而下"的探究。尤其是，考虑到情绪的生理基础相对稳定，而个体置身其中的社会—文化的变迁日益快速，比如，中国都市化的浪潮日益造就陌生人社会，个体逐渐远离原本熟悉的宗族体系并由此体验到前所未有的归属缺失；以社交网络为代表的通讯方式变革，重塑了个体的交往模式，并借此而改变了个体对关系的感知和体验。

越来越多社会学家意识到，人们的情绪受到环境因素的影响。广义上说，社会及其机构的演进，通常也预示着道德和行为准则的变迁，这些变化作用于个体，在刻画个体的言行举止的同时，也在无形之中"框定"了他们的情绪/情感的体验和表达。个体的情绪反映了特定的情境规范和更宽的文化观念。郭景萍强调情绪具有社会现实性，是一种社会事实，情绪不仅是一种社会建构，它同样也是参与社会建构的因素。"情感既构成了人们行动的原材料，又构成了人们进行交流的符号象征和社会交流的工具。在情感行为中，人们、群体和组织行为主体必然会把情感外射到相应的社会系统中，改变和生产新的社会系统，情感同样不可规避地带来社会结构的变异。"①

（一）社会学对教师情绪研究的三个层面

社会学领域内，情绪因素尽管一直被重视，但由于缺乏有效的概念工具和观测手段，情绪的内在机理在长久以来未曾获得深入的分析。直至20世纪70年代，一场"情绪研究的革命"席卷一众学科，其在社会学领域内的研究才得以展开新的局面。当前，有别于心理学，社会学强调从宏观、中观和微观三个层面来探讨情绪的社会属性。从宏观层面（macro-level），情绪的社会学研究任务是聚焦于揭示构成社会宇宙的各种不同的社会世界中那些掩藏得最深的结构，同时揭示那些确保这些结构得以再生产或转化的机制。② 这些机制涉及宏观的社会规范、变迁和关系等。因此，社会学宏观层面的研究强调教师情绪如何受制于特定的社会因素，比如经济发展或人口结构如何影响教师的情绪体验，文化观念如何影响个体情绪的表达和认知。情绪的社会学宏观研究尤其关注个体的情绪社会化，包括个体如何树立情绪态度和信念，对社会情绪制度和规范的接纳和认同以及与此相关的情绪文化的形成、维系和改变等。比如，吉登斯（Anthony Giddens）在其经典《现代性与自我认同》（*Modernity and Self-Identity*）中指出伴随着现代社会的转型，风险和危机会侵入到自我认同和个人情感的核心——现代性迫使我们"重新发现自己"。个体要直面自我的经历，也要以焦虑的经验来反身性地理解自我。

社会学对情绪的中观层面（meso-level）的研究主要聚焦在特定的社会组织情境。需要说明的是，中观与宏观和微观之间并没有清晰的界限。基于中观的视角，情绪研究需要谈到的社会机构中的组织结构和制度框架中的情绪/情感因素，比如情绪氛围的社会建构等。当然，中观层面的研究主要关注的是个体能够直接觉知的那些社会世界，涉及的问题诸如在特定的

---

① 潘泽泉. 理论范式和现代性议题：一个情感社会学的分析框架 [J]. 湖南师范大学社会科学学报，2005, 34（4）：53.
② 皮埃尔·布迪厄，华康德. 实践与反思——反思社会学导引 [M]. 李猛，李康，译. 北京：中央编译出版社，1998：6.

社会情境中，个体层面的情绪机制如何发生作用的，或者是社会情境的哪些属性引发了相应的情绪过程，又或者是情绪如何成为某个社会情境的特征——它们如何被表达、交流和调节等。

社会学对教师情绪的微观层面（micro-level）的研究关注教师个体的、私人的、具体的情绪体验。教师的情绪不是抽象的概念或宏大的叙事，而是一种真实的、鲜活的、流动的、可识别的生活内容。它无法简单地化为一组数据或者形成某种定理，而是需要基于观察、倾听，或者是 N. K. 邓津（Denzin）强调的"互为主体的历程"（intersubjective process）来得以感知和理解的极具丰富的生命历程。"互为主体的历程"要求研究者进入研究对象的生活场域，体验着研究对象相同或相似的感受。因此，微观层面的教师情绪研究尤其强调在日常生活的情境下理解情绪的生成、内容与表达。

（二）教师情绪的社会建构

社会学将个体的情绪置于社会—文化的情境下来加以检视。它并不否认生理和认知的过程在情绪发生和发展中的重要作用，但它更主张情绪是一种社会文化建构。情绪有着生理唤醒和认知评价的内容，但社会脉络决定着这些唤醒和评价的意义的理解。建构主义者认为情绪的生物成分（唤醒）是模糊而且相对次要的，最为核心的是对其进行解释和评判的部分，而这是习得的，是文化和教化的产物。D. T. 肯普洱（Kemper）指出："尽管个体是情绪的所在地——我们只能在个体中测量情绪，但社会脉络决定了谁在何时何地、以何种基础、为何种原因、以何种表达模式体验到何种情绪。"[①] 因此，情绪不能简单地被归为个体自主支配的心理现象，而是依附于特定的社会—文化脉络中。

社会建构论强调情绪是人与环境交互作用的生成的过程、是个体与环境相关的自我省思（self-reflexive）的经验。"自我省思"意味着情绪是借由个体——作为社会行动者对自我及其周遭环境的检视、协商（negotiation）的理解而唤醒的。基于此，对教师情绪的理解不能局限于教师内在的心理

---

① KEMPER T D. Sociological models in the explanation of emotions [M] //LEVIS M, HAVILAND J M. Handbook of emotions [M]. New York: The Guilford Press. 1993: 41.

过程的研究，而应该转向研究他们如何理解具体情境中的专业自我和专业工作。例如许茨等人的研究发现，教师的自我定义通常围绕着责任、激情等，并且其角色的关键在于教化育人，基于此，如果教师认为学校是一个支持性的环境，有助于他们实现这些职业理想，那么他们更多地体验到积极的情绪，反之，则更多地体验到消极的情绪。①

情绪的社会建构观的经典体现之一是戈夫曼（Goffman）的戏剧论。霍赫希尔德对航空公司空中小姐的情绪研究是绝好的例证。在教师群体中，戏剧论的观点仍然是颇有启发的。根据戈夫曼的《日常生活中的自我表演》（*The Presentation of Self in Everyday Life*）一书描述，教师在与周遭他者进行互动时的情绪表达，如同表演者在舞台上直面观众那样，需要遵循预先设定的行为方式来展开。比如，典型的场景是课堂的教学获得，讲台显而易见是"前台"，在学生（作为观众）面前，教师需要表现出认真、谅解、冷静与同理的情绪以及理性、科学、照顾和客观的态度，即便没有明文规定，这些也俨然成为潜移默化的"脚本"，指导着教师的言行举止。而且，就教师的发展而言，其职业的社会化是植根于特定的团体或文化的脉络中，教师的情绪不是空洞虚无，而是充盈着文化上的意义。换句话说，教师的情绪本身包含着如同剧本或故事那样由特定文化脉络设定的解释图式（Interpretative schema），并被赋予经验与自我的建构意义。

（三）情绪体制（emotional regime）

基于 M. 福柯（Foucault）后结构主义立场，情绪不能简单理解为个体内在的心理过程的产物，也不能简单归结为社会文化建构，而是浸润于特定的意识形态与权力关系中，被特定的论述宰制和塑造。对于教师而言，生活与工作于特定的学校和教育系统中，其情绪的体验和表达都需要遵循一定的标准。尤其是，在新自由主义日渐盛行的教育改革的宏大背景下，市场经济所推崇的竞争和效率等价值渗透到教师工作的方方面面。教师被

---

① SCHUTZ P A, AULTMAN L P, WILLIAMS-JOHNSON M R. Educational psychology perspectives on teachers' emotions [M] //SCHUTZ P A, ZEMBYLAS M. Advances in teacher emotion research [M]. London: Springer, 2009: 195-212.

要求为自己的行为和选择负责，需要表现出理性与积极性，能够自由抉择，并且对自我抱持相应的管理。基于这些新自由主义的精神，教师的情绪只是包含在教师素质模型里的一个部分，是需要仰赖理智进行管制和调适的内容——因为情绪常常给个体判断和决策带来不必要的消极影响。而教师情绪的这种卑微形象刻画在大量的关于"教师守则"或者"教师行为规范"的论述里。比如，黄华和黄素君注意到某个学校在规定教师接待学生家长时的准则包括：

1. 与家长谈话时，面带微笑，讲究礼貌，用心聆听，讲话声音适度，有分寸，语气温和。听到意见、批评时，冷静对待。2. 遇到家长询问做到有问必答，不得以生硬、冷淡的态度待客。3. 电话铃响立即接转，铃响不得超过三声。接电话时，要先说"您好！＊＊办公室"，细心聆听，声调要温和，勿忘使用本岗位礼貌用语。4. 会见家长时，不主动握手。必须握手时，应面带笑容、姿势端正、用力适度，不能用左手。握手时，左手不得插兜。①

以上关于教师行为的规范性论述为教师情绪的表达和调控都提供了操作性的蓝本。它们反映了霍赫希尔德所谓的情绪规则。情绪规则在个体的社会化过程中习得，并用以指导其体验、解释和管理自己的情绪，包括在特定的情境下应该如何感受以及感受到何种情绪并以何种方式表达出来。学校生活中，各种显见的或内隐的规则渗透在各个层面，从空间和实践的安排到行动的涉及，再到更加抽象的教师应该做什么以及奖惩有关的程序等。学校可被理解为"情绪体制"，即一套规范的情绪以及表达和灌输它们的正规仪式、实践和述情话语（emotives），是任何稳定的政体必不可少的支撑。"体制"于此的意义在于强调教师的情绪不是单纯源自人与人或人与环境之间的互动，而更是这些互动之外的社会性安排。这种安排未必是明

---

① 黄华，黄素君. 教师的情绪：福柯式的视角［J］. 河北师范大学学报（教育科学版），2012，12（14）：76.

文规定的，却渗透到教师生活与工作的诸多方面。情绪规则反映了教师工作的理性化方面，正如马克斯·韦伯（Max Weber）所言："确保经过统一调教的群众生理和心理的冲动力，达于理性计算下的最佳强度……就社会学上而言，具有决定性意义的是，凡事都要经过理性计算，特别是对那些看似不可估量和非理性的情绪因素。"[1]

　　学校的情绪规则的最终目的不仅是告诉教师怎么样才是合适的、正确的以及可以接受的情绪体验和表达方式，而更是为了完成镌刻于这些规则之间权力关系的意图：主体的建构。根据福柯的后结构主义思想，学校的情绪规则——外显的或内隐的——的意义在于对个体的治理。治理不仅仅是官僚（technocratic）专家或机构的权力，更在积极的含义上，意指"人引导（conduct）人之行为的方式"。治理人在于治理其行为。"治理"作为动词的意义其主要内容是要向被治理者提出诸如"遵照怎样的操守，如何理解世界，才能达致目标"的问题，其中关键在于说服被治理者去按该操守行事。基于此，"治理"的意义最终使人注意其自身行为之引导的方式，福柯以"自我技术"（technology of the self）的概念来说明这个主张。"自我技术"意指个体用以影响自己的身体、灵魂、思想和行为，以便能形塑和转化自己的诸多工具。在福柯看来，现代社会的权力之所以能够实现对人细枝末节的行为的管理，就在于它并不完全是外在的，而更多地依靠行动者将自己塑造成为一个正常化的（normalized），同时也是微观的权力主体，其中微观的权力主体表现为主体的"自我治理"和"自我规训"。学校通过各种策略，包括奖惩规则、典型示范、言传身教等，让教师情绪体验和表达与这些规范相符，并进而成为教师的"自我技术"，完成其规训和塑造教师特定主体性的过程。

小结

　　当前，学界主流视角倾向于将教师情绪视为心理科学的议题。根据科

---

[1] WEBER M. Economy and Society: An outline of interpretative sociology [M]. Berkeley: University of California Press, 1978: 1150.

学的实证范式，情绪获得操作化定义，由设计精良的工具来进行测量和描述，并在此基础上概括和提升为普遍化的理论，用于指导教师的教学实践和自我认知。根据福柯的理论，任何知识的生成和流转都跟权力相互作用，学科知识亦然。对于教师情绪的心理学研究根本上也涉及所谓的学科性（disciplinarity），使原本毫无关联的元素，包括对象、方法、学者、学生、期刊、其他方面的设置等获得了凝聚，并生成知识以学科的形式出现。而基于心理学的教师情绪研究鲜有觉察和反思可能的学科规训（disciplined by our disciplines）的事实。比如，心理学科通过研究范式的设置、测量工业的发展等，逐渐生产积累相关的知识，并且借此而规定何为儿童正常化（normalising）发展，同时使不正常（abnormality）成为可能。

在教师情绪研究上，心理学科囿于其范式与方法，倾向于将它视为个人的、内在的过程和内容，而且，也倾向于将它视为与理性以及效用等相冲突的，因此需要调适、改变、压抑等。这些研究未能很好地检视个体置身其中的历史、社会和文化脉络——尤其是日益强调竞争、效率和个人责任的现代化历程在个人情绪生活领域的建构和塑造意义，因而习惯地将教师情绪以"问题化"甚至"疾病化"的形式呈现，在描绘教师的"缺陷"或"不足"的同时凸显学科研究的价值和意义，在不经意间强化学科的地位和权威，并由此而形成所谓的"真理的政权"（a regime of truth），即关于教师情绪的"论述的生产、规范、分配、传播与运作的系统"①。

在关于教师情绪的"真理的政权"形成过程中，大学的作用是尤其关键的。大学或相关的研究机构对于教师情绪的知识内容进行明确的概念定义、边界划定。为了获得和巩固大学的学术地位，学者们总是有意或无意间不遗余力地建构基于自身立场和利益的规范和逻辑，生产出成套的知识体系。教师作为其情绪的真正的感受者和拥有者，却成为这些知识的被动的学习者和消费者，而非主动生产者和创造者。在大学引导的主流语境下，教师被要求或暗示应该根据这些抽象的、深奥的、看似结构严谨、逻辑清

---

① FOUCAULT M. Power/knowledge: Selected interviews and other writings [M]. Hertfordshire: The Harvester Press Limited, 1980: 133.

晰的理论来觉察和剖析,并最终能够指导和规训自己的感受。

　　本课题试图对这个"真理的政权"做出某种程度的挑战,挑战的路径在以下几个方面都与心理学科的主流有所差异:说什么、谁被说、由谁说、怎么说等。在"说什么"方面,强调教师情绪的具体经验,而非预设的标签化的情绪类属;在"谁被说"方面,特别关注生活在特定社会—历史—文化脉络下的前线教师;"由谁说"则凸显教师作为研究对象的声音,而非研究者越俎代庖式的臆测和解读;"怎么说"则是研究者通过与研究对象借由持续的、反思性的沟通,共同实现的对话和意义的生产。因此,本课题采用社会学的框架来理解教师情绪,在研究论上则主要采用质性研究方法的民族志。

第二章

教师情绪的社会学研究：多维的视角

教师情绪的体验和表达是相当丰满和复杂的个人生命历程。对其进行深入的理解和探究，需要超越单一的生理决定论或社会决定论的观点，而是仰赖多维的理论视角。本课题突出教师情绪经验背后蕴含的关系、空间以及话语等方面内涵，检视个体如何与这些因素交互作用，协同建构和塑造着内在的感受及其表达。而且，考虑到情绪本身具有较强的流动性和私密性，传统的基于科学范式的量化研究（比如问卷调查和实验操纵）往往难以有效地达至这些主观经验并形成丰厚的（thick）理解。因此，在方法论的选择上，本课题主要采纳质性研究的范式——因为质性研究有助于"进入田野"以及"进入个体（的经验世界）"。[1] 质性研究也有助于达至研究对象关于其经验的个人化的认识。于此，需要说明的是，"达至"不只是借由研究者的理论预设和分析/综合来实现，而更重要的是通过鼓励作为研究对象的教师发声以及研究者的专注倾听和关系建构等诸多努力来协同实现的。[2]

---

[1] TAYLOR S J, BOGDAN R. Introduction to qualitative research methods: The search for meaning [M]. New York: John Wiley & Sons, 1984: 3.
[2] MILLER J, GLASSNER B. The 'inside' and the 'outside': Finding realities in interviews [M] //SILVERMAN D. Qualitative research [M]. London: Sage, 1997: 99-112.

一、多维理论框架

(一) 情绪与关系

情绪看似是发生和存在于个人内在的经验，它实质上是深深地嵌入个体生活的关系网络里。离开与其他人和事的关联，或者从情境脉络中抽离，凭空来理解个人的情绪是无法想象的。本课题首先认为情绪是关系性的，它的发生和发展需要置于相互作用的主体之间来理解，并且受到特定的社会情境的影响。

情绪的关系视角受到斯宾诺莎（Spinoza Baruch）的伦理学理论影响。斯宾诺莎认为，情绪是影响者和被影响者双方协同演化的躯体之间的关系，情绪被体验但同时也控制着体验者；情绪也可以为体验者带来新的思想，从而可以让他们摆脱情绪的控制。在斯宾诺莎看来，个体对其情绪的理解能够提升自我觉察和主体自由。教师的情绪是社会—关系的动态延展，与其所处情境的事件和社会交往密切关联。当然，情绪不仅仅是对所处情境的反应，它对教师身份认同而言也具有建构性（formative）——情绪是教师与他者之间的纽带或桥梁，联结他们置于某种共享的环境。不管是社会的、物质的还是技术的，教师情绪性的言行举止交织于被这些共享的环境提供或设定的特定的主体位置（subject positions），从而潜在地影响着其身份建构的过程。反过来，情绪对教师身份认同具有建构意义的同时，对其所处的机构也具有改变意义。情绪对生活在学校的教师而言，是其机构的治理规则、人际的交往风格或教学的实践习惯等方面变化的线索，也是嵌于其中的动力机制。由此，情绪之于教师的身份认同及其所处机构而言，都同时具有建构意义，亦都可能是潜在的阻抑力量。

本课题中，情绪的关系视角也特别强调其伴随个体的自我（self）与他者（others）的主体关系。自我/他者的主体问题首先源于后殖民主义的社会研究。后殖民主义理论上认为"他者"是由自我意识建立的意向，用于区分他人，带有"非我族类"意味的概念，他者的存在主要涉及正当性及自我地位的定位问题。本课题借用这组概念，认为情绪总是伴随着对自我的体验和认知，而自我的表达和建构并非是一厢情愿的事情，而是基于某个预设的"他者"存在的前提。不论这个他者意指什么，它总是作为个体自我真实性的关键参照。我们强调的经验上的"真实"，其实总是受制于我们对他者的差异性诠释。每个时代和社会，尤其是在社会变革潮起潮落的脉络下，"他者"或"异己"总是一再地被创造。比如，在年长教师对自己难以适应新的教学手段或工具的感受中，常常会有无能或挫败的情绪，从而对自我的认知和体验变得消极和失望，这不仅仅是源于适应困难的现实，也同样地源于有意或无意中"创造"的关于当代教师"应然"的形象——尤其是那些由年轻的、主导的技术人员代表的专家形象，这些作为"他者"重构着这些年长教师的自我认知和情绪体验。

（二）情绪与空间

对教师情绪的理解离不开其栖身所在的环境脉络。情绪的产生往往以特定的场所空间为载体，情绪作为感知的产物，是内部心理活动和外在空间结构的多元共振的结果。在地理学科中，人们强调神圣的空间常常有一种非凡的力量，它能引起强大的情绪反应。人与所在空间的关系以及由此而发生的情绪上的关联在人文地理学中已有大量的文献基础，其中典型的是情绪地理学（emotional geography）的相关探讨。情绪地理学重点关注人、情绪与场所三者之间的相互关系和影响模式，旨在分析人类的快乐与痛苦、希望与恐惧等情绪发生和发展的空间环境，以及不同特征的地理空间对人类情绪的作用。[1] 从探讨人际互动关系的亲疏远近如何形成不同的情绪理解或误解，情绪地理试图勾勒影响人际的空间因素来实现社会和谐。自2001年以来，情绪地理逐渐进入学界的视野，作为生命和自我的社会及空间建构中情绪扮演的重要角色的研究视角，在社会科学诸多领域确立了其启发性的价值和意义。

在情绪地理学看来，场所空间并非仅是物理学意义上的实体，而是一个对人有意义的地理区域。塞嘉等人指出："场所的意义连接着场所的物理

---

[1] 塞嘉，甄峰，席广亮，等. 西方情绪地理学研究进展与启示 [J]. 世界地理研究，2016，25（2）：123-136.

属性和情感纽带强度，因而场所不但具备功能意义，还具备情感意义。"①作为物理意义上的空间场所通过人们的主观情绪体验被赋予了象征意义、思想感受以及价值属性。比如，"家"作为常见的空间场所，就被赋予了超出物理意义上非常丰富的内涵，包括舒适、隐私、归属、安全等意义。

因此，情绪地理强调个体的情绪同时受到"身体"和"场所"的双重作用，并被其他因素包括性别、文化等影响。S. 阿瑞迈德（Almed S.）强调情绪并非是"栖身"于躯体之内，而是同时移动（move）且黏附（stick）于个体之间以及个体与环境之间，情绪并不塑造人们和客体，而是与那些塑造情绪的人们和客体相联系。②

在教育领域里，情绪地理概念首先由 A. 哈格里夫斯（Hargreaves A.）提出，意指在人类互动和关系上的亲近或距离之形式，能帮助建立、装配、涂绘我们所体验到的有关自己、世界或彼此之情感和情绪。③ 情绪地理让我们了解组织的运作如何形塑人们互动关系的亲疏远近，还有那些事件支持或威胁着基本情绪的联结。情绪地理包含：

（1）社会文化的距离（sociocultural distance）：不同种族、文化、性别等的经验和情绪的表达，能创造人们之间的距离；（2）道德的距离（moral distance）：人们追求共同目的的感觉，或防卫自己的目的，而不去关心他人的目的；（3）政治的距离（politics distance）：在科层制度下，权力和地位的差异可能扭曲个人和他人之间情绪和认知的沟通；（4）专业的距离（professionalism distance）：专业主义的定义和规则，可以区分自己与同僚专业的不同，或是开放的探索共同专业议题；（5）物理的距离（physical distance）：时间和空间能使人们因长时间的了解而发展关系，或只是偶发的

---

① 寨嘉，甄峰，席广亮，等. 西方情绪地理学研究进展与启示［J］. 世界地理研究，2016，25（2）：127.
② AHMED S. Cultural politics of emotion［M］. Edinburgh, United Kingdom: Edinburgh University Press, 2014: 10.
③ HARGREAVES A. The emotional geographies of teachers' relations with colleagues［J］. International Journal of Educational Research, 2001, 35（5）：503-527.

关系。①

情绪地理的概念提供了一个分析情绪的启发式视角。目前为止,学界业已积累了丰富的文献。比如,L.邦迪(Bondi)经典的研究探讨了女性的恐惧并非单纯的内在经验,而是个体与其所处的空间和场所交互作用的结果;女性的恐惧并不能简单地标为非理性的——它实则反映了女性对环境的因应。邦迪的研究揭示了情绪不仅仅是源于人与环境的关系,同时也是流变于其中。② 此外,S.派乐(Pile)强调情绪并非"专属于某个个体——尽管它们常常是这样被体验和表达的——但情绪实则部分上是我们称之为个体与空间和场所的心理动力关联。情绪,现在被认为是存在于个体之间,以及个体与其所觉知的环境之间"③。

情绪地理学在教师情绪的研究中,强调教师情绪的主体内在性(intra-subjective)和时间空间化(spatialised),主张情绪持续影响着教师对过去、现在和将来事件的解读。情绪为教师理解其所处环境、其与周边人事的关系、其自身乃至身份的建构等,提供了新的视角。简而言之,通过检视教师与其他相关成员之间的互动过程,情绪地理学有助于我们理解其中呈现的特定的情绪距离形式和关系,并以此探究教师的认知与实践情况。

(三)情绪作为话语的建构

如前所述,尽管在西方的理智传统下情绪被视作个体水平发生的现象,当前的学界已然接受其作为同时兼有社会/文化的面向和主观/生理的面向。此外,认知与情绪之间的割裂作为身心二元论的折射,也已被新的更为综合的相互作用的视角所代替。对个体而言,其感受能够引发特定的思想,其注意更容易被饱含情绪的故事所吸引,而如果其感受到与特定的事件有

---

① HARGREAVES A. Emotional geographies of teaching [J]. Teachers College Record, 2001, 103 (6): 1056-1080.
② BONDI L. Making connections and thinking through emotions: between geography and psychotherapy [J]. Transactions of the Institute of British Geographers, 2005, 30 (4): 433-448.
③ PILE S. Emotions and affect in recent human geography [J]. Transactions of the Institute of British Geographers, 2010, 35 (1): 13.

着情绪上的连接，则更可能做出积极的回应。这些，都表明情绪深度地介入到个体的认知过程，并与内在的生理以及周遭的政治、伦理和道德内容密切相联。

根据情绪的认知唤醒理论，个体如何感受往往取决于其如何思考。进一步地说，个体如何思考深深地受到语言使用的影响。情绪人类学先驱 M. Z. 罗萨尔多（Rosaldo）认为："个体的所思与所感大部分是社会组织的行为及谈话模式的产物。"[1] 罗萨尔多也强调，作为私密的体验，情绪是个体语言中的词汇以及基于这些词汇所衍生出来的行为塑造的。语言并非对客观世界的据实再现的中立媒介，特别是对价值观、意义与知识的建构和传递而言。根据后结构主义的观点，语言终究会被用来实践特定知识活动，变成某种特定历史与权力支配下的话语。语言本质上是社会性的，而情绪无可避免地也是社会性的。确切地说，情绪是由个体采择的意义系统所塑造的，这些意义系统置于特定的情境和历史/文化的脉络之下，表现为流转的、复杂的、彼此相关的观念，预示着世界如何与应该如何运转、而栖身其中的个体肩负着哪些使命与责任以及规范性的期待等。在后结构主义者看来，这些观念系统就是所谓的话语。话语可被理解为一种非正式的约束与指引，它规定了事物是什么，以及该怎样去谈论它。因此，话语并非是对现实直接而无偏的描述，而是蕴含着权力关系的。

但权力关系的意义不仅于此，根据福柯的理解，权力是无主体的，权力只存在于一种关系场域中，它通过一种持续的微观的方式对个体起作用。权力无处不在，不是因为它包容一切事物，而是因为它来自每个地方。在福柯看来，权力不是一种制度，不是一种结构，也不是我们被赋予的某种力量；它是人们赋予某一特定社会中一个复杂的策略情境的名称，而且，它并不直接、立即施于他人身上。相反，它施于他们的行动上，行动作用于行动。因此，福柯意义上的权力并非韦伯式的权力：后者是刚性的（hard）、外显的（visible），而前者是隐性的（invisible）、柔性的（soft），

---

[1] ROSALDO M Z. Toward an anthropology of self and feeling [M] //RICHARD A S, ROBERT A L. Culture and theory: Essays on minds, self, and emotions [M]. Cambridge: Cambridge University Press, 1984: 147.

是那潜藏在日常生活背后真正的控制着生活的力量（power），对日常生活乃至人的身体与生命本身的控制却更加根本。福柯理论中的权力关系蕴含于话语中，借由特定的规章制度、价值信念、榜样力量等作用在置身其中的个体身上，实现对个体自我的刻画、雕琢和建构。在《性经验史》（The History of Sexuality）中，福柯深刻地分析了权力如何借由调配（deployment）人之性经验（sexuality），从而使人之自身生理特征不再仅仅是忽然天成的结果，而更是社会建构（social construction）的对象。同样的，在教育场域，教师情绪体验和表达受到无处不在的权力关系的作用，因而不再仅仅是基于生理过程的内心活动，而是在社会生活中被细微而精致地操弄和驯服着。

福柯认为，人类的一切知识都是通过"话语"而获得的，任何脱离"话语"的事物都不存在。话语普遍存在于人们的日常生活中，且扮演着思想意识传递工具的角色，同时也框定着人们如何感受和体验与其相关的种种事件。比如关于教师品德的主流话语的核心是"奉献"，它成为拷问教师、拷问教师良心的一个试金石，在教师理解教学工作相关的事件时成为关键的参照，从而在很大程度上影响了教师对其职业和自我的感受。

将情绪视作权力关系的建构挑战了主流的将情绪视作个体内在心理现象的观念，但这并非意味着情绪的文化决定论。文化本质上并非铁板一块，恰恰相反，它是破碎的甚至是充满内在矛盾的。尤其在后工业社会里，不管是社会、政治、经济还是宗教领域，都是有着多元的立场与视角共存一体。从这个角度而言，情绪作为权力关系的建构，而权力关系负载于流行的话语体系中，意味着人们有更丰富的文化工具包（tool kit）可以选择，从而可以使用、忽视或者创造性地转换嵌于特定事件的意义，获得个人化的感受和理解，进而对主流话语做出解构和抵抗。[1]

将情绪视作权力关系的建构意味着在教师情绪研究中需要聚焦于其作为实践，而非神经或心理过程。情绪扮演着社会、政治和文化中介因素的角色。"情绪是一个中介，抑或一个空间，于其中，差异和伦理得以沟通、

---

[1] LOSEKE D R. Examining emotion as discourse: Emotion codes and presidential speeches justifying war [J]. The Sociological Quarterly, 2009, 50 (3): 500-501.

协商以及塑造"①，情绪是个体内在与周遭环境发生交流或交换的场域，它之于个体的问题解决、决策制定乃至伦理发展都有着深刻的意义。情绪本质上是流动的、是力量所系，而非稳定的实体。教师情绪是协作性的和动态的，而非个体性的和静态的，而且，尤其重要的是，它是学校或社会系统运作而伴随发生和发展的。

二、混合研究方法

本课题采用混合研究的基本范式。所谓混合研究，意指同时或依序采用质化和量化的方法，以形成研究问题、搜集数据、分析数据或诠释结果。之所以采用混合研究，在于量化和质性研究各有优缺点。其中，量化研究通过恰当的取样，将教师情绪的相关内容转化为数据，并形成对其进行描述和推断的结论，同时也可以考究教师情绪与其他因素之间的关系，其结果具有普遍性；而质性研究强调对教师个体的情绪进行更为深入和全面的接触和挖掘，从而建构出基于其个人生活/工作脉络的情绪体验的理解和诠释。两者的取向与目的不同，可对同一研究现象的交叠或不同的面向（facets）得到不同的理解，进而丰富对教师情绪的探究结果。

（一）量化研究

量化，就是以数字化符号为基础去测量。量化研究通过对研究对象的特征按某种标准进行量的比较来测定对象特征数值，或求出某些因素间的量的变化规律。由于其目的是对事物及其运动的量的属性做出回答，本课题采用问卷调查法，收集教师工作的情绪体验信息，并据此进行描述和说明，同时为后续的质性研究提供一些线索和方向。本课题的具体量化研究工具和过程，在第三章"教师情绪的群体描画"中有详尽的说明。

（二）质性研究

尽管量化研究仍然是当前教师情绪研究的主流手段——至少从文献的

---

① BOLER M. Feeling power: Emotions and education [M]. London: Routledge, 1999: 21.

数量来看是这样,但是今天,学界逐渐采用多元视角来看待情绪及其内涵。社会科学诸多领域的研究者日益强调情绪作为社会、文化、政治乃至历史的属性。这种对情绪概念理解框架的变迁意味着相应的研究方法和工具的调整。其中,显著的调整之一就是质性研究的兴起与流行。

质性研究自20世纪70年代以来,已然在社会科学诸多领域得以广泛应用。质性研究并非单一的研究范畴,而是系列取向的统称,因此,对其进行定义也存在争议。尽管研究者对其理解各有偏差,但N. K. 邓津(Denzin)和Y. S. 林肯(Lincoln)在其经典的《SAGA质性研究手册》(*The SAGE Handbook of Qualitative Research*)中提出如下理解,算是比较广泛被接受的一种界定:

> 质性研究是一种将观察者置身于现实世界中的情境性活动,包括一系列旨在让世界外显化的解释性、具象性的实践活动所组成。正是这些实践活动转变了世界,它们将世界转变成一系列的表征,包括田野笔记、访谈、谈话、照片、记录或个人备忘录。在这层面上,质性研究采用解释性的、自然主义的取向来看待这个世界。这意味着质性研究者是在事物的自然背景中来研究它们,并试图根据人们对现象所赋予的意义来理解或来解释现象。[1]

该定义中,其中有四个关键词尤为重要:脉络性(context)、意义性(meaning)、诠释性(interpretation)和主体性(subjectivity),它们可作为质性研究范式的四个关键特质。[2] 其中,脉络性强调事物并非孤立存在,而是置身于现实世界的情境脉络中,情境脉络因素包括时间、空间、历史、文化、政治、社群、人际等使事物在其中与其他事物发生关联并产生意义。意义性与情境脉络紧密联系,亦即任何社会事物是在特定脉络中获得其意义,离开这一脉络,其意义就会受损、失去,也就无法被理解。诠释性意

---

[1] DENZIN N K, LINCOLN Y S. The Sage handbook of qualitative research [M]. London: Sage, 2011: 3.
[2] 宋萑. 质性研究的范式属性辨 [J]. 全球教育展望, 2018, 47 (6): 56-66.

指质性研究从研究对象的话语、行为、文本中剥茧抽丝，拼凑出一个新的图景、新的故事，提供给读者，而非原封不动地将其搬到读者面前，因为这些内容往往是琐碎且缺乏条理、甚至是相互矛盾的。主体性意味着质性研究对研究对象主体性的尊重——无论何种社会现象、人造物或者社会行动，都是由人（行动者）来赋予意义，而且，质性研究过程就是研究者主体和研究对象中行动者主体之间的互动建构，表现为互为主体性——研究者是在自身经验世界的参与下通过与行动者（及其经验世界）的对话、协商，而实现视域的融合以达成理解。

总体而言，质性研究是以研究者本人作为研究工具，在自然情境下，采用多种资料收集方法（访谈、观察、实物分析），对研究现象进行深入的整体性探究，从原始资料中形成结论和理论，通过与研究对象互动，对其行为和意义建构获得解释性理解的一种活动。质性研究在探究教师情绪上有其优势，特别是考虑到情绪本质上是复杂的、抽象的，而且依附于特定的社会/文化，同时预示着丰富的意义，质性研究更有助于聚焦把握人们对情绪的感受、阐释以及赋予的意义。根据 N. K. 邓津的观点，对教师情绪的质性研究需要强调以下五个方面：

第一，必须以情绪为生活体验，在互动个体的现象学和互动流中进行研究；

第二，必须把有关情绪的自然科学态度悬置；

第三，情绪研究必须尽可能把握其整体性；

第四，作为一种具有自己轨迹和经验之流的过程，情绪必须从内部去理解；

第五，情绪的现象学理解不是因果性的，而是描述性的、诠释性的和过程性的。[1]

相对于量化研究，质性研究方法具有独特的优势。首先，质性研究方

---

[1] DENZIN N K. On understanding emotion [M]. San Francisco: Jossey-Bass, 1994: 11-12.

法对引发情绪发生的环境更加敏感。质性研究者摒弃那种实验室条件下带着放大镜或显微镜寻找情绪的蛛丝马迹的方法，而是会同时关切彼此的情绪。通过质性研究方法，比如访谈，研究者并非仅仅获得参与者的情绪体验，同时也可以听见和感受他们的情绪体验与其个人、政治和社会文化脉络之间的关系。在质性研究中，研究者和参与者共同卷入到合作项目中，营造一个共同置身其中的相互作用的环境。

其次，质性研究能够更好地增进研究者和参与者之间的关系。在典型的量化研究中，研究者远离参与者，以图获得"中立"和客观的立场，同时将参与者的情绪经验转换为抽象的数字。情绪在很多时候都被认为是私密的、个人的体验，尤其是某些困难的或"消极的"情绪，比如愤怒、妒忌等，是作为旁人的研究者难以企及的。对此，质性研究过程中建立的研究者—参与者关系能够帮助参与者更好地表达自己的观点和视角，他们的情绪能够被聆听和感受到。因此，在质性研究过程中，研究者可以获得丰富的材料以理解教师的情绪。

再次，质性研究可以在因果论的视角之外寻找情绪的意义。理解情绪与社会生活之间的关系需要跳出孰因孰果的纠缠。比如，教师的情绪低落与其工作投入减少之间，到底是前者导致后者，抑或后者促成前者，并没有清晰的因果关系。在教师的日常中，情绪裹挟着行动，也往往借由行动得以表达和调整——情绪与行动常常是相辅相成，从而构成他们的生活世界。质性研究的优势在于：它提供了一个富有成效的路径帮助我们理解教师情绪建构的意义。

总而言之，质性研究聚焦于教师对个人经验的认识和叙事——借此而探寻私隐的情绪是最为可信的途径。尤其在教育变革的背景下，教师经验发生着持续的变化，通过研究者与教师之间的持续互动以及彼此之间的感同身受，质性研究能够有效地探究和认识教师的生活情境乃至其内在的变化历程。

三、民族志

本课题在具体的研究方法上主要采用民族志策略来获得和分析数据。民族志的英文单词 ethnography，词根 ethno 在希腊语里意指一群人或一个文化族群。因此民族志旨在于通过对某个文化族群的研究，对其文化（社会结构、象征仪式、礼仪行为等）、价值观和行为模式进行重点的观察与探索。格尔兹（Clifford Geertz）在其《文化的解释》（*The Interpretation of Culturs*）中指出："要人们关注一个民族志记述的理由，不在于作者能够从遥远地区捕捉原始事实，然后像面具或雕刻那样把它们带回家，而在于他能够从何种程度上澄清这些地方的情况是什么，从而减少出自未知背景的未知行为自然会造成的疑惑——这是一些什么样的人？"[①] 同样的，对教师情绪的民族志研究，有助于我们（包括作为研究对象的教师）能够对"教师是什么样的人"建立起某些新的、启发式的认识。

在民族志研究过程中，研究者通常使用描述和分析的方法，借由研究对象的眼睛看待他们自己的文化模式。也就是说，研究者必须深入到当地进行实地调查，直接搜集第一手数据，使用当地人的语言，记录他们对自己生活世界的诠释，同时研究者也可以使用多种方法（如：参与型观察、非正式访谈、搜集相关实体对象等），尽可能广泛地搜集资料。

民族志常常被认为是一种相当灵活、弹性而有效的研究方法。作为方法，民族志要求研究者参与特定地域或群组的生活并进行观察。参与意味着成为其中的一员，学习所在地域或群组的语言或话语，对其中个体或群体之间互动的共享概念或信念有着准确的理解和鉴别——而同时作为研究者，亦需要拥有将这些知识或认知进行基于研究问题的译码能力。此外，研究者参与和观察的边界设定有赖于特定的议题和旨趣。因此，民族志强调浸润于在地（localized）的生活现实，反思研究者在地的角色，以及从内

[①] 克利福德·格尔兹. 文化的解释 [M]. 纳日碧力戈，郭于华，李彬等译. 上海：上海人民出版社，1999：18.

在的（from the inside）视角来描述在地的文化。研究者参与当地活动，书写田野记录，检视相关文档，以及进行访谈等，所有这些，都会生成那些揭示个体或族群的丰厚的描述性文本。

而从方法论的层面来说，民族志检视了知者（knower）和被知者（known）之间的关系。传统科学主义的立场试图寻求某种对现象独立而客观的理解，但民族志强调的则是嵌入的、主观的描述和视角。如前所述，民族志检视在地的文化，这个"在地的"意味着被定义的边界之内的，同时，这种检视要求研究者进行反身性和参与性的观察。因此，方法论意味上的民族志要求我们将研究的文化、视角和经验置于特定的情境。此外，因为是反身性和参与性的观察，研究者无可避免地对研究所在田野施加相应的影响，而这些影响应该在分析和理解的过程中加以必要的检视。

民族志方法作为一种记载、诠释文化实践意涵的研究方法，它打破社会科学研究在探究"事实"过程中有意或无意的自我中心，而强调"对话"的立场以及对研究对象的尊重。民族志研究者致力于深刻描画现象、关切日常生活（everyday life of persons）中的真实境况、聚焦具体的人和事、强调问题的探索与发现，而非因循法则。至今为止，民族志业已在社会科学的诸多领域应用广泛，积累了大量的文献资料。

（一）田野工作

民族志研究者需要围绕某个特定的场域而构建文本。这个特定的场域就是所谓的"田野"，它的原意是"一块有宝可挖的野外之地"。"田野"与研究者自己的家是不同的。研究者进入"田野"从事调查工作是远离自己原本舒适的、熟悉的生活世界，直面文化差异可能带来的身心挣扎，并由此而经受洗礼，获得新知与成长。当前的民族志尤其重视田野工作，而不是过往那种"在安乐椅上做的书斋式的研究"，或者仅仅是旅行者或探险者的那种蜻蜓点水式的玩票之作。民族志研究提倡走到野外去实地观察，而且必须以深入浸润其中的方式来观察。这里的关键原因在于：人们是生活在自己所编织的意义网络所形成的文化中，只有熟悉这个背景脉络，才能更好地理解栖身其中的人们的经验。

在本课题中，民族志的田野工作旨在掌握学校教师的观点和感受，研究者进入田野现场——即教师所在的学校，获得可信赖的讯息，并形成详尽的田野札记来捕捉他们关于其情绪的表达和感受，获得深厚的描述。

在传统的民族志研究中，"田野"以特定的文化系统为背景，往往需要某个定义清晰的边界，以图在这个可能的范围内收集相关的资料（比如社会关系、行动利益或者身份建构等）。但这种理解在后现代社会和全球化浪潮下受到了挑战，尤其是伴随着社交网络对教师日常生活的渗透，生活和工作很难再以一条泾渭分明的"边界"来确定，而表现出"流变"的或"流动"的特征。本课题认为，人们不可能处于某种不变的、静止的文化生活与社会实践中。"眼见为实"并不是田野调查的关键，在日益流变的或者"浮动"的生活世界里，田野的意涵可能是多重的，也是多变的。在操作层面上，本课题将"田野"理解为教师日常生活的场域——既有传统的线下的学校空间，包括办公室、教室以及功能场馆等，也有线上的空间，包括教师参与其中构建与工作相关的人际网络和各种群落（根据当前中小学主流的社交软件，本研究主要聚焦基于微信的各种工作群）等。值得一提的是，之所以强调这些线上"田野"的关键原因是社交网络日益渗透到当前教师的工作与生活并成为其内在的建构力量，这些线上人际网络与各种群落之所以被定义为"田野"的部分，并非在于参与者在时空方面的同现，而是共享的资源、默认的规则、互惠的行为等。确切地说，社交网络具有"社区"特征，是建立在参与者共同想象基础上的一个"想象的共同体"（imagined community）。人们通过各种功能或工具，比如添加好友、发布信息、参与评论、"@昵称"、私信等功能，在很大程度上获得"我们在一起"的类似社区生活的临场体验。教师使用社交网络与其他利益相关方建立的关系和群落具有精神共同体含义——没有空间上的边界，却足以让人们聚拢在一起。

田野工作与其说是一种"方法"，即一套可成文的技术运作规范，毋宁说是一种"以研究为宗旨的经验"（experience for research），表现为一种视野（vision）探索的活动，是研究者以自身意识状态的转变作为获取研究对象特质的必经过程。田野工作在很大程度上如同学习一种新游戏玩法那样，为研究者带来很多即兴的理解和乐趣，田野工作者需要多加自省，多方检测调校自己的看法，以便让当地人的想法有机会显露其本色。如同 J. 戴维斯（Davies J.）和 D. 斯彭思（Spencer D.）在其编撰的《田野里的情绪：心理学与人类学的田野经验》(*Emotions in the Field*：*The psychology and Anthropology of Fieldwork Experience*) 一书中指出的，田野工作作为学习过程并非仅仅表现为研究者的认知或理性上的转化，研究者的情绪和感受也同样地应该从边缘化的位置拉回核心——协助其理解生活世界，以及人与社群的互动和关联。① 笔者在田野工作也尝试采用"非认知的学习模式"——即借由身体、情绪、想象等非认知的管道在"田野"里进行文化学习，并由此而获得理解教师及其栖身所系的社会—文化脉络的知识入口。

在本课题研究过程中，田野工作主要基于两个学校展开。第一所学校 XQ，XQ 是新设立的寄宿制实验学校。作为小学+中学的十二年一贯制的综合体，XQ 被政府和社会寄予厚望，学校现有大概 2200 名学生，198 名教师，且处于快速发展的阶段。笔者自 2019 年 8 月到 2020 年 8 月前往 XQ 中学作为挂职教师，负责八年级心理课教学和心理咨询室的日常运作。在此期间，由于特殊原因，实际上从 2020 年 2 月到 5 月期间笔者是在线上完成相应的教学和日常管理工作的。

第二所学校是 BZ 学校，离城区最远的一所乡镇中心小学，有 400 名左右的学生，43 名教师（学生和教师人数不包括学校下设 5 个乡村小学教学点师生人数）。BZ 学校是典型的乡镇小学，这些年一直在面临学生持续流失的挑战，同时由于教师编制满额无法引进年轻教师而导致教师总体年龄偏大（截至 2020 年 10 月，教师平均年龄 46.2 岁）。笔者在 2020 年 9 月到 12 月期间作为援助成员以及实习学生的领队经常前往并蹲点在 BZ 学校，为学校师生的心理健康教育和辅导提供协助。

此外，笔者发现，不管是 XQ 中学还是 BZ 学校，教师基本上都已经完全适应基于社交网络（主要是微信）的交流方式。尤其经过大面积线上教学尝试之后，教师与教师之间、教师与家长之间都建立起了非常丰富的微

---

① DAVIES J, SPENCER D. Emotions in the field：The psychology and anthropology of fieldwork experience [M]. Stanford：Stanford University Press，2010：8.

信沟通渠道。因此，笔者深度地介入所在学校教师的各种线上互动中，尤其是由教师之间以及教师与家长之间建构的微信群落，适度地与教师线上互动，以获得详实的资料。于此，我们相信网络始终是交流与沟通的平台，积极地参与始终是可以实现的，借用 S. 克莱顿（Crichton S.）和 D. 基纳师（Kinash D.）的话来说：

> 研究者可以积极参与到网络空间的群体中去，通过社会互动，述说发生在情境化的脉络中的故事。这种互动，我们认为包括研究者通过与被研究者进行反复的、重访的和共同阐释且可以反思和修正的沟通，而参与到对话和意义生产中。[①]

当然，这种虚拟田野工作之于线下田野工作，研究者的"观察"显得更加片段、破碎以及不确定——缺乏时空的完整性。即便如此，研究者通过"屏幕与键盘"的参与，如同亲身旅行般执行实地的观察与记录，在很大程度上也能够实现借由看、阅读、想象和猜测的民族志意义上的网络田野旅行。

（二）田野资料的阐释

理想的民族志研究是基于中立而客观的观察、体验以及学习异域的言行举止、生活习惯、风土人情等，在这过程中悬置自己的立场、信仰或者其他基于个人生活经历的念想等，详细地记述自己所得的观察，并且通过合适的语言叙述与还原现场，以实现对异域社群生活的全面（holistic）而中肯的了解。但是，人们越来越意识到这种基于主客体二元对立的方法论，或所谓科学的民族志是无法实现的。本质上，民族志研究是开放的，并非有着明确的起点和终点的封闭的环路。民族志研究的实施基于特定的文化脉络以及研究者对其反身性思考（reflexivity）的觉知与运用。自我的在场是无可避免的。J. F. 雪莉（Sherry）认为民族志极大地倚重于研究者，因

---

① CRICHTON S, KINASH S. Virtual ethnography: Interactive interviewing online as method [J]. Canadian Journal of Learning and Technolog, 2003, 29 (2): 2.

为研究者即研究工具（instrument），而其敏锐与否的指标即表现为"省思"。① 此外，研究者的旨趣以及技术也具有深远的影响。

民族志的使命之一在于通过对当地文化的聚焦，进而生成相应的反身性和叠加性（additivity）的叙事。自我意识在研究过程中的角色是颇有争议的。其中之一在于：研究者的自我意识通常可以表现为省思与自恋，两者之间总是纠缠不清。在民族志的研究中，个人故事与社会脉络之间关联及其文本再现，亦是充满变数的议题。采集资料的过程往往受到研究者和研究对象的个人经历、社会条件等影响。对于研究者而言，尤其需要强调自我意识。语言与其所指涉的外在现实之间并非遵循必然的对应关系，人们对特定景致（view）的认知，取决于能够援引与此景致相关的作为诠释依据的范例（instances），人们对特定行动的理解，也依赖特定的世界观——因为它提供了观照此行动的参照。由此，自我始终在场的条件下，研究者理解的现实无可避免地是局部的以及可更改的。对特定素材的选择、编辑、隐匿、串接、归纳以及与记述密切关联的润色、用语、句式等都可以让素材以不同的效果得以呈现，并建构起相应的"客观事实"。

作为研究者，亦作为教育者，相对于研究对象（教师），在权力关系上处于宰制者的角色。根据福柯的理论，权力产生知识（power produces knowledge）。就民族志研究而言，知识（文本）的再现无可避免地受到权力关系的影响。根据福柯的观点，人的主体意识是被历史条件所形塑的，是特定时代的管治技术下的产物，而主体坐拥权力，难免以此自重，进而将维系权力的知识奉为真理。设想一下，日常生活中，人们将情感或情绪当作对象被谈论时，在无意间倾向于彰显理性的优越感。在认识情感或情绪的过程中，学院派作风的研究者也往往采用某种居高临下的审视或"剖析"视角。在本课题的研究中，笔者需要对教师及其个人情绪/情感经验形成某种诊断性或结论性理解的诱惑抱持警惕的态度。认识到这一点相当重要，

---

① SHERRY J F. Postmodern alternatives: the interpretive turn in consumer research [M] // HOLBROOK M B, ROBERTSON T S. Handbook of consumer behavior. Englewood Cliffs, NJ: Prentice-Hall. 1991: 572.

对于本课题所涉及的许多田野资料的阐释,都要求研究者尽力避免以自己的声音覆盖研究对象的声音,以自己的立场篡夺研究对象的立场的风险。在民族志的资料分析以及叙述的过程中,言辞陈述、字句选择等,都应该强调研究者与研究对象之间的"对话性",而参与的双方是平等的个体,没有臣服或附属的关系。

此外,在阐释收集到的资料时,阐释学理论也提供了重要的启迪。对资料的理解应该超越传统阐释学关于获得单一、稳定以及本质的结果的导向,而应该强调开放以及反身性思考的过程。就研究者而言,对资料(通常被转化为文本)的阅读(reading)同时也是写作(writing)的过程,或者说,阅读与写作是理解资料过程中的一体两面,研究者带有特定的文化背景、历史脉络以及意识形态等,这导致研究者在阅读中阐释,在阐释中阅读,而非仅仅简单地复制或追随既有的资料。体现在民族志写作过程中,资料只是被撷取,成为引发共鸣的段落或话语,启迪或展开另一个创作的历程。因此,民族志的资料作为媒介,研究者(以及研究对象)阅读、阐释、写作,最终形成迂回的、叠加的创作的产物。与此同时,研究者也时刻在内在地展开着未尽的对话,在记述"田野"生活的人物、事件以及景致时,也同时建构着某个想象的对象,将研究对象现实生活中的流动性与耦合性,以文本的方式"凝结"于特定的记述中。诚如 G. E. 马科斯(Marcus G. E.)所言:"民族志的诠释是对于真实生活的不确定性某个极度事后回溯(ex post facto)的产物。"[1]

总体而言,本课题认为,对教师情绪的民族志书写应该建立在教师生活经验之上。教师的日常对话、教学工作、书写、修辞、议论等言语为主的素材,实则浸润着、依附着、共存着或者粘连着特定的情绪/情感经验,而民族志的解读在于揭示这些经验,并描绘其发声(utterance)和交换过程,展现其意义的多重性、流变性以及复杂性。民族志对这些素材的解读,需要细腻与敏感,不能仅仅"看见"情绪,同时也应该有着抱持预见——

---

[1] MARCUS G E. Contemporary problems of ethnography in the modern world system [M] // CLIFFORD J, MARCUS G E. Writing culture: The poetics and politics of ethnography. Berkley: University of California Press, 1986: 183.

以"看见"那些与情绪相伴相随的身体和感官经验,以及教师与周遭环境的对话和协商经验。而且,作为研究者,应该秉持感同身受的原则,理解教师在特定的社会—文化—历史脉络以及生命历程中的诸多共同经验的反刍和挣扎,由此而强调对个人价值的深切关怀。

(三)资料的收集与编码

本课题主要采用参与观察的方法,深入观察、体悟研究对象所在社群的互动以及由此而生成的情绪/情感现象。为了使参与观察在最自然的状况下得以进行,减少研究对象的防备心理,笔者努力融入并学习在地的真实生活方式。

同时,本课题也采用深度访谈来获得相应的资料。访谈与日常对话有所不同,它尊重受访对象的意愿,并且建基于良好的关系,才能深入主题。因为,如同陈向明指出的,当访谈者向受访者提出问题时,就已经在向对方进行一种搅动,为对方的意义建构提供另一个契机。而对方的回答,不论是回忆还是对现实的描述,都是一种对事实或意义的重构。[①]

除了通过参与观察获得所在社群研究对象的线上或线下的言说、访谈过程生成的文本之外,本课题资料也包括研究者自己的省思札记,各项资料都基于民族志的方法进行编码(基本编码如表2.1所示)。本书的研究结果,均为基于这些数据资料的呈现。

表2.1 资料编码表

P_{xx}	参与者(Participant)的缩写,下标XX是参与者的代码
省20200505	表示2020年5月5日研究者的省思札记
访20200505	表示2020年5月5日与参与者的访谈记录
发20200505	表示2020年5月5日参与者的发布信息
观20200505	表示2020年5月5日对参与者朋友圈信息的观察记录

---

① 陈向明. 质的研究方法与社会科学研究[M]. 北京:教育科学出版社,2000:166-169.

小结

本课题在数据采集和分析的质性研究策略上，主要使用民族志的范式。借由民族志，笔者对收集的资料获得隐喻的、阐释的以及分析的解读，由此而生成研究成果。笔者认为，这些研究成果并没有特别强调是否与主流的、宏大的叙事一致，而是本质上扎根于在地的、局部的知识。它主要为了获得关于教师情绪的个人化、多重性和流变性的内涵和意义的理解，因而表现为所谓的"扎根知识"（grounded knowledge）。这些知识，在当下的教育科研领域，往往是福柯意义上的受压制的知识（subjugated knowledge），即在科学性以及认知向度上被认为是较低等级或水准的知识，通常也被认为是幼稚的知识、或对于实现特定任务而言不适宜或不合格的知识。[1] 它们往往看上去凌乱无章或者破碎不整，类似于个人的经验说明或者观点汇总。但这种扎根知识恰恰是教师关于其情绪生活的生活经验——同样呈现出多重性、耦合性和复杂性。这些活生生的知识也许脱离了教育或心理科学的理论和模型，却是所谓的情境知识（situated knowledge）。

知识的形成始终是相对于位置（position）的，这个位置不仅仅是主体在性别、阶层、族群、种族方面的差异性与相对性，而且也因应于历史、社会和文化情境而存在的知识和观点的差异性和相对性，因此，任何知识本质上都是承载着认知主体置身其中的社会脉络的价值和信条等内容，即局部或情境知识。基于情境知识的观点，本课题对教师情绪的探究尤其关注他们所处的"位置"（比如他们的性别、地位和学校类型等）对其个人体验深刻而潜移默化的影响。

需要指出的是，这种探究并不是致力于挖掘教师情绪的"真理"或"规律"，而是展示他们如何体验看似稀松平常的工作和生活。借由研究者与研究对象协同合作而建构的文本，也远非完整而统合的知识，而是作为

---

[1] FOUCAULT M. Power/knowledge: Selected interviews and other writings [M]. Hertfordshire: Harvester Press Limited, 1980: 81-82.

片段或剖面，组合（bricolage）、拼贴（aollage）和剪裁建构（montage）起来，昭示着或揭显（revealing）着教师内在的、活生生的情绪/情感世界。"揭显"于此的意义在于：借由本课题的探究，教师情绪/情感经验的某些现实被带到（bring forth）充斥着科学和理性气息的学术研究和教育管理的领域，并得以被理解和关照。为此，笔者亦谨记：对于日常生活的经验研究，从发问及观察开始，研究者应该都要抱持着一种民族志的想象力，才能获得更好的理解。

第三章

教师情绪的群体描画

尽管本课题主要采用质性研究的民族志策略，但在具体操作中，仍然借助了量化的研究手段对教师情绪进行群体描画。量化研究以实证主义和社会实体论为出发点，质性研究则基于诠释主义和现象学的传统，两者虽然有着迥异的本体论和方法论的根基，但在实际应用中，采用折中的立场，两者可以结合形成混合方法论来探究复杂的议题。作为混合研究，就定义而言，意指在研究中同时或依序地采用质性和量化的方法，以形成问题、收集资料、分析资料以及诠释结果。但是，量化和质性的方法如何整合、在哪一个阶段整合等问题，学界则尚未有统一界定。常见的情况是质性研究的探索在前——质性研究充当问题形成和数据初步分析的手段，为后续量化研究的深入分析数据和建立模型提供基础。但于本课题，核心旨趣在于理解和展现教师情绪——作为个人化经验的丰富性，因此，量化研究的意义主要是作为初步的描画手段，提供关于教师情绪概览的整体轮廓。

一、调查程序与工具

本课题采用的量化研究手段主要是问卷调查。参与问卷填写的样本为来自广东省某个县的887名中小学教师。考虑到对教师情绪的描画需要基于特定的人口统计学变量，我们选取了性别、班主任、学校属地、学校类型、教龄和学科等类别进行调查，对应类别的参与者人数如表3.1所示。问卷调查利用一项由当地教育局主办的系列培训活动进行集中发放、填写和回收。

调查的整个时间跨度为从 2020 年 8 月初至 9 月初的连续四个周末。问卷设计简明扼要，主要包括基本的人口统计学变量以及《教师情绪量表》(*Teacher Emotion Inventory*, TEI, 量表细节见附录 1)，问卷的填写需要大概 10 分钟时间。问卷调查属于团体施测，指导语统一，并且由笔者主持完成。在调查过程中，为了提升被调查教师的参与程度，笔者建议他们在问卷首页右上角上留下个人手机号码，承诺在随后的三天之内，通过随机的方式从合格问卷里抽取出五分之一的额度，为对应的手机号码充值 50 元的话费，并且承诺手机号码只用于此，绝不泄露相关的隐私，对此，被调查者普遍表示接受。本次调查最后收集的有效问卷为 801 份，样本有效率为 90.3%。

表 3.1 教师人口统计学变量汇总

变量		人数（百分比）	变量		人数（百分比）
性别	男	350（43.7）	教龄（年）	<10	125（15.6）
	女	451（56.3）		10—20	248（31）
班主任	是	493（49.1）		20—30	316（39.4）
	否	408（50.9）		>30	112（14）
学校属地	城市	448（55.9）	学科	语文	242（30.2）
	农村	353（44.1）		数学	155（19.4）
学校类型	小学	286（35.6）		外语	119（14.9）
	初中	368（46.0）		政史地生	161（20.1）
				图音体	66（8.2）
	高中	147（18.4）		其他	58（7.2）

本课题使用的《教师情绪量表》(TEI) 源自香港教育学院 Chen Junjun 教授 2016 年发表于著名的教师教育期刊 *Teaching and Teacher Education* 的文章 Understanding teacher emotions：The development of a teacher emotion inventory。[1] 中文版已经获得 Chen 教授的使用许可，相关的邮件见附录 2。TEI 包含 26 个题项，涵盖了教师情绪经验的五个关键维度：热爱（love）、欢乐

---

[1] CHEN J. Understanding teacher emotions：The development of a teacher emotion inventory [J]. Teaching and Teacher Education, 2016（55）：68-77.

(joy)、愤怒（anger）、悲伤（sadness）和恐惧（fear）。这些情绪维度都涉及教师日常具体工作，比如"当工作量大时（如：备课），我很有压力""当我的职业理念和教育改革的要求有冲突时，我很沮丧""当侮辱我的职业时，我很气愤"。问卷开发者的验证性因子分析（CFA）表明，TEI 五因素模型的一阶结构模型检验的关键指数为：$CFI=0.92$，$RMSEA=.062$，拟合良好；$Alphas$ 的范围是 0.73 到 0.90，平均为 0.84，说明问卷具有良好的内部一致性信度。各维度的均值（M）、标准差（SD）和 $Cronbach\alpha$ 如表 3.2 所示：

表 3.2　TEI 五个维度测量学指标

维度	M	SD	$Cronbach\alpha$
欢乐	5.36	.54	.90
热爱	4.28	.94	.73
悲伤	4.63	.97	.86
愤怒	4.55	.05	.87
恐惧	4.31	.86	.86

Chen Junjun 对香港和内地的教师研究结果表明，《教师情绪问卷》的总体信效度良好。而且，教师情绪的五个维度在不同程度上都受到基本的人口统计学变量的影响，包括性别、学校位置、教师资质及教育背景、从教经验等。因此，本课题也首先采用该问卷先获得基于特定人口统计学变量之上的教师情绪的总体的描绘，并由此而进一步采用质性研究方法探讨教师的具体的情绪经验。

二、调查结果

参考已有文献，研究者对教师情绪的描述主要是依据基本的人口统计学变量来进行。其中，大部分研究者都强调教师的情绪与性别、学校属地（城市或农村）、收入水平、教龄、年龄以及是否担任班主任等因素相关。本课题考虑到对教师情绪的描述无法面面俱到，而且考虑到教龄和年龄往往具有较高的重合度，因而只是选择性地聚焦于四个因素：性别、学校属地、教龄和收入。通过使用均值比较的方法（t 检验和单因素方差分析）、多因素方差分析以及简单效应检验程序，描画基于这些人口统计学变量的教师情绪的概貌。

（一）性别与情绪

过往的研究表明，教师的情绪存在明显的性别差异，比如杨玲和李明军的研究发现，教师在情绪表达频率、持久性和多样性方面都具有明显的性别差异，在工作满意度上亦然。而且，女教师相对于男教师，更能从其职业中获得幸福感。伍新春等人的研究则发现男性教师相对于女性教师在职业倦怠上表现更严重。不过，胡咏梅在稍早的研究中却发现，性别并非影响教师职业满意度的显著因素。因此，性别对教师情绪的影响有待进一步检视。本课题对教师情绪的五个维度进行性别差异比较，结果如表 3.3 所示。

表 3.3 TEI 五个维度的性别差异分析

情绪	平均值±标准差（$M±SD$）男	平均值±标准差（$M±SD$）女	t	p
热爱	24.72±4.71	25.53±4.08	−2.62	0.01
欢乐	25.53±4.47	26.40±3.88	−2.96	0.01
愤怒	19.87±6.24	19.81±6.03	0.15	0.88
悲哀	19.68±6.24	19.45±6.28	0.52	0.80
恐惧	2.19±7.19	21.87±7.34	0.82	0.41

结果表明，男性教师在"热爱"和"欢乐"这两个维度的得分都显著低于女性教师，而在其他三个维度上，则不存在显著的性别差异。

进一步将学校属地纳入分析，进行双因素方差检验，简单效应分析结果表明，来自农村学校的教师在"热爱"维度上的得分并不存在显著的性别差异（$M_男 = 24.89$，$M_女 = 25.59$，$F_{(1,797)} = 2.15$，$p = 0.14$）。而来自城市学校的教师在该维度则表现出显著的性别差异（$M_男 = 24.59$，$M_女 = 25.50$，$F_{(1,797)} = 4.75$，$p = -0.03$），男性教师的"热爱"要显著低于女性教师。在"欢乐"维度，简单效应分析的结果表明，来自城市学校的男女教师之间存在显著的差异（$M_{男} = 25.66$，$M_{女} = 26.53$，$F_{(1,797)} = 4.89$，$p = 0.03$），来自农村的男女教师亦然（$M_{男} = 25.35$，$M_{女} = 26.24$，$F_{(1,797)} = 3.97$，$p = 0.05$），即在"欢乐"维度上，城市和农村学校的女性教师得分都要显著高于男性教师。在情绪的其他维度上，学校属地并没有主效应，其简单效应也不显著。

类似地，在分析教师情绪的性别差异时，本课题也考虑学校类型的影响，将其作为变量纳入检验。简单效应分析结果表明，小学教师在"热爱"维度上的得分存在显著性别差异（$M_{男} = 24.83$，$M_{女} = 26.04$，$F_{(1,795)} = 4.60$，$p = 0.03$），男教师的"热爱"显著低于女教师；初中教师在"热爱"维度上存在边缘的性别差异（$M_{男} = 24.63$，$M_{女} = 25.41$，$F_{(1,795)} = 3.02$，$p = 0.08$），男教师的"热爱"得分要边缘地低于女教师；而高中学校的教师在"热爱"维度上没有显著性别差异（$M_{男} = 24.88$，$M_{女} = 24.62$，$F_{(1,795)} = 0.16$，$p = 0.72$）。在"欢乐"维度，简单效应分析也得到了类似的结果，亦即"欢乐"的性别差异主要出现在小学阶段的教师群体中。类似的，男性教师在"欢乐"上的得分要显著低于女性教师（$M_{男} = 25.30$，$M_{女} = 26.90$，$F_{(1,795)} = 8.85$，$p = 0.003$）。但是，在初中和高中教师群体里，"欢乐"维度则没有显著的性别差异。在情绪的其他维度上，学校类型并没有主效应，其简单效应也不显著。

考虑到不同教龄段的男女教师在情绪体验上可能存在差异，本课题将教龄作为变量纳入考虑与性别一起进行双因素方差检验。本课题将教龄根据小于10年、10—20年、20—30年以及大于30年分成四组。简单效应分析的结果表明，尽管总体上，教师情绪只在"热爱"和"欢乐"两个维度的得分上存在显著的性别差异，在其他三个维度则不存在，但是，具体到不同教龄的教师，情绪各个维度的性别差异则有所不同。在"热爱"维度上，性别的显著差异出现在小于10年教龄的教师群体里（$M_{男} = 22.79$，$M_{女} = 25.37$，$F_{(1,793)} = 5.56$，$p = 0.02$），亦即，教龄小于10年的男性教师的"热爱"得分要显著低于女性教师，在其他教龄段则没有发现显著的性别差异。而在"欢乐"维度上，性别的显著差异出现在小于10年和10—20年教龄的教师群体里，其中小于10年教龄的男女教师得分均值分别为 $M_{男} = 25.00$，$M_{女} = 26.65$；10—20年教龄的男女教师得分均值分别为 $M_{男} =$

25.19，$M_{女}$ = 26.13，对应的简单效应检验 p 值均小于 0.05，亦即在这两个教龄段，男教师的"欢乐"得分都显著低于女教师，而在其他年龄段则不存在显著的性别差异。

(二) 学校属地与情绪

在已有文献里，教师情绪的城乡差异已经有大量的研究。总体而言，这些研究发现农村中小学教师情绪中的消极成分更为强烈，由于城市化进程，农村人口衰减，导致农村教育失落，因而教师在主观幸福上都表现出比城市教师更低的分数。农村教师相对于城市教师而言，也表现出更高的职业倦怠水平，以及更低的满意度水平。陈纯槿尤其强调学校物质资源短缺是影响农村中小学教师工作满意度最主要的因素。

本课题对教师情绪五个维度的学校属地的差异检验结果表明，总体而言，城市和农村学校的教师情绪差异与过往研究结果有所不同。简而言之，他们只是在"愤怒"这个维度上差异显著，其中城市学校教师的"愤怒"得分（$M_{城市}$ = 20.29）要显著高于农村学校教师（$M_{农村}$ = 19.25），而在另外的"热爱""欢乐""悲伤"和"恐惧"四个维度上，城市和农村学校教师的均值在统计上没有显著差异。具体结果如表 3.4 所示。

表 3.4 TEI 五个维度的城乡差异分析

情绪	平均值+标准差（M+SD） 城市	平均值+标准差（M+SD） 农村	t	p
热爱	25.10+4.42	25.28+4.34	-0.60	0.55
欢乐	26.14+4.12	25.86+4.23	0.96	0.34
愤怒	20.29+5.88	19.25+6.38	2.39	0.02
悲哀	19.77+6.23	19.26+6.38	1.14	0.25
恐惧	22.34+7.29	21.69+7.25	1.26	0.21

进一步将性别纳入分析，进行双因素方差检验，简单效应分析结果表明，教师在"愤怒"这个维度上的城乡差异在男性教师群体表现并不显著（$M_{城市}$ = 20.25，$M_{农村}$ = 19.37），而在女性教师群体则表现出显著差异

($M_{城市}$ = 20.33，$M_{农村}$ = 19.17)，城市学校的女性教师较之于农村学校的女性教师，在"愤怒"维度上的得分要更高一些。此外，尽管总体而言，在"悲伤"维度上城市和农村学校的教师没有显著差异，但是纳入"性别"因素后，简单效应分析的结果表明，城市和农村学校的男性教师并没有在"悲伤"维度上差异显著，但是城市和农村学校的女性教师群体则在这个维度上表现出边缘显著差异，城市学校的女性教师的"悲伤"得分高于农村学校教师（$M_{城市}$ = 19.96，$M_{农村}$ = 18.82）。在其他维度上，学校属地均没有表现出主效应，其简单效应也不显著。

考虑到不同类型学校教师的情绪体验存在可能的差异，本课题进一步将学校类型纳入分析，进行双因素方差分析，简单效应分析结果表明，不同类型学校（小学、初中和高中）里，来自城市和农村学校的教师情绪在"热爱""愤怒""悲哀"和"恐惧"四个维度上，但是在"欢乐"上，尽管小学和高中，城市和农村学校的教师没有显著差异，但是在初中，则表现出显著差异，城市学校的初中教师的"欢乐"得分上要显著高于农村学校的初中教师（$M_{城市}$ = 26.10，$M_{农村}$ = 25.23）。

（三）教龄与情绪

很多研究都认为，教师的从教时长是对他们情绪的重要影响因素，比如伍新春的研究发现，教龄与教师的职业倦怠水平密切相关，其中，教龄10—20年的老师较之于其他教龄的老师表现出更高的情绪衰竭。黄海军与高中华的研究发现，在中小学，教龄与工作满意度之间呈"U"型关系，教龄为3—5年的教师工作满意度最低。本课题将教龄根据小于10年、10—20年、20—30年以及大于30年分成四组，不同教龄的教师情绪，各维度的均值和标准差如表3.5所示。单因素方差分析的结果表明，对不同教龄的教师情绪只是在"热爱"这个维度上表现出显著差异。事后多重比较的结果表明，这个差异主要是由于20—30年教龄段的教师在"热爱"这个维度上的得分显著高于其他教龄段，而其他三个教龄段之间在"热爱"维度上则没有显著差异。需要说明的一点是，从均值形态上而言，"热爱"这个情绪维度也没有表现出倒U型的分布特征，这跟黄海军与高中华的研究结果有所不同。

表 3. 5　TEI 五个维度在不同教龄教师之间的差异分析

情绪	平均值±标准差（M+SD）				F	p	备注
	<10 年	10—20 年	20—30 年	>30 年			
热爱	24.93+3.94	24.68+4.38	25.76+4.31	24.94+4.85	3.72	0.02	M3>M2= M1=M4
欢乐	26.37+3.71	25.78+4.30	26.27+4.01	26.01+4.17	1.47	0.22	N
愤怒	20.38+5.94	19.85+6.14	19.95+6.14	18.89+6.52	1.23	0.30	N
悲哀	20.29+5.93	19.46+6.17	19.64+6.43	18.74+6.56	1.16	0.32	N
恐惧	22.39+6.70	21.75+7.29	22.33+7.35	21.65+7.62	.50	0.68	N

进一步将性别纳入分析，进行双因素方差检验，简单效应分析结果表明，不同教龄段教师在"热爱"维度上的差异主要发生在男性教师群体里，在女性教师群体里则不显著。男性教师四个教龄段的"热爱"得分均值分别为 22.79、24.2、25.32 和 24.41，主效应分析结果显示，$F_{(3,793)} = 2.61$，$p<0.05$，其中教龄为 20—30 年教师在"热爱"维度上的得分显著高于小于 10 年教龄段的教师。

类似地，将学校类型作为因素纳入教师情绪在不同教龄上的差异分析，进行双因素方差检验，简单效应分析结果表明，不同教龄段教师在"热爱"维度上的差异主要发生在高中教师群体里，在小学和初中教师群体则不显著差异。高中教师四个教龄段的"热爱"得分均值分别为 24.26、24.47、27.65 和 23.00，主效应分析结果显示，$F_{(3,789)} = 3.01$，$p<0.05$，其中教龄为 20—30 年高中教师在"热爱"维度上的得分显著高于其他教龄段的教师。

（四）收入与情绪

过往的研究表明，教师的收入是其情绪的关键影响因素之一。当前，在普罗大众以及教师自身的认识中，教师情绪面临的糟糕局面的最直接、最重要的影响因素往往是"工资偏低"或"经济拮据"。教师对其薪资待遇的认知和体验，在与当地公务员的参照中往往显得尤其生动和重要。而且，伴随着教师职业的世俗化的演进，薪资对他们的情绪的影响似乎也日益显著。因此，本课题于此深入检视教师的收入对其情绪的影响。

首先，本课题的调查显示，中小学教师收入并非均衡的，而是有明显的差异。参与调查的 801 名中小学教师中，报告月收入最低的是 1900 元，最高是 12000 元，平均为 5119.27 元，稍显右偏分布（偏度=.64）。教师的收入受到多重因素的影响，其中比较关键的是与他们的性别、所在的学校属地、学校类型以及是否担任班主任有关。根据这些人口统计学变量，教师的月均收入情况如表 3.6 所示。结果表明，教师收入存在显著的性别差异，总体而言，男教师收入显著高于女教师；教师收入也根据其学校属地不同而有显著差异，其中农村教师收入显著高于城市教师。这里面最关键的因素是农村教师每个月有笔数额大约 1000 元左右的"边远地区补贴"。此外，学校类型的不同也导致教师收入的差异，其中初中教师收入最高，其次为小学教师，最后则是高中教师。这三者的差异似乎与常识相悖，但是，考虑到高中主要集中在城区，所以，这种差异可能更多反映的是教师收入的城乡差异。此外，调查结果也表明，是否担任班主任带来的收入差异并不显著。

表 3.6 教师月均收入的差异分析

变量		$M \pm SD$	统计量	备注
性别	男	5448.17±1075.52	$t=7.99^{***}$	$M_{男}>M_{女}$
	女	4864.04±985.55		
学校属地	城市	5053.29±1037.78	$t=-1.98^{*}$	$M_{城市}<M_{农村}$
	农村	5203.02±1095.28		
学校类型	小学	5093.30±1031.83	$F=28.06^{***}$	$M_{初中}>M_{小学}>M_{高中}$
	初中	5346.43±1065.01		
	高中	4597.63±1066.43		
是否班主任	是	5069.11±1001.58	$t=-1.308$	N
	否	5167.59±1122.54		

注：* 表示差异显著，** 表示差异非常显著，*** 表示差异极其显著，下同。

其次，本次调查显示，教师收入最关键的影响因素是教龄。相关分析的结果表明，教龄与教师月均收入显著相关（$r=.55$，$p<0.001$）。将教龄根据小于10年、10—20年、20—30年以及大于30年，分成四组，各组均值和标准差及其单因素方差分析结果如表3.7所示，其中，不同教龄老师之间的月均收入差距显著，教龄越长，收入越高。拥有30年以上教龄的教师的月均收入甚至比10年教龄以下教师多出1800元左右。

表3.7 不同教龄教师的月均收入差异分析

变量		M+SD	统计量	备注
教龄	<10年	4080.50+826.20	$F=103.01^{***}$	$M_{>30年}>M_{20-30年}$ $>M_{10-20年}>M_{<10年}$
	10-20年	4792.52+838.13		
	20-30年	5490.50+870.72		
	>30年	5859.66+1189.50		

再次，按照统计学上通常的做法，将教师月收入从低到高排列，以4000元和6000元为界限，（这两个分界数据点主要是根据很多参与调查的老师的经验来设定），将其划分为高中低三个收入等级，高中低三个收入等级的教师人数分别是156、450和195，对应的百分比分别为19.5%，56.2%和24.3%。采用单因素方差分析对不同收入水平的老师的五个情绪维度进行检验，结果如表3.8所示。

表3.8 TEI五个维度在不同收入水平教师间的差异分析

情绪	平均值+标准差（M+SD）			F	p
	低收入组	中收入组	高收入组		
热爱	24.81+4.38	25.23+4.29	25.34+4.60	0.71	0.49
欢乐	25.96+4.13	26.11+4.17	25.85+4.20	0.28	0.76
愤怒	20.34+6.23	19.84+6.05	19.43+6.20	0.97	0.38
悲哀	19.88+6.23	19.52+6.38	19.33+6.20	0.33	0.71
恐惧	22.29+7.21	22.13+7.42	21.69+7.01	0.36	0.70

如表 3.8 可知，不同收入组的教师情绪的各个维度并没有显著差异。由此可见，总体而言，收入差异并非构成教师情绪的关键影响因素。后续进一步通过多因素方差分析，在纳入性别、学校属地、学校类型、年纪和教龄等潜在的影响变量之后，教师的收入差异也并没有对其情绪差异构成显著的预测。这个结果跟许多老师在日常生活中的经验似乎是相悖的。在他们看来，收入水平显然是影响其情绪的关键因素。可能的解释可能在于很多教师抱怨的收入低，主要是指总体上教师收入普遍较低——特别是低于当地公务员的水平，而教师群体间并没有太多的不公平感，因为，如前所示，教师的收入主要受教龄影响。而且，由于边远地区补贴的存在，城乡学校的教师收入差异也不显著。

小结

对教师情绪的问卷调查是当前心理科学范式下主流的研究方法。本课题采用《教师情绪量表》，测量结果主要报告了教师情绪在关键的人口统计学变量上的差异分析。这些差异分析的结果表明类似性别、学校属地、教龄或收入这些通常被认为非常重要的影响因素，对教师的情绪生活的作用似乎也并没有过往类似研究所呈现的那样显著。比如教师情绪的性别差异就只是体现在"热爱"和"欢乐"这两个维度——男性教师低于女性教师；在学校所在地变量上，城市学校教师与农村学校教师的情绪差异主要体现在"愤怒"维度上——前者得分高于后者；就教龄而言，本课题也只是发现 20—30 年教龄的教师在"热爱"维度得分显著高于其他教龄段；而在人们通常强调的"收入"变量上，教师情绪在各个维度上都没有表现显著差异——这点似乎迥异于过往的研究结果和人们的日常经验。

本课题也采用多因素方差分析和简单效应分析，进一步探索这些人口统计学变量之间如何共同作用于教师情绪的各个维度。比如对于"热爱"和"欢乐"这两个维度上的城乡学校教师之间的差异，双因素方差检验以及简单效应分析结果表明，其实主要是由城市学校的教师贡献的——城市学校男性教师的得分都低于城市女性教师，这个差异在农村学校的男女教师群体并不显著。

当前的调查结果，作为对教师情绪的初步描画，并非意味着教师情绪与这些人口统计学变量关联甚微。这些描画与过往的大量类似研究的结果有所差异，或许折射了研究工具和样本选择上的差异，但更是揭示了教师情绪的个人性、丰富性和流变性的本质——它无法通过化约为简单的数字来直接"抓取"或"掌握"。这个基于调查而描画的初步轮廓，实际上在召唤着更深入的、强调活生生的个人经验的探究。

第四章

变革背景下的教师情绪

今天，教师被要求改变其理念、方法和态度等，积极地参与和实施当下日新月异的教育改革。因应地，学界的研究聚焦通常落在教师做出的这些改变的具体面向，比如树立以学生为本的、个性化、多元化等教学理念，贯彻"大教育观"下的课程方案，抱持锐意创新、积极向上的工作热情等。但是，教师如何感受这些变革？他们的感受又如何影响他们的立场、决策以及参与的方式？这进而对教育变革提供怎么样的反馈？诸如这些问题，我们知之甚少。

"教育改革"通常都首先被理解为基于诸如学校或政府的官僚机构的理性决策，是自上而下的推动过程，并借由成本—收益之间的衡量来评价其最终成果。顶层的政策设计者几乎无法感知到这些可能隐匿在教师言行举止背后的那些私隐的、个人的、也通常难以言说的感受。而那些来自高等院校的研究者，往往也只是带着一沓厚厚的测量工具，将教师原本丰富复杂的感受转化为客观的数据，通过统计分析来进行描画。但是，这种还原论的研究手段得到的往往是过度简化、流于形式的结果，比如，研究者通常表示，教育改革对教师幸福感带来显著的影响。他们描述教师幸福感在学校、工作、年龄、学科等变量上的统计差异，并进而推论其中主要的作用因素，比如学校管理者的态度、教学工作的成就、学生的反应、家长的干预，或个人的压力（精神、职称、教学、家庭）等。然而，鲜有研究深入探讨教师在感受和理解正在发生的教育变革时紧密伴随的丰富、复杂的个人化经验，尤其是其中的情绪/情感内容。

教师卷入变革是与同事、主管、学生乃至家长一起展开的，这些利益关切者构成的组织环境影响和定义着教师的认知、行动、态度以及由此而促成丰富的情绪/情感经验。基于此，本课题认为，教师的情绪在很大程度上提供了一面透镜，借此我们或许能够更好地理解他们是如何经历并穿行于复杂多变的教育变革环境。

一、变革、稳定与情绪

变革（change）和情绪（emotion）在词源意义上都有"运动"的意思——本质上，它们总是耦合纠缠于一体，无法截然分开。亚里士多德（Aristotle）在《修辞学》（Art of Rhetoric）指出，情绪与个体经历的不稳定或者"差异"密切相关。如同心理学应激理论的"战或逃"机制所揭示的那样，情绪是个体对威胁的反应——情绪可以视作是某种保护性的生理线索，警示人们在其所处环境中某些事情正在发生变动，并且潜藏着危机。基于这个理解，在变革背景下理解教师情绪意味着需要将风险、信任等相关的概念纳入考量。没有风险，或者个体未曾体验到不稳定，情绪实际上是蛰伏的。在这一点上，美国心理学家詹姆斯甚至认为理性是某种感觉的延伸——或者理性即情绪（rationality is a sentiment-or an emotion），因为未有变化发生的情况下，个体对对象或事件的熟悉能够带来的是与预期相符的、或"合理的"感觉。这种合理的感觉也代表着个体内在对周遭环境的信任。

人们对稳定、秩序和连续性的渴求大概是本性使然。就学校系统而言，教师对变革的复杂感情是情有可原的，一方面，他们或许会看到变革带来的潜在的收益，尤其是与每个人息息相关的集体成就；另一方面，显而易见的是，变革之下，他们对于不确定性的担忧和恐惧会受到强化，由此对其理性的判断和行动带来持续的影响。

教师情绪并非单向地、被动地受到教育变革的影响。两者之间其实是相互作用的。基于此，研究者一方面描画频繁更迭的变革给教师工作和生活经验增加的复杂性和脆弱性，另一方面则探索教师如何基于其丰富的情绪/情感对教育变革做出回应，并进而表现为其参与方式和效果的差异。比如有研究者发现，尽管教育变革往往都是自上而下，基于行政力量开展，但在这个过程中不能单纯强调技术或规范的约束意义，也不能过多地指望教师的信仰、激情或者道义在其行为转变中的作用，相反地，管理人员需要创设支持性的环境，才能有助于前线教师更加乐意承担积极参与变革的理性风险而无须过多顾虑可能的消极后果。[1] 当然，如果在变革发生之前，当局能够更深入地理解前线教师核心关心的问题，让教育变革的相关规范或政策与教师个人职业取向协调一致，教师的参与可能带来更为积极的情绪体验，进而能够为变革的顺利开展提供正向反馈。

教师情绪之于变革如同毛细血管之于人体，联结着变革的整体系统，并且推促或阻抑着其功能的顺畅运行。情绪虽然常常短暂的（transient）、甚至如同风过无痕般发生，但这并非意味着它对教育变革是毫无意义的。情绪最为重要的特点之一是感染性，在变革脉络下，教师通过与他人的互动关系，其中的情绪内涵也得以交换、融汇、共鸣抑或激化等，形成某种相对稳定而持久的氛围或结构。多数人都容易受到某些共同情绪/情感的束缚，其行动也是受到内隐的控制。众所周知，恐惧在社会生活中就扮演着隐匿而强大的黏合剂的角色——那些由于变化或战争等极端事件引发的恐惧，如同乌云压城，营造出某种氛围让大家的行动更加趋向一致并且强化了集体归属感。当然，学校并非主要由恐惧主导的机构，尽管如此，流淌其间的情绪氛围或结构在无形之中渗透到教师个人的行动或信念中，并且投射到其工作或生活所系的场域，进一步影响着身边同事、学生以及其他相关者。由此，教师情绪实则是能动地参与重构学校变革情境的潜在力量。

过去的许多年，中国的教育领域都在致力于现代化（modernization）的建设。关于现代化，学界对其定义众说纷纭，它本身有着无比丰富也同样无比含混的意涵，从社会、经济到技术乃至心理层面皆然。但总体而言，它代表着先进的生产力以及生产方式，与工业化以及与之相符的社会制度、

---

[1] LEE J CK, YIN HB. Teachers' emotions and professional identity in curriculum reform: A Chinese perspective [J]. Journal of Educational Change, 2011, 12 (1): 25-46.

经济结构和教育系统等有着密切的关联。与现代化密切关联的同源词汇是现代性，现代性也是抽象的概念，有许多的理解层面。其中的内涵毋庸置疑地涉及人们心理态度——现代性意味着与历史潮流一致的文明形式。尽管学界对此"形式"尚未达成广泛的共识，但至少代表了超越传统的方面。比如，哈贝马斯（Jürgen Habermas）视之为启蒙运动的延伸，涉及启蒙理性的问题，建立基于逻辑思维的客观科学、普遍法则、自律方法等[①]；马克斯·韦伯赋予现代化以"合理化"的意涵——强调资本主义框架下的"理性"，认为以资本主义为代表的现代化归根于"合理的精神，一般生活的合理化亦即合理的经济道德都是必要的辅助因素"[②]。因此，总体而言，现代性作为精神，表现出如下的理念：对于实然世界，人们认为可以借由理性的活动来取得科学知识，强调"合理性""可计算性""可预见性"以及"可控性"等。而在社会历史层面上，现代性的精神强调进步，社会的发展导向自由、民主与平等。

现代学校是现代性得以生成与发展的关键组成部分。西方发达国家的经验表明，现代学校"通过确立鲜明组织和训诫规则的空间，来促使社会化中的主体分离与传统社会的'地方性知识'体系之外，与现代社会的'抽象体系'实行整体结合"[③]。学校成为理性主体的化身，学校的变革铭刻着鲜明的科学化、结构化、规范化、制度化的色彩，遵循着线性的运作逻辑，去寻求达到目的的有效方法与策略。现代性的世界强调对现象或事件的合理化解释，因为解释提供了预测以及控制线性或事件的方法——现代性意味着涉及的现象或事物都须经由理性加以调整、处置、控制以及设计。

在教师情绪方面，现代性作为宰制性的话语，同样也在实施着潜移默化的形塑性（constitutive）的影响。许多研究者受启于霍赫希尔德，认为教

---

① APPLE M. Comparing neo-liberal projects and inequality in education [J]. Comparative Education, 2001, 37 (4): 409-423.
② 马克斯·韦伯. 世界经济通史 [M]. 姚曾廙，译. 上海：上海译文出版社，1981：301.
③ 王铭铭. 教育空间的现代性与民间观念 [J]. 社会学研究，1999 (6): 103.

师的情绪体验和表达并非自由自在的，而是深深地受到特定规则的制约。学校组织或明文规定或约定习成地将规则施加于教师个体，让他们在工作中感受和展现出合理的、合适的情绪。教师这样做是其社会化过程的关键环节，只有展现出适宜的、满足社会期待的情绪，才能被认为是合格的、值得尊重的专业人士。许多学校都根据相关的法律法规发布了教师行为准则方面的文件。这些文件在许多方面对教师进行强制性的约束，包括师德师风、教育教学和公共礼仪。其中公共礼仪方面对教师的情绪往往有着清晰的说明。比如：

> 待人接物热情、礼貌，注意教师身份，彰显文化素养。公共场所语言规范、健康、准确，使用礼貌用语、文明办公、不做干扰他人的事。严禁在学生、家长面前争执问题或议论他人和学校的事情。对来校办事人员提出的问题要耐心细致给予答复。
> 家访要选好时机，举止庄重，避免单纯的"登门告状"，全面具体地向家长介绍学生在校学习情况，多从鼓励出发，语气和蔼可亲。
> 衣着整洁得体，举止文雅端庄。
> 言谈文明礼貌，坐姿典雅端正。
> 站姿自然稳重，待人热情诚恳。
> 性格活泼开朗，气质风范和谐。

而在具体的课堂教学工作中，广大中小学校也在积极探索并形成相应的模范或者蓝本。其中，涉及教师情绪的规范是其中的重要内容，比如：

> 耐心辅导学生学习，认真批改作业，及时纠正错误。把好教学过程的每一环节。
> 热情耐心地对待学生的提问，鼓励学生勤思善问，保护学生的学习积极性。

这些准则普遍被认为是教师约束自我、规范行为和强化修养的基本底线。教师作为道德和行为的榜样，其身教更重于言传，如孔子所言："其身正，不令则行，其身不正，虽令不从。"基于福柯的理论，这些被强调的准则蕴含着特定的权力关系，对教师——尤其是教师情绪经验有着塑造的功能。这些或明或晦的准则允许教师表达特定的情绪，而阻抑其他的情绪。扎莫拉斯观察到情绪准则往往在教师职业化或专业化的标榜下得到强化，导致学校对教师理解和表达其情绪经验的规定和约束日益严格，他指出："学校规定的情绪准则借由（管制）权力行使得以合法化……（它们）对教师的情绪施加限制以管制教师，并由此而实现对标准化（normalizing）教师的目的。"[1] 特别地，当这些情绪规则置于更宏大的话语背景，与流行其中的关于教师的形象，比如道德典范、知识专家或者社会精英等相关联的时候，它们就成为教师自我定义的关键部分。

二、XQ 学校的绩效改革与教师情绪

一直以来，绩效分配在学校管理中都是至关重要的方面，所谓牵一发（有教师戏称为"钱一发"）而动全身的议题。绩效分配方案的设置一般而言都是慎之又慎，各个学校基本上按照所在学区或城市的统一部署安排来执行，在具体中可能进行微调以适应实际情况。在笔者从事民族志观察的 XQ 学校，试用两年的教师绩效方案也是以所在市教育局主导的方案为蓝本设置的。基本思想是考核基于"科学、公正、公开"的原则，重点向一线教师、骨干教师倾斜，实现多劳多得、优绩优酬。在具体操作中，教师考核内容包括师德、工作量、考勤、教学成绩、常规检查等，注重教师工作表现和工作实绩。总体而言，当地的教师工资主要由岗位工资、薪级工资、绩效工资和津贴工资四个部分构成，其中最具弹性也最有争议的是绩效工资，各个学校在制定绩效工资的考核依据时具有相当大的自主权。但总体

---

[1] ZEMBYLAS M. Teaching with emotion：A postmodern enactment [M]. Charlotte, NC：Information Age Publishing, 2006：123.

而言，XQ学校和其他大部分学校一样，延续了传统的平均主义的趋向，在绩效考核这一块并没有拉开教师之间的差距。

意识到平均主义的弊端，XQ学校于2020年5月份开始进行绩效工资改革。由于绩效工资基本上是在农历春节前发放，因此，许多老师对此都有所期待。有人戏称这决定了他们如何过年或过个怎么样的年。绩效考核的改革原则与其他学校大同小异，主要包括：（1）要切实体现多劳多得、优绩优酬、效率优先，在此基础上兼顾公平；（2）激励先进，注重实绩。建立考核体系，完善考核内容，对于师德师风、安全工作实行一票否决，特别注重教师履行岗位职责的实际表现和工作贡献；（3）客观公正，便于操作。坚持实事求是、民主公开、程序规范、公平公正、简便易行。

在具体的操作上，教师基本收入的30%拿出来作二次分配，分配的依据主要来自绩效考核的各项细节指标，这些细节指标主要是将教师工作内容和成果转化为分数，绩效分配个人总分为100分。新的绩效改革文件规定教师、行政管理人员、教辅人员的工作量核定办法，保障一线教师享受公平待遇。这主要体现在职称分（40分）和管理分（8分）上，不同职称和管理岗位有对应的分值（这两项分值的衡量是"硬"指标，相对比较客观）。除此之外，其他分值总计52分（这个部分的分值的衡量则是"软"指标，相对比较主观），包括教学业绩20分，年级领导小组评价3.5分，年级教师互评2.5分，学生调查问卷（科任教师教学效果）2.5分，学生调查问卷（班主任工作认可度）2分，教师工作量10分，教科研成果2分，指导学生参加比赛获奖情况1.5分，考勤3分，年级活动5分。所有分值相加后，不同老师的最终结果往往差距很大。折算成年度绩效收入，最高的可以达到七八万，最低的则可能是二三万（那些职称低的，"工作绩效"较"差"的老师，通常是年轻老师）。

然而，真正给老师们带来较大冲击的并非是绩效改革对平均主义颠覆，而是那些细化的考核指标——这些意味着他们工作内容的重构。那些见过世面的老教师似乎都很淡定（这部分原因可能在于他们是新方案相对受益的一方，因为职称分和管理分相对较高），而且，过去的职业生涯里，类似这样的改革似乎屡见不鲜，因而内心深处或许早已对这些新近的变化有所免疫。但年轻老师则显然缺乏经验，他们对照着那些考核细节，检视自己的日常工作，盘算年终时可能的得分，内心难免有所波澜。

表 4.1　XQ 学校关于教科研成果的绩效计分方式

教科研成果	论著、教材、论文等（满分4分）	有专著得2分（发表在国内统一刊号或国际标准刊号上的作品）；参与编著校本教材，每人2分；发表论文：校级0.25分，市级0.5分，省级1分
	教师比赛（满分4分）	省级特等奖到三等奖分别加4，3，2，1分；市级特等奖到三等奖分别加3.5，2.5，1.5，0.5分；校级特等奖到三等奖分别加2，1.5，1，0.5分
	课题、科研、论文获奖（满分4分）	省级以上课题立项、结题分别加1，2分；市级0.5，1分；校级0.25，0.5分； 省级科研成果：特等奖到三等奖分别是3，2，1，0.5分；市级：特等奖到三等奖分别是2，1，0.5，0.25分； 论文省级特等奖到三等奖分别加2，1.5，1，0.5分；市级特等奖到三等奖分别加1.75，0.75，0.5，0.2分；校级特等奖到三等奖分别加2，1.5，1，0.5分
	公开课（满分2分）	承担公开课1分/次

XQ 中学这个绩效方案在颁布实施之前进行了大量的意见征询和群众讨论的"民主过程"。笔者尤其注意到的是那些相对弱势的学科，比如心理科组。心理老师可以参与的那些能够算分的项目（尤其是那些各级各类奖项）相对较少。2020 年 5 月某日，在绩效方案的学科讨论会上，气氛比较热烈，因为它牵涉大家的实际利益甚至是职业方向。DT 老师对考核细节中"教科研成果"（占绩效总分的 2%，即 2 分，如表 4.1 所示）尤其表示无法理解。她有点激动地说了一大堆：

> 好像跟我大学里想象的不一样。虽然实习时候周围同事跟我说过一些考核有关的内容，但当时也没有特别留意。现在看来，事情都是要做出来，而且要让人看到，例如这些科研课题、教学比赛什么的，做出来，而且做得好，人家才能看到。老师单靠满腔热情看来是不行的。我原本想着跟小孩子（学生）多点时间在

一起,这似乎没有在这些考核细节里有所体现,多点时间在一起的意义在哪里呢?我希望是多点时间在一起……其实这样很开心,但就好像少了时间精力来做这些拿分的事情了。看来,做老师还是无法避免俗套的得失算计,毕竟还是要养家糊口的……(P_{DT},访20200522)

DT作为新老师,对职业前程满怀憧憬,想象着那些刻画教育的种种美好图景,比如类似"一棵树摇动另一棵树,一朵云推动另一朵云"的模样。说到这里,她突然跳起来,走到角落,带点调皮摇晃着双手,"摇动、推动……你们感受到了吗?哈哈,没有吧,那是因为太远了"。她觉得这个方案最不合理的地方就是鼓励教师按图索骥地"拿分""挣钱",而无须与学生走得太近——因为这样似乎没有多少意义。在她调皮和带点反讽的话语背后,其实DT和许多老师一样,很清楚亲近与关怀学生才是她工作的本分,但那需要用心的付出、坚持的陪伴、耐心的守候,需要满腔的"热爱"才可能实现。热烈的讨论过后,DT老师有点茫然,觉得"热爱"与"绩效",好像是鱼与熊掌的关系。

绩效改革对所有人都带来影响,主科老师也概莫能外。一位年轻的英文老师JL告诉笔者,她很认真逐字逐句地看完了整个绩效考核文件,这毕竟"事关好几年的工作与生活",她最后得出的结论是:"我会继续爱学生,爱这份工作……不过呢,也仅仅是工作。"笔者追问"仅仅是工作"意味着什么。她好像早已对此有过深思熟虑,说得明快而透亮:

我要做好这份工作,这是我的本职。但是,说到热爱,热爱是一定热爱的,爱在内心深处,爱得深沉,但是,我得学会精细处理,千千万万不能爱得一厢情愿,也不能naive(无知的)。以前书上说教育难以一蹴而就、立竿见影,而是滴水穿石、细水长流;做教师要"定能生慧,静纳百川"。肯定不是这样easy(简单),它(绩效考核)要的就是效果——教学效果、比赛效果这些。热爱的定义应该加上策略或者方法,比如如何爱?如何获得效果?

这是巨大的挑战。就像有人说的，教师的爱更像是工具性的，是方法和手段。（P_{JL}，访 20200517）

JL 老师的想法中，有些概念仍然是含糊不清的，比如"爱更像是工具性的，是方法和手段"。笔者能感受的是：她似乎努力表现出与绩效考核精神相符的理性、成熟与老练，而并不愿意过多地纠缠厘清内心深处对工作和对学生的"爱"是到底是什么；她需要迫不及待地转向追问更加现实的、操作性的问题，即该如何去爱才能拿到绩效考核的分数？"爱"原本是作为教师工作的情感底色，被绩效改革重新涂抹后，获得了新的内涵，它不再是某种单纯而真挚的色调，也不再是一个确定性的事实，而是可以重新协商、重新建构的内容——强调基于各种表现和操作的"考核"将这种情感在有意无意间朝向工具理性的方向演变。

总体而言，笔者观察发现，在看待即将施行的绩效改革方案上，JL 老师表现得比 DT 老师更加积极、思路清晰。她承认那些拿到高分的同事们，其实往往都做得很优秀，因此是值得学习的榜样。她也认为，这种开诚布公的绩效计算也许是最好的方式，尤其对年轻教师而言，它提供了清晰明确的参照体系，指引他们前行的方向。笔者问 JL 老师关于评估列表里具体项目的想法，她觉得这些（可以转化为分数的成果，类似那些教学竞赛、科研成果或其他奖项）很重要，也很合理：

> 学校要发展，需要教育局看得见；教师要发展，需要领导们看得见。虽然（教育的）很多事情是"润物细无声"的过程，但是，表现出来也同样重要，甚至更重要，因为……怎么说呢？大家都在看着你，家长也在看着你，社会也在看着你。没有这些成果，如何证明自己？学校又如何证明自己呢？（P_{JL}，访 20200517）

JL 老师的"证明自己"的观点在很多同事之间都有共鸣。尽管部分老师对"证明自己"的意义带着抱怨和质疑，比如，认为学校和家长都太过现实，强调结果导向，助长势利风气等。但作为对当前宏观政策或社会环境的回应，在学校、年级以及个人的层面，"证明自己"被认为是这次绩效改革的关键导向，是具有建设性的。有位北方来的经验老到的语文教师YY，甚至联想到南方作为改革开放的前沿阵地，文化土壤原本就带着务实、进取和求变的基因，而学校的绩效改革恰恰是这些精神的折射。

绩效变革真正的冲击是在2020年的7月初，当年级内（XQ中学施行年级负责制，所以年级内部核算各位老师的具体绩效）所有老师的绩效按照新的方案被计算出来之后放在同一个表格里，给大家签字确认。每个人都可以看到所有人的得分。7月11号上午，当级长将表格带到八年级办公室，大家围拢上来的时候，空气中洋溢着复杂诡异的氛围，笔者最常听到的是类似"××老师好厉害啊！""××老师，膜拜膜拜！"的感叹，带有真心实意的祝福以及无须掩饰的羡慕。但人群中也有沉默或假装欢欣鼓舞的落寞者。很多人都清楚，高分者的优秀是值得的，是实至名归的，也是可喜可贺的，但是低分者的境遇就复杂许多——低分不仅意味着较低的绩效收入，而且折射了不够优秀或显得后进的形象。DT老师主讲历史，在八年级的绩效排名处于倒数四分之一的位置，她的感受是难过和失望，却无以言说。她内心祝福那些高分的同事，也认同他们的分数是优秀的体现也是持续奉献的结果。对于自己的分数，她并不觉得自己就低人一等，她认为那是自己相当无奈的地方：非主科教师、非班主任、非处室成员……"我觉得好像是落单的，是那种被遗弃的感觉。"她一再地强调自己努力上好每节课，为学生答疑，并且用心做细、做实学校指派的各项工作，但是好像没有"拿得出手的成果"。她觉得自己好像在瞎忙乎，找不着方向。

笔者问DT老师："你会跟旁边的同事说你的困惑吗？或者跟领导说？"

"不会，不可能的。这样自己就更加愚蠢了，"DT老师回答，"我只是自己纳闷，有时候私底下抱怨一下而已。跟领导怎么说呢？"

笔者也留意到，DT老师显然不是唯一对新绩效方案困惑的。许多老师都会有类似的感觉。然而，教师内心深处的困惑、受挫或者迷惘，总是难登大雅之堂——在那些决定或评价教师工作乃至他们职业发展的场合，比如教师代表大会、学校行政会议等，几乎找不到任何个人消极或抵触情绪相关的痕迹。一方面，类似DT的老师们在这些正式场合里鲜有发声的机会；另一方面，即使偶有提及，因为跟绩效改革的精神不一致，因为无以成为"代表性的意见"而很快销声匿迹。领导们对这个绩效改革实施显然预见到了某些老师的抵触或者质疑，但是，诚如其中某位副校长强调的："所有改革都有代价，这个也必将如此，某些同志可能会不满或者失望，但不能阻挡改革的趋势。"级长 OY 则认为："新方案已经尽可能做到公平公正了，虽然无法面面俱到，但是从操作层面来看，已经是最优化的方案了。个别老师可能无法接受，也是情理之中的。"因此，从学校管理的立场来看，绩效改革几乎从一开始就没有给教师情绪，尤其是其中的困惑、受挫、迷惘、焦虑、愤嫉、冷漠等留下足够的空间，让这些情绪得以表达，并在相对安全的情境下进行沟通和协商。诚如 DT 老师的经验，她必须依赖自己去寻找出口，获得新的意义——像她的同事 JL 老师一样。在同事私下的三三两两的聚会里，关于绩效改革的论调往往充斥着质疑与反讽。这些"非主流""上不了台面"的论调主要体现在以下四个方面：

第一，绩效评估的量化手段将教师工作变得更加狭隘（比如仅评估看得见的方面）；

第二，绩效评估明显向那些高职称的教师倾斜（职称分占最大比重）；

第三，绩效评估对大部分新老师而言是惩罚性的（实际上是评分低的老师拿出原本属于自己的钱，补贴评分高的老师）；

第四，绩效评估鼓励了算计与短视行为，助长了个人间的竞争性，而非团体内的合作性（绩效是个人的事，年级或科组作为团队的意义被削弱了）。

这些论调通常最终指向两点：更加局限的专业性以及更加隐蔽的不公平。更加局限的专业性体现为对教师工作重新界定，除却那些常规的课程教学、作业批改等工作之外，能够带来绩效分值的最为关键的是那些可以为学校带来或多或少荣誉的活动，包括论文发表、竞赛获奖等。尤其是，很多老师都在乎的一点是：中国传统教育里强调的教师的关爱（care）或者"良心"——它们通常以"润物细无声，随风潜入夜"的方式来表现和实现，融入教师日常与学生关系中的种种看似微不足道的活动中，然而，在绩效改革中，似乎找不到相关的内容。有老师因此戏谑地说："我们的良心，一文不值。"当然，情况也许并没有这么糟糕，那些学生的成长表现以及班级风气等，或多或少地折射了教师的"良心"，因而在某种程度上也能归于绩效的计算。但总体而言，"良心"是难以量化的内容——它是教师自觉意识到并隐藏于内心深处的使命和热爱的炽热感觉，在 XQ 学校的绩效方案中未曾有明确的规定，这在无意之间对教师专业性的定义变得狭隘。教师的工作主要是朝向那些能够拿分的内容或项目，其中最为关键的是：尽快提升职称。而这需要思路清晰、抓住要点，即"对照职称文件，查缺补漏，将那些内容充实，比如班主任经历、获奖、教研科研项目、论文什么的……否则，一步差，步步差"（LD 老师语）。因此，绩效改革在无形中给教师的专业性进行新的定义，划定了新的边界。

"更加隐蔽的不公平"反映的是绩效方案虽然表面上看起来有章可循、有法可依，但是这些章法所建构的教师之间的竞争体系，实际上对学校里某些人非常有利，而对另一些人则没那么有利。典型的情况是除了上述涉及职称差异导致的绩效分值（占分比值达到 40%）差异之外，另一个则是教学业绩（占分比值达到 20%）。尽管教师们普遍认为教学是他们最重要的工作，但是，人为进行彼此之间的排序，往往忽视了学科间的差异。某些副科老师的意见尤为强烈，那些艺术、心理甚至生物和地理课程，并没有标准化意义上的考试，或者全年级只配置了一位任课教师，他们的教学业绩就难以衡量。更重要的是，教学业绩的量化评估，鼓励了教学工作的短期主义和实用主义。为了更高的"教学业绩"，教师最优化的策略则是以考试为中心的风格进行课程教学和班级管理。这种教师在安排作业上会更加强调其所授学科的作业的数量和重要性——这在无形中加重了学生的作业量，并从长远来看有损学生的求知动机、局限他们的全面发展。由此，强调业绩的导向，实际上让那些看重学生长期发展的教师，特别是注意培养学生的学习热情，并以学生综合素质为目的的教师，感到困惑，工作也更难开展。而且，更糟糕的是，这些教师被动卷入一场显然对自身不利的不公平的竞争，内心深处时而泛起的迷茫、挫折、焦虑乃至愤怒，都只能寻求自我的调适，却难以得到组织层面的任何支持。

2020 年 8 月初离开 XQ 中学之际，笔者在见证了绩效新政第一次实施之

<<< 第四章 变革背景下的教师情绪

后教师们的各种姿态，写下一段如今看来稍显偏颇、但直击问题的话，作为本节总结：

> 类似XQ中学，在更迭的教育改革浪潮下，"绩效"逐渐成为前线教师理解其学校、工作乃至自我的一个关键的图式（schema）。不同的改革文本或许对它有不同的定义和评价方式，但其作为"成绩"和"效用"的核心内涵都在无形之中锚定了教师的认知、信念和行动。基于绩效考核的教育改革重新建构了学校与教师的关系。教师作为学校的核心（人力）资源，应该在其日常工作和职业发展中遵循价值最大化的原则。因此，教师需要努力发展自身的技能、知识和其他禀赋，并以积极的姿态参与到改革的浪潮中。在这个过程中，教师也在持续建构着与自己的关系，操练着福柯意义上的"自我技术"，即对自己的躯体、灵魂、感受等思考与处理。锚定于"绩效"，教师对自我的理解就如同"企业家"，即福柯所谓的"the entrepreneour of the self"——积极参与到各种基于"竞争"的场合或活动（比如教学竞赛、学生排名、优秀评比等），并借此而获得"考核分数"。尽管并非所有教师都对这些变化敏感，但总有一些教师，尤其是那些处于脆弱而劣势地位的年轻或边缘学科的教师，在不经意之间陷入了历史学家穆勒（Jerry Z. Muller）所谓的"指标的暴政"（the tyranny of metrics）——致力于获取短期利益，甚至以牺牲长期利益作为代价。具体而言，为了最大化绩效，教师需要充分挖掘和利用理性的价值，以避免情绪/情感可能带来的陷阱。对此，也有许多教师无法抱持犹豫或者抵触的态度，他们试着遵循传统，强调基于情绪/情感来建立师生关系，并由此而展开日常工作和发展职业自我，但他们也常常发现自己落寞地走在熙攘群体的边缘，其内心的信念与外在吵闹的声音交织混杂在一起，仿若徒增了许多困惑、苦恼与犹疑。（省20200802）

三、BZ 学校的线上教学与教师情绪

BZ 学校地处远离城市中心的镇墟边缘。它有着 50 多年历史，斑驳的围墙显示这是一个经历了许多风霜的地方。校史介绍里，这里也出过许多人才，尤其在 20 世纪 80 至 90 年代，算是当地的名校，那时候有接近 1000 名左右的学生。2001 年后，随着农村人口外迁，学生人数逐渐减少，直至今日，大概 400 人的规模。教师在编 43 名已经是超编状况，"超编"延续了大概 15 年，这是让学校管理层尤其头痛的问题，这意味着这些年，学校都未曾有新人补充进来。"我们等着老教师们一个一个离开学校，这样才能腾出编制。"校长 DM 有点无奈，不过他很快就意识到，"也许等不及了，说不定过几年学校就得并入另一个更大的学校了"。当前大部分教师都是 1990—1995 年之间，学校规模鼎盛时期招聘进来的教师，所以大部分都 50 岁左右了（截至 2020 年 10 月，平均年龄 46.2 岁）。

教师平均年龄偏大有它的优势，比如教学经验老到或者恪守传统师道，但是，它的劣势似乎更为凸显。校长 DM，作为年近退休的长者，他深有体会。学生一茬接一茬，今时不同往日，他们有自己的想法，他们的喜怒哀乐都在变化，但是，老同志大部分都难以做到与时俱进。DM 校长在访谈时候举例说：

> 以前（二三十年前），村子里的孩子野，喜欢打架，打群架，老师们常常需要做协调善后的工作，那时候老师有热情也有坚持，村民能体谅也能帮忙，因此工作很是有效。如今，学生都不打架了，他们打游戏。个个抱着手机玩，老同志们就不明白了，这些游戏有啥好玩的，面对手机游戏带来的问题就束手无策了。（P$_{DM}$，访 20201011）

不过，尽管平均年龄偏大有这样那样的劣势，学校总体而言是安宁祥和的地方。"50 岁"，在传统的语境中，是"知天命"，大部分老师都被认

为是安贫乐道的——他们日复一日年复一年地兢兢业业地做着本职工作。特别需要指出的是，自2016年以来，广东省对山区农村和边远地区的教师进行大力补贴，BZ学校的老师从中获得直接的收益。他们认为这个补贴是及时雨，日子可以过得相对体面一点。

但是，2020年4月初，通知要求学校进行线上教学，许多老师开始忙乱起来。"忙乱"是2020年4月份的关键词。跟以往的4月份不一样，线上教学突然把教师推到镜头前，这背后涉及的变化，让他们猝不及防，从软件操作、课程安排、到内容展示、再到班级管理等，教师们不能简单地复制之前熟悉的线下教学模式，生搬硬套几乎不可能。教师们发现，线上教学有关的一切，从技术到内容，都需要从头学起。

对语文教师ZD而言，最难的是技术。他会基础的计算机和办公软件操作，但是线上教学需要用到腾讯课堂软件。从软件下载，再到安装操作，以及后面具体设置和授课流程等，他整整折腾了一天，并且在一名年轻同事（小覃）的远程协助之下，才基本搞明白。在访谈中，ZD老师回忆起那个过程，仍然难掩个中的艰辛与无奈：

> 如果不是小覃，我估计怎么也弄不好，那天真是手忙脚乱的，毫无头绪。我是个电脑盲，学校里基本操作（那些办公软件）还可以，但是，线上教学需要更多新的东西，对我来说真的太难了。这件事情对我还是有打击的，我不知道其他人怎么看，但我觉得自己好像不适应这个时代了，学生操作都很厉害，有时候课堂里的多媒体还是他们帮我搞定。最近十多年来，学校里的技术来来去去，眼花缭乱。但这次线上教学就来得太突然，（我）一下子蒙了。（P$_{ZD}$，访20201023）

BZ学校的老师们都是忐忑不安地开始线上教学。教学内容虽然按照线下教学那样进行安排，但是，很多老师都表示整个过程显得不自然、不自在。他们习惯和喜欢的是那种置身现实的教室场景，全身心投入的那种感觉，而置于镜头前的教学演绎，老师们都觉得自己不是"做明星的料"（女老师 YL 的话）。YL 老师（47 岁）说到她第一次线上教学的经历时，有点被自己吓到了：

> 第一天线上授课时，看着电脑上一张没有任何修饰的脸，我感觉自己像老太婆一样，虽然听别人说可以调滤镜，但是，我不会操作。换作是我作为学生，估计也不想看到这样沧桑的面容。不明白为什么非要这样（线上授课）……很是遭罪。在我那个科组，我已经是最年轻的。之前（我）很少担心衰老，这次让我明白，（我）是真的老了，不行了。（P$_{YL}$，访 20201022）

YL 老师后来分享了许多关于认识到自己"老"之后的心理和情感变化。其中，最为明显的是觉得自己"不行了"，不管是在身体层面还是在认知层面。YL 老师强调："这些（应对变化）应该是年轻人的事，他们才有精力能力来处理。"当然，YL 老师不是唯一发现自己"不行了"的人，笔者的访谈中，也有特别的声音提到自己在应对教学改革时的无助与失落。其中，语文教师 JJ 说道：

> 这事（线上教学）尽管过去了，但冲击还是很大的，首先就是觉得自己脑子都生锈了，不灵光了。以前我也是爱学习的人，老师也要树立爱学习的榜样。但是，也不知道什么时候开始，好像就这样浑浑噩噩过来，温水煮青蛙。这次，我感觉已经被这个时代抛弃了……沉舟侧畔千帆过……愧对这份工作，还有学生。（P$_{JJ}$，访 20201024）

不过，JJ 老师也觉得可能是只有自己才这样想，大家还是那样安宁祥和地过，线上教学结束后，大家也回到正常的线下教学中，按部就班地工作——好像什么事都没有发生。JJ 老师观察到周围的同事都还是老样子，没有什么变化，"这个学校十年八年都不会有太多变化，老师还是那个老师，教师还是那个教师"（P$_{JJ}$，访 20201024）。实际上也似乎的确如此，历经线上教学和其他大大小小的变革后，只有少数的教师如 JJ 这般反省自身，多年来的故步自封、裹足不前导致无法跟上日新月异的时代，因此有时会感到沮丧、失落和无助。然而，更多的教师似乎选择的是一贯的"无所谓"或"不折腾"的立场。如前所述，47 岁的 YL 老师在这次线上教学中，通过镜头发现自己老了。但是，BZ 学校的很多老师其实在更早之前就意识到自己"老"了的事实，并且以身体健康作为最重要的参考框架来理解自己以及所从事的工作。比如，之前如果有外出学习培训什么的，老师们可能会满腔热情地报名参与，如今他们会掂量一下，舟车劳顿会不会让身体吃不消；之前学校要求追求先进或做出表率，老师们会义不容辞，如今他们会思考这样做会不会压力太大，划不划得来。如此这般，"老"在不经意间成为许多老师的决策依据，重新定义了他们的工作与生活。虽然大部分情况下，BZ 学校的老师谈及他们的"老"都是在轻松的，带有戏谑的氛围下展开的，但言语之间，那种对所有变化都表达出的"无所谓"和"不折腾"的立场，让笔者仍然能感受到那种深深的无奈与乏力感。

BZ 学校老师们的"无所谓"和"不折腾"，跟笔者写作这个章节时的当下（2021 年 5 月）广受争议的"躺平"有类似之处，不过，这些"知天命"的教师们主要关切的是身体层面的"健康"。任何变化，尤其是那些跟工作有关的制度或技术革新，都意味着熟悉的生活/工作规律被打破，从而置身于陌生境遇，面临未知的挑战。由此而带来的失衡状态让他们尤其关注其中与自身身体健康有关的风险。校长 DM 坦言这是学校难以开展工作的最大阻碍。任何挑战性的工作，哪怕是引入颇有希望的教学技术或学习新的教学理念，都涉及由此带来的变化，而这些变化无法通过外在的奖惩制度来引导和规范。他认为："因为大家似乎都不在乎增加或减少收入上的仨瓜俩枣，比起身体健康，工资的微小变化对这里的老师没有很大的影响。"在直面变化的时候，老师们的第一反应往往不是期待可能的美好结果并积极参与，而是质疑，强调其中潜在的风险或者缺陷。就线上教学而言，典型的声音如教师 LT 所言：

> 这些（线上教学）有什么意义呢？人家（学生）在家里，躲

在电脑后面,怎么知道他在听课呢?打开电脑,说不定就在玩游戏,或者干脆回去睡觉。我们又不知道,又管不着。上面制定政策容易,做起来就难了,不信你让那些当官的试试看,有几个学生会听他的(授课)?很多这些都是想当然,这种(线上教学)让学生有了用电脑用手机的理由,反而害了他们才是……(P_{LT},访20201025)

LT老师的观点得到其他很多同事的附和。实际上,在结束线上教学回到学校之后,办公室里常常还有类似的议论,讨论多半都在批评这种线上教学带来的各种危害,其中最为关键的是学生变得更沉溺于电脑和手机了,并且认为这是线上教学导致的。这些议论夹杂着许多情绪,通常包括批评、讽刺、嘲弄或戏谑。

在BZ学校的很多老师看来,那些以"改革"为口号的变化,往往都是缺少系统思考和顶层设计;或者缺乏充分准备,匆匆上马,无法落地;或者缺少明确目标,说变就变,毫无章法。历经各种"折腾"下来,这些经验丰富的"老师们"似乎终于明白了一个道理,诚如教师LT所言:

那些所谓改革,最紧要的是会议、材料和总结,哪里顾得着实效?实效怎么衡量?就是靠材料嘛。这些教学改革,如果不能为我所用,促进我的提升,改善我的工作,我都觉得是多此一举,形式主义。形式主义多了,觉得所有改革都不过如此,就消磨热情了……我们不是不想改变,想想,估计是不相信改变了。(P_{LT},访20201025)

线上教学可以视为是某种技术变革的缩影,因为它重构了教师的工作环境和工作方式。通常情况下,相对落后的地区的学校往往并不热衷于采纳新的教育技术或手段,尤其在经费紧张或者缺乏竞争压力的条件下,如同BZ学校那样。而且,这些技术或手段的变化一定在某种程度上给教师的工作带来或多或少的影响。基于计算机和互联网的各种新近引进的各式各样的教学工具，在 BZ 学校得以实现多半都是由于上级部门的要求或统一部署。当地教育主管部门，跟随着其他发达地区的步伐，逐渐地在所辖区域的学校里大力推广这些新的教学工具。背后的主要关注在于新的教学工具或许能够提升学校的管理水平、增强教师的工作效果，从而推动区域教育的总体发展。

笔者的访谈表明，这些教学工具在教育主管部门立场来看，强调的是其内在对学校管理和教师工作的增益或赋能作用，所以这是"值得的"——这是在原本就不宽裕的部门经费约束条件下被置于优先位置，体现了政府对于教育和教学的重视。但是，具体到这些教育技术的落地，或者确切地说，它们如何更好地契合到教师（尤其是年长教师）的经验里，与他们建立建设性的关联，从而真正让他们体验到可能的增益或赋能作用，则并未引起技术推动者的关注。对 BZ 学校平均年龄 46 岁的教师群体而言，直面线上授课任务——作为猝不及防的变化，他们并没有充足的知识储备去有效应对。从始至终，似乎都没有人关注线上授课任务实施的背后，教师需要哪些具体的指引，更不要说线上授课带给他们情绪上的压力。作为新的教育技术的最终使用者，教师往往是被动地深深裹挟于这些变化的浪潮中，过往的经验中通常鲜有线索能够协助他们做出更好的应对。他们也许像 ZD 老师那样，借助相对年轻的伙伴（比如小覃）的指导，勉强能够渡过难关。但是，在这个过程中，深藏于心的是焦虑、无助和被时代抛弃的感觉。

在 BZ 学校的民族志研究最重要的认识之一是：理解这些年长教师们在应对各种变革时的情绪感受不应脱离他们的身体经验。换句话说，在教师关于变革的情绪经验中，身体扮演着至关重要的中介。他们其实并没有像许多研究者所描述的已然钝化自己——对变化表现出漠然或麻木，相反地，他们抱持着充分的警觉，因为任何变化都会或多或少地作用于他们的身体。置于变革的环境下，过往的研究总是强调教师参与过程中的认知、态度或者感受，而没有看到肉身的意义。实际上，笔者的观察表明，年长教师参与变革首先是身体意义上的——变革意味着他们身体卷入到新环境的更替中，从而需要进行重塑再造，比如养成新的动作技能、新的操作手法等，这也必然是"劳心劳力"的过程，因此，他们尤其担心变革会给他们的身体带来消极影响。身体，在笔者看来，其实并非情绪发生的场域或类似容器的所在，而是某种管道。通过它，年长教师们对自己，对从事的工作，以及对更迭发生的教育变革进行观照、感受和理解。简而言之，这些年长教师们往往以处身于世（live in the world）的途径来觉知周遭环境发生的变化，并由此将经验提炼出意义。

尽管有部分年长教师试着通过调整自己的身体来适应变革的要求，但在更多情况下，他们也在有意或无意间利用身体为自己对蕴含于变革的胁迫和控制做出的抵抗进行合理化。关于教育变革的主流论述往往为教师划定了"正常/不正常""合适/不合适"的界限，镶嵌于他们的默会的认知框架中并构成其行动指南。借由对身体的在意和关注（care），他们能够表现出自我嘲弄或满不在乎，由此而拒绝配合成为变革论述下"正常"或"合适"的人。置身于变革情境，他们将焦虑、无助和被时代抛弃的感觉深藏于心，转而以某种漫不经心的诙谐或深谙于世的练达，获得欢乐、平和或适切的感觉——这些感觉，与身体密切相关，并共同成为他们与变化更迭的周遭环境互动、沟通理解其中要义的管道。

此外，与年龄有关的身体或智力状况（比如对学习新技术的困难）业已在无形之中成为 BZ 学校教师对职业乃至自我进行叙事的关键锚定。这些叙事因为有着共同的关切，并且充满显而易见的人情味，而在教师群体中能够得到广泛认同，并广为传播（比如，要求进行直播授课时，勉为其难而自我戏谑的牢骚，"都这把年纪了，还得靠颜值吃饭"，可以引起同事之间的共鸣）。这些与年龄有关的叙事或多或少地带着情绪/情感的内涵。这些情绪/情感给 BZ 学校的教师们零星而松散的思想和行动渲染上了特定的颜色，如同流行病毒，在同事之间相互传播，这进而成为强化彼此身份建构的催化剂。而在直面变革的挑战中，这些叙事也在无形中构成了几乎牢不可破的情感堡垒，让这些历经风霜的年长教师们有着相当充分的理由做出防御。

小结

"拿得出手的成果""证明自己"等，类似这些概念俨然成为教师对绩效改革精神的解读的要点，它们在不经意间提醒笔者将这次基于数量化和标准化评估的绩效改革置于当前日渐流行的归责文化的宏大背景下来加以检视。绩效责任在近年来业已成为欧美国家教育政策制定的核心指导思想，其兴起的动因是对所谓"教育质量"的要求和保证。绩效责任被认为是有效的管制工具，能够通过"量化"的手段来提升表现。最近若干年，伴随着全球化的过程，尤其是那些国际比较性的评估比如PISA（the program for international student assessment），带来的影响日益显著，绩效责任制度也开始在东亚文化圈内大行其道。在中国，绩效责任在教育系统的落地也跟当下改革开放的精神相契合，强调学生的表现，并通过那些高利害关系的标准化测试（比如高考、中考等）水平来衡量中学的水平。在学校层面，绩效责任强调目标达成和结果导向；传导到教师层面，则强调个体的自我控制和表现水平。

业已有大量的研究探讨绩效责任制度对教育和教师的影响。比如 C. 戴（Day C.）等人认为，在绩效责任压力下，教师倾向于调整跟学生的关系，其中，教师对学生的"关爱（care）"的重要性显著地下降了，尤其是，教师较少地跟学生建立个性化的关系、为他们提供个性化的关爱以及满足个性化的需求。[1] 甚至于，如 E. 埃尔施塔（Elstad E.）的发现显示的，教师对学生变得更高要求而且也更为严厉。[2] 绩效责任制度下，教师的聚焦从学生转向学生的考试成绩，教学的指向也从学生的成长转向能够有助于他们获得好成绩的信息传递。这在某种程度上，可以看作是对前述 JL 老师的

---

[1] DAY C, FLORES M A, VIANA I. Effects of national policies on teachers' sense of professionalism: Findings from an empirical study in Portugal and in England [J]. European Journal of Teacher Education, 2007, 30 (3): 249-265.

[2] ELSTAD E. Schools which are named, shamed and blamed by the media: School accountability in Norway [J]. Educational Assessment, Evaluation and Accountability, 2009, 21 (2): 173-189.

观点——"教师的爱更像是工具性的,是方法或手段"的理论性的注脚。

而且,几乎所有的教育改革都是自上而下的,领导往往是走在最前面,站在最高处的,他们描绘改革愿景,确定实施路径,选择推进策略;教师是被动的接受者和执行者,他们被期待紧跟领导步伐,让变革扎根落地。但是,长久以来,他们通常是难以发声的——哪怕是变革直接牵涉到他们的福祉或者他们的工作。管理者和研究者往往都预设教师应该是足够优秀的,在应对变革的时候"应该"表现出积极、热情和持恒,但是,现实中教师的困境,他们出于自身立场关切的变革的科学性、可行性、价值性这些问题,却始终未能得到回应。他们选择在静默中接受各种挑战,直至很多年后,如同LT老师所言的,他们的犹豫和怀疑就日积月累,压垮了他们内心的积极和热情,最后变得愤世嫉俗,甚至犬儒主义——即便如此,似乎也没有倾听者或关注者。

而类似BZ学校年长教师置身变革旋涡,大部分研究者都站在居高临下的立场,将其正常反应定义为阻碍或抵抗。但是,这些阻碍或抵抗背后的无助、焦虑和被时代抛弃的感觉,却甚少得到关注,特别是年长教师们的身体经验往往更是被完全忽略的。本课题发现,年长教师参与变革首先是身体意义上的——变革意味着他们身体卷入到环境的更替中,从而需要进行重塑再造。他们担心其中可能对身体造成消极影响,他们对身体的在意和关注,不经意间融入他们对变革的认知和体验中,表现为自我嘲弄或满不在乎。由此,他们将应对环境更迭变幻中体验到的焦虑、无助和被时代抛弃的感觉深藏于心,转而以某种漫不经心的诙谐或深谙于世的练达,获得欢乐、平和或适切的感觉,并由此实现对变革的个人化的抵抗。

综上所述,本章所描绘的教师在回应政策或技术更迭时的情绪体验也折射了"教师改变"的意涵。毋庸置疑的是,教育改革要求相应的教师改变来实现相辅相成的结果,但是对"教师改变"的认识长久以来都遵循"实证—理性"(empirical-rational)的范式,即将教师视为政策或研究的接受者或执行者,而教师的转化过程表现为线性的,是对外在的、自上而下的推动力量的内化。然而,不管是XQ学校教师面对绩效考核改革、还是BZ学校教师应付线上教学实验,他们的变化都伴随着与自身内在的经验

（认知的或者是身体的）或信念的对话、反省和协商。因此，本质上是涉及"教师如何看待自己"的主体性的考量，是基于对自我以及置身其中周遭环境的觉察和体悟——由此生成的情绪/情感内容，如同闪烁其中的信号，引导着教师因应地做出适当的选择。教师改变是自下而上的过程，它并非绝缘于改革脉络下的主流论述，而是囊括了、同时也超越了这些论述，而表现出某些自主性和能动性。如同 BZ 学校许多老师的经验所折射的，甚至是教师的肉身，置于教育变革脉络并与其发生持续而剧烈的互动，也可以为自我内在的主动性和能动性保留些许的空间。

第五章

教师情绪与身份建构

在教育/教学改革的宏大背景下,教师往往需要直面更多工作方面的挑战,其职业身份认同内在的"脆弱性"(vulnerability)及不确定性被显著地放大。许多研究者将聚焦置于教师工作的各个具体环节,比如课程设置、教学方法、班级管理、师生/家校互动、同侪关系等,并且强调个人效能在回应教育/教学改革方面的重要意义。但是,教师身份的建构或重构不仅涉及工作有关的技术或能力的方面,他们的情绪体验同样重要。身份建构是个体经验与其日常生活和工作展开的环境——社会、文化以及学校的持续交互作用的产物。[1] J. 巴伯列(Barbalet J.)认为,情绪在教师身份建构中起着重要的作用,"没有情绪分类,(教师)对其特定情境下的行动的理解将变得支离破碎、残缺不整。情绪借由特定的环境唤醒,同时被体验为对其行动倾向性的转化……情绪蕴含着双重意义:个体对其环境的转化以及环境对个体行动倾向性的转化"[2]。

---

[1] BEAUCHAMP C, THOMAS L. Understanding teacher identity: An overview of issues in the literature and implications for teacher education [J]. Cambridge journal of education, 2009, 39 (2): 175-189.

[2] BARBALET J. Introduction: Why emotions are crucial [J]. The Sociological Review, 2002, 50 (S2): 4.

<<< 第五章 教师情绪与身份建构

一、教师身份认同

教师身份认同是一个复杂、多维的概念，在学界并没有统一的界定。它涉及教师在不同的社会背景下关于自我的觉知和理解。根据 S. 拉斯基（Lasky. S.）的观点，它反映了教师如何看待他们作为教师的自己。拉斯基认为，教师身份建构是一个贯穿职业生涯的演化过程，受到社会期待或政策约束的框定——尤其是受到主流话语体系中关于"好"的或"理想"的教师定义的影响。① 教师身份涵盖诸多的要素，比如工作动机、职业道德、自我形象、教学方法等与职业有关方面。这些要素并非稳定不变，而是在教师与环境的交互作用中表现为持续的检视、协商和转化。当学校处于变革中，政策要求、组织氛围、教学条件等都会给教师带来巨大的影响，包括他们的教育信念、职业价值乃至情绪体验等。

教师的身份认同是其作为行动者的意义来源，是教师通过个体化过程建构起来的。社会学家曼纽尔（Manuel Castells）认为："认同尽管能够从支配性的制度中产生，但只有在社会行动者将之内在化，并围绕该内在化过程构建其意义的时候，它才能够成为认同。"② 基于这个视角，学者徐继存强调：

> 教师身份的认同不是一种强制性认同，而是一种自主性认同，是教师对自身教师身份的一种理性确认，它决定了教师对自身生命意义的认识和觉解。可以说，正是由于教师对自身教师身份的认同，而不是任何其他社会角色的扮演才使教师确立了自身存在的价值和意义，指明了教师应该努力的方向，划定了教师思想和

---

① LASKY S. A sociocultural approach to understanding teacher identity, agency and professional vulnerability in a context of secondary school reform [J]. Teaching and teacher education, 2005, 21 (8): 899-916.
② 曼纽尔·卡斯特. 认同的力量 [M]. 曹荣湘, 译. 北京: 社会科学文献出版社, 2006: 5.

行为的边界。①

本课题采用建构主义的立场,认为教师的身份认同是一个建构过程,发生于特定的话语体制(discursive regime)。话语体制提供了材料和机会给个体,让他们对自我能够反身性地编撰关于"我是谁"的说明。因此,身份认同并非是在真空环境下发展起来的,而是在特定的外在结构和规训力量下形塑(shape)而成。对于教师而言,这些特定的结构和规训力量体现在主流的、宰制性的话语系统中。那些话语包含对教师是什么以及应该是什么,做什么以及应该做什么等方面的信念,也包含如何跟学生相处以及社会背景下学校的运行等方面的规定,等等。因此,教师实际上身处那些宰制性话语蕴含的关于其工作和身份的特定的阐释和要求中,并由此而置于某种持续协商的位置——寻求关于我是谁以及我该如何做等议题的答案。由此,从福柯的理论视角看,教师的身份认同是一个在特定脉络中权力和知识耦合作用下的副产品。② 教师基于可用的话语资源来理解自我并且指引行动,从而逐渐建构其身份认同,需要说明的是,在这个过程中,教师并非完全被动的或者被胁迫的参与者。如同巴特勒(Judith Butler)的展演(performativity)理论所揭示的,教师可以采择或抵制那些有着规训影响(regulatory influence)的宰制性话语所供给的语言来风格化(stylize)或表现(perform)其身份认同。比如,教师可能会表现出遵从或违抗官方对其职业的规范定义,从而获得关于"自我"的某种个人化的理解或认同。

二、情绪与身份建构

情绪在本课题的理解中不仅是源自内在刺激的外部表征,也蕴含了对其生理状态以及由此而促成的社会行动基于特定文化的理解。个体在试误

---

① 徐继存. 教师身份的伦理认同 [J]. 教育科学, 2020 (4): 38.
② ZEMBYLAS M. Emotions and teacher identity: A poststructural perspective [J]. Teachers and Teaching, 2003, 9 (3): 213-238.

的学习过程上逐渐习得社会脉络下的情绪规则,并由此来管理和调适自己的情绪。根据特定的环境约束来展示和表达相应的情绪,并对另一些进行压抑和控制。个体的身份认同是在沟通和互动的过程中形成的,它最终表现为某个结构,允许个体在与别人沟通、分享想法和体验时感受到舒适和安全。扎莫拉斯认为,教师的身份认同是被感知的(felt),被体认的(embodied)以及被话语建构的(discursively constructed)。[1] 基于此,教师的情绪无可避免地与其身份认同的建构有着密不可分的关联。可以说,情绪体验是教师自我认知的关键部分。

有研究者以"胶水"作为隐喻来说明情绪在身份建构中的意义。在个体对其经验和身份赋予意义时,情绪扮演着重要的角色。情绪为个体的身份建构的选项及其自主性的范围设置了特定的界限,教师用于说明其情绪经验的字词不只是理解个体经验的装置,更是"确立"或塑造了其正在受到挑战或发生转化的身份认同。考虑到教师处于种种变革的背景下,他们对于职业的"理想自我"的认知与约束条件下"现实自我"的体验之间存在着难以逃遁的紧张关系,他们在其中寻找出路,由此而常常进行饱含情绪的对话——与自己的,或与他者的。比如,教师在中国文化的定义中,最核心部分是道德意义上的,强调对事业奉献和对学生的热爱,如同许多讴歌教师伟大的诗词里所歌颂的:"落红不是无情物,化作春泥更护花""春蚕到死丝方尽,蜡炬成灰泪始干"。作为道德崇高的群体,教师承载着社会关于其高标准操行的期待。但在现实情境中,教师对自我的理解毫无疑问地源于其真实的学校工作和日常生活,世俗而普通,并且与理想中的道义良心时有冲突。这里预示着复杂而流变的身份认同建构的过程——以及浸润其中的丰富的情绪/情感波动,比如焦虑、恐惧、兴奋、无奈、自我怀疑等。借由教师对其情绪的说明和谈论,我们可以打开某些通道,去探究他们如何与周遭的环境,以及内心的自我进行协商、抵抗或挣扎,并由此而觉察、理解以及建构其身份认同。

---

[1] ZEMBYLAS M. Caring for teacher emotion: Reflections on teacher self-development [J]. Studies in Philosophy and Education, 2003, 22 (2): 103-125.

基于建构主义思想，教师在与别人分享或沟通经验时，蕴含其中的感受并非是中立或客观的，而是经过有意或无意的操作，某些形式的情绪得以彰显，另一些则受到压抑。由此，个人化的情绪实际上是某种资源，其意义在于它们被策略性地用来建构或维系个体刻意的身份认同。但与此同时，这个身份建构或维系的过程也在无形之中复制（reproduce）着内隐其中的宰制性的话语。根据福柯的话语理论，导致情绪卷入或抽离的活动在话语实现其规训权力（disciplinary power）过程中扮演着重要的角色。比如有研究表明，专业人员可能会陷入对成为精英的谜一般的追求中，对理想化的专业身份认同表现出强烈的情绪/情感依附并由此来规训自己——然而，理想化的专业身份认同从未可能实现。由此，专业人士在其身份认同建构中同时也在强化着特定的话语。对教师而言，他们在情绪上通过远离或质疑某种影响性的话语，由此采择某个更能让自己舒适或放松的位置获得相应的身份认同，但在这个过程中，与提供这个新的位置的话语也会在不经意间获得了强化和复制。

为了更好地理解教师情绪与其身份认同的关系，笔者将它们置于特定的话语体制。笔者认为，教师在谈论他们的工作有关的日常生活经验时，他们有意无意地采择特定的话语资源，并展现为特定的语词、表情或动作，来展示、体验以及说明他们的情绪。他们建构着——同时也是被建构着成为特定的情绪存在（emotional beings）。于此，笔者聚焦于三位教师个体，而非其所在的学校，以微观的而非中观的立场，在盛行于当下的话语体制中，探究他们的情绪如何参与其身份认同的建构。需要说明的是，这三个个案均来自 XQ 学校，他们并非整个教师群体的代表。他们被纳入本课题作为深度刻画的对象，主要是因为笔者通过 2—4 次的访谈获取了他们丰富的经验资料，并且也认为他们的经验颇具启发意义。

（一）教师 LH：可持续发展的学习者

LH 老师是 XQ 学校 2019 年 8 月份从内地某著名师范大学招收的新老师，被安排在八年级从事语文教学和带班管理的工作。她看上去是个相对比较平和沉稳的女孩，平常在办公室里习惯安安静静的工作，与别人在一起时喜欢微微笑，但教学工作和班级管理严谨而认真。跟几乎所有的新晋教师一样，LH 对面前铺陈开来的职业道路带着美好而丰富的期许，同时也缺乏必要的心理建设——对当下的现实与先前大学课堂描述的情况之间的诸多差异都毫无准备。LH 老师觉得自己在大学期间，或者在专业实习的中学里，她都能够感受到作为一名"准"老师，总是热情洋溢的，"做个勤劳的小蜜蜂，与阳光下的花朵儿在一起"。来到 XQ 学校之后，这种美好的图景却始终只能停留在想象中。

> 我觉得我自己是小蜜蜂，但我的工作更多的好像不是传花授粉、教书育人，而是那种勤勤恳恳的保育蜂。每天重复的作息规律是：6：30 起床，洗漱、早饭；7：20 到宿舍区，督查学生起床情况，然后到教室，组织学生自习，处置迟到生；自习到 7：50，然后正式上班；11：40 上午结课，到食堂维系纪律，顺便吃午饭；短暂午休后，14：00 来办公室，下午的课，还有许多琐碎的事务；16：40 组织学生跑操，短暂的休息，晚餐；然后 18：30 到课室，组织学生晚自习；21：50 下晚自习，到宿舍区监督秩序；22：30 学生宿舍区熄灯后回到自己宿舍，批作业、备新课、填写当天学生日常行为记录、学习笔记、课堂反思、随访记录……（P$_{LH}$，访 20191113）

在 XQ 学校的第一个月对 LH 老师而言是尤其艰难的。尽管学校和年级想方设法组织了温馨而热情的欢迎仪式和新晋职工培训，但是想象与现实之间的落差并非是这些仪式性活动就能很好弥合的；这对于所有新晋教师都是非常脆弱的时期。在某种程度上，处于这种师范学生与职业教师转换的过渡阶段，意味着同时置身于当下的现实和想象的世界。过往多年的师范训练有意或无意之间让他们形成了关于职业和日常工作的想象，如同温柔之乡，对他们有着美好而热切的召唤，而现实世界本质上是冷硬的所在——各种管理规章下的职责使命、复杂人际网络的动态平衡等，都让 LH 老师觉得疲惫不堪。

但是，比起这些而言，让 LH 老师更糟心的是"那些花儿"——她在访谈中强调其作为"保育蜂"的隐喻，因而将学生比作"花儿"：

> 他们好像并不欢迎我，以前实习的时候，在大学所在地最好的学校，那里的学生在上课的时候总是对我有回应。我觉得我在他们心目中是有价值的，是那种"花儿对我笑"的感觉。可是，这里的学生，不知道为什么，会怕我，课堂提问，他们总是没有回应，就默默地看着我，好像在等着看我崩溃发飙……我觉得他们应该好好学习，但不知道为什么，学习对他们好像也没那么重要。有一次，有学生在背后说，学得再好也就跟 LH 老师一样站讲台……不知道是不是因为这边的学习氛围就是这样子。（P$_{LH}$，访20191113）

同样的，LH 老师与学生的关系，在很大程度上也是同时处于先前经验建立起来的美好"想象"和当下相对冷硬的现实中。尤其是，在课堂中难以得到学生的积极回应时，她会习惯地与之前的实习学校（LH 老师说是所在省份的顶级中学）比较，而感到气馁与无奈。LH 老师关于过往经验的回忆具有怀旧的意味，它也实际上创造了情绪空间，让 LH 老师根据特定的价值取向重新理解过往和当下。比如，与先前实习学校相比，她会觉得南方学生"太过现实"——金钱早早地侵蚀了学生的心灵，导致他们不认真学习。这些情况交织在一起，让她的忙碌看起来并没有多少意义，她觉得自己作为"保育蜂"，不受"花儿"待见，却每天从早到晚忙忙碌碌。

她甚至开始怀疑自己是否有必要继续待在这个学校，身边有个别新来的同事也在动摇。他们几乎都是来自北方的省份，在这个远离故乡的异地他乡相遇，三三两两聚在一起的时候，更多是吐槽陌生环境下各种不适和困惑。"我们也就是说说而已，大家都过得不容易，但也不会轻易放弃。"十月中旬，还是有位新晋老师不辞而别，"她甚至连档案都不要了"，这件事还是给 LH 老师带来巨大的冲击。不过她强调自己不会这么冲动，她会坚持，因为相信"静待花开"。

新手老师的身份认同危机在其开启职业的头一两年内是最为常见的。

如同 LH 老师身上所折射的，同时生活在现实和想象之间的边界地带，带来的不仅是工作和生活方面的困惑，也是自我认识方面的深深的挑战。他们的身份认同处于剧烈的变化之中，像 LH 老师所经历的，从稍显诗意的"小蜜蜂"到忙碌却难有作为的"保育蜂"，转变之间，则是随之而至的困惑、无奈与动荡。

　　显而易见的是，许多新手都面临 LH 老师类似的局面。师范教育和在职培训都对这个身份认同变迁的起承转合的"时段"缺乏足够的关切。师范教育预设了新手老师将来的工作场景——几乎都是按照教科书式的安排，而在职培训则往往空洞地老调重弹新手老师应该直面现实，活在当下——适应新环境是他们理所当然的个人使命。

　　LH 老师就这样艰难地"捱过"她的前两个多月，感触良多，在微信发表动态，说"有些迷茫，有些挫败，又有多少能懂呢……睡吧，梦里什么都有。依然最爱那个阳光的自己"。2019 年 10 月下旬，她终于有片刻的喘息，在微信发表动态，如图 5.1 所示。她在苦苦追寻自己的归属感，归属感的关键并非简单对新的生活和工作所在地域的适应，而是获得心安的感觉，即所谓"此心安处是吾乡"。心安的感觉除了来自环境的支持、内心的坚守，还有同样重要的是获得"关于自己是谁""该做什么"等与自我认知密切关联的重要问题的相对明确的答案。因此，归属感的获得本质上亦是身份认同建构的过程。

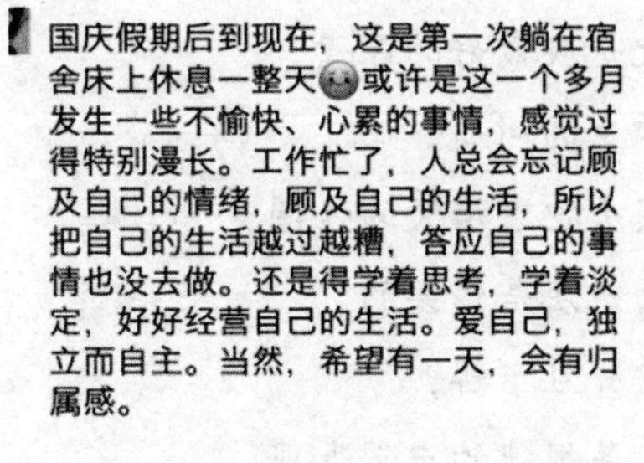

> 国庆假期后到现在，这是第一次躺在宿舍床上休息一整天😪或许是这一个多月发生一些不愉快、心累的事情，感觉过得特别漫长。工作忙了，人总会忘记顾及自己的情绪，顾及自己的生活，所以把自己的生活越过越糟，答应自己的事情也没去做。还是得学着思考，学着淡定，好好经营自己的生活。爱自己，独立而自主。当然，希望有一天，会有归属感。

图 5.1　LH 老师的朋友圈动态

　　LH 老师后来发生了巨大的变化，后来她好像终于"找到了自己"。按照她的说法，是源自 2019 年 11 月底某一次与同事闲谈的时候意外的启迪。

  大家都在一起谈论学校的生活，总体而言就是忙。后来同事 DT 老师看似无心地说，我们现在的状况是三个"Mang"：忙、茫和盲！这突然让我想起自己现在只是清楚前两个忙碌和迷茫，没有留意到第三个"盲"。忙碌和迷茫似乎成了一个借口，让我沉溺其中，看不见当下，看不见学生和同事。忙和茫好像让我觉得是在很努力很努力，却始终都没法让我看清前进的方向，看见身边的美好。（P$_{LH}$，访 20191223）

  LH 老师强调这个顿悟对她而言尤其重要。她关于三"Mang"的隐喻道出了许多新手老师困境：在直面环境适应时伴随各种消极情绪，包括焦虑、无助、孤独、自我怀疑等，身份认同的追寻表现出类似无头苍蝇般迷乱而仓皇的历程，而更为糟糕的是，这种状态被认为就是答案本身，目光所及之处，都是需要应对的各种问题和挑战。那些能够带来启迪和提醒的建设性的工作内容或生活际遇，总是在无意之间被忽略了。

  LH 老师开始提醒自己完成每天的"今日分享"，将它们整理成短小而素朴的文字，在微信发圈出来。比如，

> 12 月 4 日
> 学生的问题就是我最好的课堂，
> 一开始遇到学生的问题，
> 经常会陷入想去把它消灭的怪圈，
> 后来发现我的想法是错误的。
> 当你去接纳它并且了解，
> 这就是他们发展规律的正常表现，
> 跟他们好好相处，
> 我是老师，我也要跟你们一起成长。
> 12 月 23 日

>>> 第五章 教师情绪与身份建构

孩子们在随堂测,坐在讲台上,看着那些满满胶原蛋白的脸庞,联想到两年后,五年后,十年后,他们会怎样?

看过很多电影了解好多情节,以为能读懂某类人过完一生的滋味。

殊不知,也才突然深刻感受我也是第一次活,摸不透未来,喜怒哀惧,万般滋味。

类似这些"今日分享"并非每次都是有意义的启发性内容,也并非都是那些难忘或稀罕的关键性事件。相反,大部分都是日常琐碎的"际遇",而且主要跟学生有关。这些际遇代表了 LH 老师的职业生涯发展从想象的云端回归到在地表的现实——她开始努力地尝试关注当下。对这些"际遇"的关注并非代表她在寻找答案,而是有意地将追寻答案的迫切心情暂时搁置,转而"看见"并用心体验此时此刻的风景。比如"殊不知,也才突然深刻感受我也是第一次活,摸不透未来,喜怒哀惧,万般滋味"。正是通过这些看似微不足道的"际遇",让她逐渐从关于身份的寻而不得的焦灼、犹疑和不安的情绪中慢慢走出来,逐渐生成对自我、工作以及周遭的环境(包括学生和同事)的某种相对平实、接纳而肯定的认识。

"忙"和"茫"都是新老师的必经之路吧。我觉得应该是常态,身边其他老师,即使是老教师,好像也是这样。他们好像也没有答案,关于自己该作为怎么样的老师的答案。他们在付出,我觉得(教师)都是这样的。关键是不要因为忙和茫而变得"盲",蒙蔽了双眼,只能顾影自怜。

这些"今日分享"是提醒自己要努力"看见",看见他们(学生和同事),就看见了自己。之前许多难过和彷徨都是顾影自怜的结果吧。最关键的好像是,这些小事,让我重新理解大学教育里讲授的美好的东西,比如充满热爱,内心喜悦、教学相长什么的。师范教育不是简单地画一个梦想,而是让我在(工作)学校里能够看见,能够体验到这些(美好的东西)。(P_{LH},访 20200515)

这些"今日分享"让LH老师在先前构建的理想与当下置身的现实之间建立一个桥梁——两者之间获得新的连接,并产生新的意义。这些意义不仅仅是对其工作的新的阐释,比如"充满热爱、内心喜悦、教学相长",同时也是对自我的新的认知——"今日分享"实际上是"提醒自己要努力'看见',看见他们(学生和同事),就看见了自己"。而至于"自己"该获得什么定义,并由此而指引如何行动,LH老师似乎变得更有容忍,因为她发现"即使是老教师,好像也是这样。他们好像也没有答案"。这种对其身份认同的不确定的或持续变化的本质的认识和容忍,恰恰是开启了可能性的空间,让她有着更从容的姿态来接纳作为新手老师的忙碌和迷茫,转而专注于当下的工作和生活。从这个角度来看,LH老师对自己在环境适应过程中纠葛于"忙碌"和"迷茫"的各种消极情绪达成了和解,从而为身份认同的发展提供了某些转化的机会。在访谈中,笔者希望LH老师给当下的自我进行定义,她想了一会,认为:"我应该是个可持续发展的学习者!"

"可持续发展的学习者"不仅是作为新手老师谦逊的自我理解,同时也昭示着其身份认同充满变化的内在特征。在教师的可持续发展议题上,先前许多业内人士的经验主要凸显心态方面的"归零"——鼓励教师能够吐故纳新,或者强调实践领域的"跨界"——提醒教师多角度多视野并关注学科以外的内容,又或者主张核心素质的训练——包括学习力、研究力或反思力等的培养。但LH老师谈及的"可持续发展"意指秉持开放的心态,允许自己在承受工作本身的"忙碌"和"迷茫"的同时,始终抱持学习者的好奇与探索,"看见"工作和生活中种种际遇,尤其是其中的学生、家长和同事,并由此而"看见"自己,从而能够更全面、更丰富地"理解"自己作为教师的身份认同。在这个过程中,情绪体验的意义在于:它是某个通道,有助于LH老师的"看见"。作为新手教师适应中的喜怒哀惧,都有其价值,因为这些复杂的情绪提供了不同的通道,LH老师能够借此而"看见"自己的不同侧面——这种充满好奇与探索的学习过程带来其身份认同的持续建构。

(二)教师GJ:难过而不知所措的螺丝钉

XQ学校的GJ老师是一位经验丰富的英语老师,教学成果丰硕,为人热情开朗、认真负责，在同事心目中是个"可爱"的老师。她内心热爱教育，并且相信这是她实现人生价值的"正道"，因此在对学生的关系上，特别用心尽职，因此深受爱戴，被喻为"阳光女神"。由于其表现优秀，所以很快就被引进到学校的行政管理层，在机要部门担任主任一职。不过，GJ老师仍然认为自己是普通老师，并没有所谓的"中层管理者"的光环加持而表现出特别的"架子"。她仍然将大部分的精力放在教学岗位，因为这是她"发光发热的地方"。

对于GJ老师而言，"主任"的职务意味着多了一份责任。由此，她常常需要面对作为科任老师与办公室主任两者的工作的冲突。

> 这是经常的事，几乎每个星期都会有那么一两次。所以，我在年级里也是调课最多的老师。每次行政那边有事，我都得放下手头的（教学相关）工作，或者马上调课，（这）得常常麻烦到同事。好在大家都很nice，没有计较。（P_{GJ}，访20191116）

作为"双肩挑"的教师，她需要把教学工作和行政工作都做好。因此，同事们见到的，总是她在年级办公室和学校办公室之间来回穿梭，忙碌不停的身影。

即便如此，她仍然感到困惑和疲倦。每次调课之后，她需要花额外的时间和精力将教学进程重新调整，回归正常。尽管其他同事都毫无怨言地提供便利配合她的时间安排，GJ老师仍然时有内疚，觉得给大伙带来了麻烦。

> 疲于奔命都不是最大的问题。我觉得做好工作需要投入时间、精力，都是可以接受的。我在迷惑的是，为什么我自己要选择这样的状态（两肩挑），或者，这真的是我自己愿意的吗？我也知道学校快速发展，是用人之际，作为个人，也应该有奉献精神。
>
> 在其他同事看来，这样算"高升"，是个机会。但我觉得自己始终是老师，安于教书育人，高不高升不重要。每次临时开会，

需要变更我的课程安排，觉得很为难，但好像也无能为力。

我是个守时的人，职业良心让我必须按时出现，上课就上课，开会就开会。可是，上课跟开会在一起，我就会特别焦虑。（P$_{GJ}$，访20191116）

笔者跟 GJ 老师的第一次访谈主要聚焦在她"双肩挑"的状态。"双肩挑"在学校里是对那些同时从事行政工作和教学工作的老师的标签，人们通常认为，"双肩挑"的教师是学校的骨干，承担双份的职责，意味着对工作能力和奉献精神有双倍的要求。在中小学里，大部分中层行政都是"双肩挑"。尽管从绩效考核的角度来看，其中的行政工作可以作为特定的课时量折算，从而在教学工作上有部分的抵扣。但这些中层管理人员往往从事执行性和事务性的工作，具有不确定或不规律的特征，因此，他们在时间安排上比较被动，而且工作内容也显得烦琐。GJ 老师本人对这种局面深感困惑而乏力。但她并不服"输"——"努力把两边的工作都做好"，在这一点上，她强调"奉献精神"。中国教师的"奉献精神"在主流的话语里是"爱"，是对自己所从事的工作，所追求的事业以及所执着的理想全身心地、无私地付出爱，其内涵是兢兢业业、勤勤恳恳、任劳任怨、无怨无悔，其前提是付出，而且付出必须是无私的、无怨的、无悔的、无回报的。"奉献精神"是精力、体力、脑力、时间的消耗，是汗水的流淌，在中国文化里，人们用大量充满诗意的言辞来讴歌教师的奉献精神，比如："落红不是无情物，化作春泥更护花""春蚕到死丝方尽，蜡炬成灰泪始干""新竹高于旧竹枝，全凭老干为扶持"。

跟大多数中国优秀教师一样，"奉献精神"是 GJ 老师内心的指南，是其职业操守的核心。它尽管并没有作为口号挂满学校的各个角落，也没有写入学校的典籍成为胁迫性的条例，却实实在在地在"暗示"或"引导"GJ 老师如何做以及如何理解自己。"双肩挑"时常伴有的消极情绪，诸如困惑、焦虑或无能为力的感觉，都被定义为她"私人的"问题，是需要自己去调适的，而不能扰乱正常的工作。内心这些时常出现的煎熬感受算作是"奉献精神"的折射或副产品，对此，她能够做的是隐忍和调适。如果不是面对面的访谈，GJ老师承认，她并不会将这些私人感受跟他人提及，所以她认为别人看到的"热情开朗"往往只是表象——"有时候只是为了掩盖内在的煎熬"。

不过，即便她努力去"隐忍"和"调适"由于"双肩挑"带来的情绪挑战，她也还是会时常陷入关于"自我"更深层的拷问中，比如"为什么我自己要选择这样的状态（两肩挑），或者，这真的是我自己愿意的吗？"这涉及她所谓的"初心"的问题。在访谈中，GJ老师强调选择师范道路的关键是其父亲的影响，并相信为人师表是能够实现其个人价值的"正道"。但是，担任行政职务使这个"正道"变得复杂而时有歧途，让她不得不思考何去何从的问题。有时候她觉得这（虽然在别人眼里觉得是"高升"）并非她所愿，只是因为"学校快速发展，是用人之际，作为个人，也应该有奉献精神"。但GJ老师关于其职业道路的困惑始终存在，由此，情绪并非是教师身份建构的域外之物，相反，它潜移默化之间影响着教师自我认知的方向和内容。GJ老师感受到情绪，尤其是那些消极面向的，扰动着她原本看似坚实的自我理解（比如她认为自己是信守奉献精神的教师），从而允许新的赋义的可能，由此为重新定义和阐释身份认同带来协商和变化的空间。

但GJ老师一直没有做出实质的改变，"双肩挑"的局面持续了一年多，直至2019年9月新学年开始，她被调离科室主任并安排到某初中年级担任级长的职务。这个新的任命，让她开始陷入相当严重的"崩溃"状态，GJ主动"求助"笔者，希望得到"心理辅导"。

> 去年9月刚当级长的时候，我有1到2个月的时间是极度焦虑的，经常性情绪崩溃，抓狂，痛苦（自己躲起来，或者跟最亲的人）。那段时间我咨询过朋友，想过去广州的医院去就医（但是不知道为什么，我依然觉得不会有实质性帮忙，不知道是对我自己没有信心，还是对医生没有信心）。后来熬过去了那2个月，慢慢上了轨道，好了很多，一切仿佛步入了正轨。自己也似乎找到一点感觉了，然后就是到最近……连续一周我的状态非常不好，一

回来又连续加班。这两天又有点"发作"的感觉，又突然觉得自己很失败，当级长也不会当，不知道该干什么不该干什么，也不知道该怎么做。我有非常强烈的挫败感和回避感，很不想当这些行政了，非常非常渴望当回一名普通教师。当然，过程中也有很多人说我很不错，毫无行政经验也能撑下来。但是我还是很迷茫，想要改变局面，但是无从下手。对自己非常不满意，觉得自己很差劲，但是没有人教我，估计他人也觉得我这是闹小情绪。但是我知道这个情况是越来越严重了，而且越来越崩溃，我有点恐惧……（P$_{GJ}$，访 20200416）

与 GJ 老师的第二次访谈具有"治疗性的"（therapeutic）意味。访谈的开始，是 GJ 老师充满强烈情绪的"倾诉"，这些话语好像是在内心深处憋了许久，终于找到某个渠道可以宣泄出来，因此，笔者可以感受到其内心深深的焦虑与自我怀疑。其焦虑和自我怀疑的背后的关键原因是："突然觉得自己很失败，当级长也不会当，不知道该干什么不该干什么。也不知道该怎么做。有非常强烈的挫败感和回避感。"对此，GJ 老师进一步解释是：

看着其他年级各种活动搞得风生水起，我自己不知道怎么办才能……我从来不想简单复制他们的（其他级长的做法），我想有自己的特色，我想先从年级教师群体做起，让大家点燃热情，然后才能更好地工作……他们的确更有归属感，更有热情了，但是落级（指导年级）的校领导说我这样是不行的……（P$_{GJ}$，访 20200416）

GJ 老师的焦虑与自我怀疑伴随着她与其他级长的社会比较。如前所述，XQ 学校的绩效评估文化强调的不仅是自己要做得好，而且要比参照对象做得更好。而且，这种比较强调的是"风生水起"——这些能够被看见或者能够被评估的内容，即组织各种各样的教育性的课内外活动，而非默默无闻地抽象地"调动教师热情"。这种比较让 GJ 老师有"相形见绌"的感觉，从而带来深刻的自我怀疑："很不想当这些行政了，非常非常渴望当回一名普通教师。"她也不断地思考各种方案，寻找与其他年级不同的特色活动，但是她"还是很迷茫，想要改变局面，但是无从下手。对自己非常不满意，觉得自己很差劲"。

她怀疑自己的风格是否"太过温柔"，不像其他级长那般表现出强烈的进取精神，做事雷厉风行。但她觉得自己应该有特色，她承认自己也有成就动机，期望获得领导、同事和学生的认可。原本，她试图以"温柔"的方式，因为"温柔也可以有力量"，只是，如今她的感受却是"（温柔）在现实面前却苍白无力"，这让她觉得不知所措。在担任级长之前，GJ作为科室的主任，做的主要是事务性的工作，"温柔"在某种意义上代表的是顺从、友好和配合的品质，是其优势所系，而今，作为年级的领导，她被期待做出转变——成为强势、进取和主动，乃至需要善于体察人情世故、积极操弄人际法则。这种局面，GJ老师好像再也无法像当初担任科室主任时强调的"奉献精神"来给自己找到身份认同上的支点。她似乎成了在大海上一叶随波逐流的无锚轻舟，看着旁边同僚如同快船般急速驶过，然后好像也觉得他们代表了某种前行的正确的或至少是应该的方向，自己却自顾不暇地在原地打转——这个局面让GJ老师尤其显得窘迫而深感无能为力。

但GJ老师还在坚持。直至2020年4月，当她偶然从某位领导得知，她下学期可能会面临某个新的职务变动，她觉得自己突然很悲哀。她原先以为"学校快速发展，是用人之际，作为个人，也应该有奉献精神"并以此支撑起坚持"双肩挑"，实际却是"我原来就是个螺丝钉，哪里需要我就往哪里钉"。GJ老师意识到这一点后，深感悲哀，同时也难掩愤怒。在第三次访谈中，她认为，"那些付出（担任中层管理者）放到今天，看起来其实都是一厢情愿的事情。学校就是觉得你是个合格的、听话的填坑材料，并非是说你有多优秀！"当她"幡然顿悟"这一点后，好像突然解脱了，轻松了不少，觉得自己好像终于认清了方向。

> 我会在学期末跟领导请辞所有的行政职务。我是个老师，普通老师，我的价值实现应该在课室讲台上，而不是管理席位上。

之前，很多人都劝我好好珍惜这个机会（中层管理者），但我要的不是这些。我觉得最踏实、最安心的感觉始终来自与学生相处，我适合在那里（课室），我将会始终在那里。来来回回，算是返璞归真吧。（P_{GJ}，访 20200616）

GJ 老师"返璞归真"的"真"一方面是自己职业选择最初的"真心"，另一方面，也意味着重新找到"真实的自我"——作为一名普通老师而非行政管理人员的身份认同，居于这个"真实的自我"，能够让她体验到"最踏实、最安心的感觉"。这种感觉在她看来似乎很难从主任或级长的身份中获得，因为那些（身份）是她作为"螺丝钉"被操弄被安排的角色。GJ 老师并没有后悔或遗憾，她觉得这些路径上的"来来回回"最终都不曾浪费，而是协助她"返璞归真"了。

笔者在于 GJ 老师访谈后一直在反思她所强调的"最踏实、最安心的感觉"与"返璞归真"的关系——即情绪体验的"真实性"（authenticity）和身份认同建构的关系。真实性在定义上是个体行动与其真正的自我之间的一致程度，情绪真实性即个体情绪表达与其真实情绪体验的一致程度。心理学的研究表明，情绪真实性往往与个体内化的职业价值或准则以及其核心的身份认同有着密切的关系。作为教师，置身特定情境，如果其内在的价值或准则与外在的规训性的力量相匹配，她就能够得以表达真实的情绪——在这个情况下，情绪真实性反映了教师的身份认同与情境的规则或典范是相匹配的。然而，GJ 老师的经验表明，她作为学校中层管理人员，其真实的情绪是被压抑的，她秉持的价值或信条与学校强调标准和结果导向、彰显进取与表现特质的文化似乎格格不入。因此，她始终处于无言的抗争状态——不仅是试图摆脱宰制性的话语的禁锢，同时也在护佑内心真实却脆弱的自我。直至最后，她终于做出选择，退出令人羡慕的"中层管理人员"的角色，才重新获得情绪真实性的机会，由此而重新明晰了其作为普通教师的身份认同（笔者撰写本节内容时，收到 GJ 老师的信息说她已经辞去所有行政职务，专注教学，内心重归平和与安宁）。

(三) 教师 WJ：温顺而坚忍的师道遵从者

WJ 是三十出头的男老师，在八年级讲授理科课程。他算是 XQ 学校的"元老级"教师之一，他在学校还未转制成为公办之前就在这里工作，然后转制之际通过考试留了下来。但他觉得自己不算优秀，尤其是作为普通师范本科的专业背景，让他觉得在这个"高人如林"的地方（学校大概 7 成以上的教师来自 211 及以上院校，而且超过 4 成的教师拥有研究生学历），自己是个微不足道的角色。所以，在大多数时候，他给人的感觉是兢兢业业、勤勤恳恳的低调的存在。在年级办公室里，他是让大家觉得"安心"的老师，一方面是因为 WJ 老师为人正直而谦和，另一方面则是他实诚可靠的做事风格。当然，有些同事也会开玩笑地说是他的"敦厚"的外在身体特征，让大家觉得"靠谱"，总体而言，WJ 老师在同事和学生的心目中都是相当受欢迎的。笔者有一次在办公室的闲聊中好奇他为什么人气那么高，WJ 老师显得相当平淡，说"那是大家的抬举""大家都很好""彼此之间配合默契"。

WJ 老师在平日里总是乐呵呵的，他给自己的描述是"心宽体胖"。置身于八年级办公室这个教师们普遍容易"上火"的地方（源自学生的各种叛逆乖张的行为以及学校的各种鸡零狗碎的任务），WJ 老师的存在是某种例外。他总是那个平静而安详地坐在角落里的"大叔"，好像这个乱糟糟的世界跟他无关。不过，大家也清楚，WJ 老师处理的事务和工作的内容一点不比他们少。

> 我觉得我最大的特点是容易满足。借用流行的说法，过去三四年，我被这个世界一直都温柔相待——学校转制，以前的东家给了一笔补偿款，恰好是房价便宜的时候，顺便置了业，然后通过考试成为公办老师。你要知道，这个对老师来说是相当重要的。民办学校没有稳定性可言，那时候在这里做事算打工，都是骑驴找马，将就应付，一天到晚盯着往公立学校转。没有想到两三年之间，那么多重要的事情都搞定了，我觉得很满足了。（P$_{WJ}$，访20191025）

在 WJ 老师看来，他算是幸运儿。这样的自我认识让他在直面现实的诸多挑战，诸如教学任务繁重、学生调皮、杂务缠身时，变得更加容易理解和接受。尤其是"公办教师"的身份，让 WJ 老师感到安心与满足。他说，别小看这个三线小城的教师职业，"国家社会提供给你的，让你好好教书，培养下一代，反馈给国家社会，这是教师的使命担当"。

WJ 老师理解其"使命担当"的角度相当有趣。乍一看，其个人化的理解源自心目中"编制"的经济价值，但在更深层次来看，这个理解并非简单的"算计"的结果——将教师的"使命担当"视作是其与"编制价值"的平等公道的交换，而是基于"公办教师"这个身份认同之上的自我知觉和体验。"编制"的经济价值主要是折射了 WJ 老师认知中"公办教师"对于国家和社会发展而言的重要性。所以，尽管在工作和生活中可能会有诸多不顺或挑战，但他仍然觉得"容易满足"——因为这些都是与其"公办教师"这个身份相伴相生的内容。

> 人不可能一帆风顺的。前两年，还没有转制之前，在这里更糟糕。那时候周边的社区还没有建起来，交通也不便利，又买不起车，一天到晚像坐牢……还不算，民办学校成本控制很厉害，一个人顶三个人，每天累死累活。今天这些，都是小儿科了。
> （P_{WJ}，访 20191025）

WJ 老师进一步说明他为什么"容易满足"。这里面关键是个人经历，鲜明的前后对照让他特别珍惜当下的工作与生活。所以，在办公室里，有时候看到身边的同事，尤其是那些新进的年轻同事表现出心急火燎或低沉忧郁的情绪波动时，WJ 老师的口头禅是"没事没事，会好起来的"，这个口头禅不是空话，而是 WJ 老师的信念。根据他的经验，他认为：现今这些面对挑战的同事们正在经历的，只不过是他们将来回首往昔进行参照的起点而已。

在办公室，WJ 老师虽然看上去总是不紧不慢，但总是忙忙碌碌。除却本职工作外，他承担了许多额外的工作，比如放学后给学生补课，替同事填表什么的。他算是老好人，有时候，笔者会觉得他的"好"容易被同事滥用或者"剥削"。比如每个周五放学时分，年级总是需要组织人手到校门口马路上维持秩序。这是苦差事，特别是夏秋两季，这个工作需要顶着热辣辣的太阳，在烟尘滚滚的道路中央指挥家长们横七竖八的车辆。WJ老师总是一次不落地参加这个苦差事，笔者在访谈中与WJ老师聊起这个议题。

  笔者：你为什么每次都参加呢？
  WJ老师：没关系啊。年级里主要是女老师，细皮嫩肉的，不像我，皮厚肉粗。
  笔者：这个……你觉得公平不？或者你在做额外的牺牲？
  WJ老师：没有想过这个哦。这都算小事情，总得有人做的。周五下午我也正好有空，时间到了就下去（门口）维持秩序了，都习惯了。这个跟牺牲不牺牲关系不大，就是一份小小的工作。你站在那里（马路上），把交通秩序搞好了，就OK了。
  笔者：你觉得有没有必要跟领导提议安排固定的人员去做？
  WJ老师：没有吧。那个时间点，工作都是需要有人做的。
（P$_{WJ}$，访20191225）

与WJ老师进行访谈是比较有挑战的事。他对个人体验方面的分享常常是言简意赅，甚至可谓不善辞令。但素朴的表达仍然能够让人相信他的真实感受，在承担许多额外工作这件事情上，WJ老师始终觉得它原本不是值得深入讨论的议题——它没有什么大不了的，也没有必要理解为个人牺牲的崇高道德或借此而要求额外报偿。这些小事对他而言似乎是再自然不过的，只是其日常工作的一小部分而已。实际上，XQ学校实施新的绩效改革之后，强调基于标准参照和结果导向的评估文化，WJ老师的许多"额外"工作都无法折算成绩效的。

  实际上我也（对此）很困惑，为什么绩效要这样计算。我只能说上面有上面的难处，要出成绩就得将大家的劲头拧成一股绳。不过，如果每件事都这样斤斤计较，这个体系也很难运转下去。学校毕竟不像机械，有确定的运转规律。很多事情是无法预见的，但如果大家都不去做，就会造成很大混乱……比如学生不是个个都那么认真，不去抓他们（后进生）补补课，就更难跟上了。那这个（工作）又能怎么算呢？也就考验大家的良心了。如果说这样做自己就吃亏，那会更加累——心累。那不如自己看淡一些，甘于付出一些。（P$_{WJ}$，访 20200620）

WJ 老师并没有过多地抱怨学校实施的绩效改革，他担心这种改革可能带来过度算计的文化，但同时强调除却算计之外，还有更重要的事情，就是"看淡一些，甘于付出一些"。"看淡"与"甘于"不仅是 WJ 老师的姿态，同时也蕴含着他的情绪体验。对于那些细枝末节或无关紧要，虽难以根据绩效标准衡量却又关涉到班级或学校运转的事情，他会觉得是其理所当然的职责的部分。这个理解让他对额外工作的感受更加自然、更加积极，甚至认为这些还能让他免于"心累"，而得以保持蕴含于"心宽体胖"下的平和与安宁。

2020 年初，在年度总结上，WJ 老师对自己进行了深刻的反思：

> 作为教师，我始终坚守的云淡风轻，学生的课堂表现会牵动我的心情，领导的认可鼓励也会影响我的心情，但我更在乎的是自己践行的准则：peace & love（平和与热爱），仍然是我作为老师的本色……从来未曾想过要通过在学生面前立威来确立师道尊严，也从来未曾想过通过在同事之间算计来获得绩效好处。我所做的，的的确确是我恪守的"道"——说不上什么"伟光正"，就是所作所为都能够扪心无愧。

WJ 老师的反思强调其行为的准则是："peace & love"（平和与热爱），这在 XQ 学校的教师群体中也算是独树一帜。尤其是在绩效改革的脉络下，大部分教师都有意或无意地卷入到基于标准参照和结果导向的算计文化中，表现出锐意的进取与精致的利己，由此而更容易在得失之间表现出情绪上的失衡状态。但WJ老师的"平和与热爱"作为一种与周遭世界交流的姿态，不是懦弱，也不是害怕，更不是痴傻，而是勇气与力量、大度与宽容。他也没有以此刻意地与主流的压迫性的绩效考核制度抗衡，在谅解制度背后的意义（比如认为"上面有上面的难处，要出成绩就得将大家的劲头拧成一股绳"）的同时，他也努力维系着自己内心的坚守。笔者在办公室的座位就在WJ老师的身后，每次看到他挂着笑容，慢条斯理却又忙个不停，都会寻思其从容不迫背后的力量源泉。而这个年度总结里的"道"——"所作所为都能够扪心无愧"或许就是答案。

关于师道，在中国的传统语境下是一个众说纷纭的抽象概念。但其中影响最甚者是秀阳所著的《师道》，包含师之重、师之责、师之慎、师之道、师之法、师之本六个部分，其中"师之道"包含三个方面：仁爱、师范和谦德。但在量化评估文化和官僚主义作风盛行的当代学校体系下，这种传统意义上的师道也被质疑为"被裹挟的美好过往"，在教师的现实生活中缺乏指导意义。但是，WJ老师依然恪守自己的"道"，尽管不是完全传统意义上的"师道"，而是个人化的理解——略显狭隘，实为真切而素朴，但对其的恪守代表了他关于自己是谁，自己该如何做的信念，是他身份认同的支点。因此，在学校转制背景下，WJ老师成为"公办老师"，被赋予了较高的职业价值。这作为WJ老师自我认知的逻辑起点，到"看淡一些，甘于付出一些"，再到"所作所为都能够扪心无愧"的信念，始终围绕着"师道遵从者"的身份认同铺陈开来，与此相随的则是"平和与热爱"的内心，是温顺而坚忍的姿态。

小结

本章深入探讨的三位老师的经验表明，处在不同发展阶段（包括新手老师和熟手老师），但都无可避免地受到归责文化不同程度的影响。裹挟于其中，影响最为强烈的是GJ老师，她在身份认同上的迂回波折恰恰体现了其内在抱持的自我信念在归责文化下的张力。几经波折，她"返璞归真"，从而回到坚守作为教师的"初心"的轨道上。LH老师作为新手，在经过了迷茫而焦虑的适应历程后，获得了关于"可持续发展的学习者"的自我理解。这个认知并非最终定论，而具有开放的特性。它意味着与周遭环境和内心自我持续对话的机会。WJ老师作为熟手，在自我认知上保持与以"算计"为特征的归责文化的适当的距离，坚守内心的"平和与热爱"，从而做到"扪心无愧"。三位老师的经历都恰好表明，他们各自对自我的认知并没有边界分明的定义，而是因各自的际遇，得以协商和调整的持续变化的过程。他们的经验也表明，尽管身份认同是其职业发展的关键方面——几乎所有老师都意识到自我理解的重要性，但是，他们也难以找到一个特定而明确的标签来加以精准的说明。这恰恰折射了其身份认同的持续变化的特征。

而身份认同的持续变化总是与相应的情绪体验相伴相随。一方面，身份认同代表了自我作为老师的信念，它是在与周遭环境的相互作用中采用特定的话语资源进行反思与对话，从而生成特定的体验——与内心信念符合的环境会带来积极的情绪，反之，则带来消极的情绪；另一方面，教师的情绪也作为某个场域，允许自我认知的生成与发展，其中LH老师的忙乱与无价值感、GJ老师的难过与不知所措、WJ老师的温顺与平和热爱，都促成了他们内在的省思，对自己是什么，该做什么等议题进行探索，从而为身份建构打开新的可能性。这三位教师的情绪与其身份认同的关系，符合M.波勒（Boler M.）的理解，即：情绪可视为中介，抑或空间，于其中，个体的差异和伦理相关议题得以沟通、协商与重塑。①

更进一步而言，三位教师的经验表明，个体身份认同虽然受到主流话语的影响与塑造，但他们并非完全被动的参与其中。他们有意或无意地创造着自我实践（practices of the self）的机会，脱离或对抗周遭宰制性的话语系统，表现出积极性和能动性。这个过程充斥着丰富多彩的情绪，尽管其中很多内容的体验和表达都会局限于学校的主流话语的规则或制度的约束，但它们为教师提供的通道或场域，为教师的身份认同建构打开了迥异于归

---

① BOLER M. Feeling power: Emotions and education [M]. London: Routledge, 1999: 21.

责文化的，替代性的方向。在扎莫拉斯看来，这是教师的抵抗的本质——从主流话语的规训性的权力关系中脱离出来，获得自我创造的自由。基于福柯的理论，教师强烈的情绪体验往往伴随着许多相应的心理和生理活动，比如冥想，记录或者对身体的训练以适应学校系统。① 这些强烈的情绪/情感之于个体自我超越有着丰富的启发式意义。如同三位老师的经验所体现的，情绪促使其自我的觉察和省思能够发生并且延展开来——情绪相关的某些事件或议题提升到意识层面，获得重新聚焦和关注。而与此相随的种种酸甜苦辣，之于教师的身份认同建构而言，在某种程度上恰恰印证了福柯所说的"伦理工作的苦心经营"。换句话说，教师丰富的情绪体验，是自我转化过程中必不可少的扰动，是其实践和实现伦理自我（ethical self）的机会——成为不同于宰制性的论述所塑造的主体。

教师的身份认同建构并非源自真空，而是在蕴含着特定权力关系的论述环境下被塑造、被建构的。从三位老师的身上，可以清晰折射出学校作为时空场域，其间流淌着诸多的论述因素，比较彰显的包括传统的基于孔孟儒家思想的师道学说、现代的基于唯物主义的教师指南等，以及日益流行的强调量化评估的归责文化下的操行准则。这些有着分歧和矛盾的论述资源纠葛、串联、并存于学校的时空脉络，它们作为行动的逻辑或者价值的准绳，渗入教育部门或学校管理的文件、档案或方案中，进而嵌入教师的自我认知中，影响着他们如何看待世界、如何说话、如何行动甚至如何感受。借由论述的权力运作，教师的身份认同得以建构。隐喻而言，教师身份认同建构，如同画布编织的过程，这些共存交织的主流论述的某些信条或准绳，在其中，则如同经纬，<u>丝丝缕缕缠绕</u>之间勾勒出流变而动感的轮廓。教师的情绪在这身份认同的画布上并非可有可无的部分，它是类似留白的某种存在，它不是那些构成核心图案的关键事件或人物，但它为教师的认知和操练（exercise）自我营造了意境或氛围，同时也在无形之中做出衬托，让自我凸显并得以"看见"。

---

① FOUCAULT M. Madness and Civilization: A History of Insanity in the Age of Reason [M]. New York: Vintage, 1988: 288-289.

第六章

教师情绪与社交网络

当前，教育系统日益强调技术的作用。技术，尤其是以计算机和互联网为基础的沟通技术，普遍被认为是教育变革的关键支持系统，因为它能够促成学校更有效地运行，帮助教师更优化的工作，让学生和家长更可能从中获益。相应地，广大的研究者倾向于认为教师在工作中积极使用新近流行的技术是理性的选择，能够带来最大化的效益。比如 Y. 赵（Zhao）和 K. A. 弗兰克（Frank）认为，当给予教师机会和资源在工作中使用计算机，他们会实验性地探究如何改善技术效能以更好地实现其目标，即以更好地投入来增加更多的产出。[①] 基于效用导向的逻辑，研究者尤其关注技术的"赋能"作用，认为"教育信息化2.0时代，互联网、人工智能等新技术，实现了对传统教学环境的重构，将教师从传统的教学模式中解放出来，增强了学生在课堂上的教学互动，让教与学变得简单、高效、智能，对于推进教学向智能和创新发展具有重大的意义"[②]。

当前，学校采用的教育技术五花八门、琳琅满目，而且其迭代更是纷至沓来。本课题主要关注应用于人际沟通的社交网络，其中最典型和最普遍使用的是微信，社交网络在多数情况下都被视为信息沟通的渠道或工具。在当前学校系统中，以微信和QQ为代表的社交网络软件被广泛应用。学校

[①] ZHAO Y, FRANK K A. Factors affecting technology uses in schools: An ecological perspective [J]. American educational research journal, 2003, 40 (4): 807-840.

[②] 张丹, 王鹤, 袁金平, 等. 技术赋能教学模式变革与实践 [J]. 中国电化教育, 2021 (4): 125.

运行涉及的利益相关方，从政策制定者、学校管理者、前线教师、学生家长等，都普遍欢迎社交网络在沟通上带来的效率和便利。但是，社交网络不仅是信息传播的通道，它作为互动的平台，允许情绪/情感伴随着人与人之间的交流过程而发生和发展。

根据情绪地理学的观点，情绪并非是"栖身"于个体的躯体之内，而是移动于以及黏附于个体之间以及个体与环境之间。因此，在技术的力量日益彰显的环境下，教师的情绪日益表现出移动于以及黏附于他们与技术的共存关系中。然而，迄今，少有严肃文献探讨教师使用技术对其情绪的影响。技术更多地作为手段，被认为是促进了"以学为中心"的底层逻辑，研究者认为，"以技术赋能教学推动了信息技术与课程融合创新的实践形态，更好地适应了新时代学生的特点和学习方式，为学生提供了丰富的知识内容与资源，增进了学生的学习兴趣和认知水平，培养了学生的发散性思维和创造性思维，促使学生朝着主动学习、自主学习和个性化学习的方向发展"[1]。至于教师的情绪如何借由信息化技术受到影响、塑造、重构，或者，按照情绪地理学的观点，教师情绪如何移动于以及黏附于其与技术的相互关系中？这些问题至今为止鲜有深入地探讨。特别地，本课题关注在微信深度嵌入教师日常生活和工作的宏大背景下，教师与同事、领导、学生和家长的关系如何被深刻地改变了，带来的情绪/情感又是如何得以体验和表征的。

一、技术与情绪

技术和人的关系从人类站立伊始已然深度联结，密切相关。就新近的信息技术而言，人类发明了它们，并且使用它们"做"事情，与此同时，它们也在对人类"做"事情，即塑造着人类的心智与躯体。技术不能简单地被视为物品，技术也有助于让人们栖身于这个世界而获得不同的经验，

---

[1] 张丹，王鹃，袁金平，等. 技术赋能教学模式变革与实践 [J]. 中国电化教育，2021 (4)：125.

对远和近、在场和缺席、身体和技术、自我和环境,皆是如此。对于业已深彻地嵌入人类生活的种种技术,它们的意义并非只是让人们更有效率或更为便捷地活着——它们其实已经改变了人与其栖身其中的环境的关系,同时,它们也变成环境的部分,转而对人的行动施加影响。显而易见的是,现代化的洪流下,技术元素更是侵入了人们社会生活的方方面面。技术影响着人们如何与世界"接触",也借此而影响人们的情绪如何被感受、调节和表达。

关于技术与情绪的关系,传统的视角是基于技术决定论(technological determinism)的,即将技术视为外在的力量对社会和经济施加着巨大的影响,对于人们的情绪亦然。根据技术决定论的观点,技术置于人类生存所系的文化结构的底层,它表现出某种特定的结构与要求,引起人们和社会做出相应的调整。而这种调整是胁迫性的,强加于与之相存的人们——不管人们是否喜欢。L. 温纳(Winner)认为,技术构成了一种新的文化体系,这种文化体系又建构了整个社会。[①] 技术渗透到社会生活的方方面面,也影响着个体经验的喜怒哀惧。

当前的主流观点超越了传统技术决定论的局限,而采用相互作用,或者相互塑造的整体论的视角。"技术"在这里是宽泛的、上位的概念。具体到信息技术有关的范围而言(比如计算机或因特网),起初人与它们的关系的界限还是比较明显的。在信息技术对人之情绪的影响上,S. 托克尔(Turkle)观察到,在互联网未普及阶段,由于线上社会线索的传递受到较大的限制,用户通过计算机来体验和表达情绪的途径是受到较大的限制的。直至这些计算机连接在一起,构成网络,情绪在线上世界的传播和扩散才变得相对容易一些。而至此,信息技术与情绪的关系就更为密切地纠缠在一起。[②] 而且,越来越多研究者相信,互联网如今逐渐从专用于信息传递和商业往来的空间转向互动的和集体的情绪空间。人与技术(智能或媒介设

---

① WINNER L. Autonomous technology: Technics-out-of-control as a theme in political thought [M]. Cambridge: Mit Press, 1978: 15.
② TURKLE S. Life on the Screen: Identity in the age of the Internet [M]. New York: Simon and Schuster, 2011: 21-22.

备）是无法截然分开以检视两者之间如何相互影响。换句话说，人与技术的界限并非固定的、清晰的，相反，人们在日常应用技术时，体验到与技术之间的互融互通，而不是泾渭分明的主客体关系。比如，智能手机日益成为至关重要的枢纽，将那些关系、信息、照片以及设定联结起来，成为个体独特的身份（identity）。当人们升级先进的智能设备时，更加意识到自己真正联结的，已然不仅仅是硬件本身，而是一条数据的激流——承载着情感、认识、道德乃至身份都得以无限地拓展。

今天，人们日益采用社交网络来建立、维系和加强彼此的关系，它的意义就不再是沟通的工具，而是在潜移默化之间重新定义了关系。托克尔认为，我们在社交网络里的生活是一种"孤独相伴"（alone together）的状态。[1] 类似微信的社交网络促成了人们以个体为中心的社会沟通模式，其间的自我建构也更多地承载于符号或工具中介的经验之上，因此必须面对更多的不确定性、选择困境与焦虑，也伴随着日渐疏离与孤独的生活经验，转而渴望找寻、体验某种新的、与人相伴的感觉。人们在社交网络的相聚往往表现为所谓的"联网的个体主义"（networked individualism）。[2] 国内学者黄华和张旭东也观察到，青少年利用微信朋友圈来展示自我和维系关系：

> 朋友圈是某种无形的力量，推促着青少年的关系模式建立在简单、片段而快捷的"联系"事件或动作之上。至于传统书写时代或博客时代的信笺、长文、细嚼慢咽的阅读以及与此相随的体悟，在朋友圈里显然是不合时宜的。[3]

这里需要特别指出的是，人际关系本质上都是基于媒介的（meidated），

---

[1] TURKLE S. Alone together: Why we expect more from technology and less from each other [M]. New York: Basic books, 2012: 1.
[2] WELLMAN B, QUAN-HAASE A, BOASE J, et al. The social affordances of the Internet for networked individualism [J]. Journal of Computer-Mediated Communication, 2003, 8 (3): 1-28.
[3] 黄华, 张旭东. 朋友圈里的"我"：青少年的经验 [J]. 当代青年研究, 2014 (6): 32.

不同类型的人际关系并非意味着它们受到媒介影响的程度是有差异的。即便是面对面的对话其实也是负载于特定的文化实践——后者即媒介。而媒介在人际关系建立的作用常常被忽视，如同鱼无法意识到水之于其的意义。

人们使用社交网络不只是获取资讯，更重要的是由此而拓展思维以及丰富体验，人们也在其中寻求归属、协作、肯定、安慰和情感支持。研究者普遍认为，社交网络带来的一个显而易见的改变是让人际互动超越时空的限制。即便彼此相距遥远，或者缺乏时间上的同步，社交网络也可以让人们实现"同在"（co-presence）。当社交网络应用被安装到手机终端，这种超越时空的彼此"同在"感让人们将整个社会关系装进口袋里，如影随形。从这个角度而言，社交网络让彼此联系的频率更加密切，从而在一定程度上增强彼此的情感纽带。学者李春雷和陈华认为：

> 社交媒体不仅作为一种即时通信工具，同时也是信息聚合平台和个人意见的表达通道，社交媒体的虚拟场域建构了一个更加自主的交流平台，信息的生成和发布构成社交媒体中个体意见表达的基本模式。社交媒体不仅延伸了人们的交往范围，而且成为一种意见交流和情感表达的重要平台。①

而且，社交网络也鼓励人们自我揭露（self-disclosure）和自我表达，它们往往开发了许多工具，方便人们表达和传播带有情绪色彩的内容。这意味着人们的情绪不再局限于私人的或家庭的领域，而可以登入大众的或"公共"的场合或所谓的"个体化的沟通社会"（personal communication society）。国内学者李春雷和陈华认为："情绪是个体的网络参与行为与内在的心理感知相结合而形成的情感状态，技术引领的传播方式变革将受众置于更加平等的地位，媒介工具的使用为每一个身处信息社会中的个体提供

---

① 李春雷，陈华. 社交媒体交往中的情绪地理结构研究——基于三省六地的实地调研[J]. 当代传播, 2019 (6)：61.

了一个自由开放的话语空间和表达渠道。"[1] 由此，社交网络的广泛使用伴随着对于个体的情绪地理的变化。然而，至今为止，关于这个议题，学界的研究颇为稀缺。

对于今天的中国教师而言，以微信为代表的社交网络俨然成了他们与其他高利害关切者之间沟通的桥梁，是彼此间情感的纽带。教师通过微信在学校里与同事或家长建立密切的相互关系，除却获得由此带来的沟通便利之外，彼此的关系也超越了传统的、线下的面对面的关系，不再受限于时空的约束。但这也并非意味着线下和线上关系是二元割裂的，相反地，两者相互交织，相互影响，一方面丰富了教师彼此间的沟通图景，带来更多的互动，另一方面，由此带来的许多变化意味着教师获得更为多样的感受——尤其是，当线上交往导致边界模糊或者负载权力关系的时候，流动于以及黏附于其中的情绪就变得尤其复杂。

当然，社交网络在让个体能够与更多的人建立和维系关系的同时，它也在无形之中成为新自由主义（neoliberalism）意义上的"自我技术"——社交网络的设计和使用都致力于生成一个更为合格的公民：为自己负责，让自己变得更有效率和生产力。[2] 置身于社交网络下的互动情境，个体被期望或被要求表现出合适的礼节，尤其是在情绪方面，个体应该掌握基于数字化时代的新的沟通方式的情绪体验和表达。在很大程度上，社交网络与其他技术一样，在被使用过程中，也日益深入地与人们的身份建构密切联系在一起，成为不可分割的部分。对于教师而言，他们的日常工作和生活被社交网络（尤其是微信）深度侵入，也在无形之间开启了身份认同的建构过程——伴随着与教育高利害关系者们在线上的持续互动，教师需要常常叩问内心，自己到底是怎么回事？作为教师，该如何做？会如何做？这对他们而言，又意味着什么？围绕这些问题发生的协商、反思和对话等，都指向着身份认同的变化和重构。

---

[1] 李春雷，陈华. 社交媒体交往中的情绪地理结构研究——基于三省六地的实地调研[J]. 当代传播，2019（6）：62-63.
[2] LUPTON D. Understanding the human machine [J]. IEEE Technology and Society Magazine, 2013, 32 (4): 25-30.

二、社交网络、工作对接与教师情绪

学校大量的工作安排都是借助微信的沟通渠道实现的。笔者在 XQ 学校观察表明，绝大部分教师参与的与工作有关的微信群都不少于 5 个，这里面至少有基于年级的、学科的、处室的、专项的、家校关系的等必不可少的关系网络。在所有工作微信群中，大量的信息以极快的速度传播，尤其是那些自上而下的、带有行政色彩的指令性的工作资讯，不管白天黑夜，都可以瞬间直通前线老师的手机端。

通过微信进行行政指令分发的好处是传播速度快、效率高。这些指令往往需要教师做出"知""释"的回应，比如发出"收到"或"OK"的表情——这代表着信息已被仔细阅读、理解、接纳，而且相应的要求将被执行和实现（如图 6.1 所示）。对此，教师如何体验这些延绵不绝的信息轰炸以及与之相伴的工作要求，与此同时，又如何理解同事之间的关系呢？

图 6.1 某年级工作群日常信息

第六章　教师情绪与社交网络

（一）微信与教师工作的时空压塑（time-space compression）

罗伯特（Robert Colvile）在其广为流行的书《大加速》中指出：

> 智能手机已成功将我们拴在了工作上，从办公室带回家里的工作越来越多。就如同"节律同步"现象——所有人都在步伐紧凑地在同一节奏中前行——所昭示的那样，我们在工作中无意识地、不可避免地去追赶最快的那个同事的节奏。①

对于大部分教师而言，"最快的那个同事"到底是谁其实不得而知，但通常都不是他们自己，而是微信远端的"他/她"，比如领导、家长或者其他同事，所以他们通常都只是追赶者。作为追赶者，颇为常见的、典型的景象是：教师下课后火急火燎地回到办公室，第一件事往往是从抽屉里拿出手机，迅速地用指尖点开微信，滑动屏幕，浏览那些未读信息。大多数情况下，其中总会有需要回应的信息，他们随即开始娴熟而快捷地输入与发送信息。与此同时，学生们也会陆陆续续涌入办公室，交作业的、提问题的、讨零食的、套近乎的，办公室开始热闹起来。老师对着手机屏幕忙忙碌碌，也会不时与身边的学生互动……倘若老师不是连堂赶的话，局面可能会缓和一些。但是，课间那几分钟，手机的信息、学生的诉求、间或来自同事的招呼等混杂一起，都是需要教师做出恰当的回应。

这样的场景，在年级办公室每天都在发生，笔者问过好几位老师关于这个情况下的感受。

"我希望可以在课间跟学生多点沟通，希望可以。但是信息需要回，我不知道为什么这些（信息）都是重要的，都是十万火急的……怠慢不得。"

"烦死人的……这些信息，是你的工作，逃不掉，所以需要尽快回。"

"感受？不清楚，我觉得这是习惯动作，打开手机、回复信息，'收到''收到''收到'……来不及感受，得应付其他事情啦。后面还要回去看那

---

① 罗伯特·科尔维尔. 大加速：为什么我们的生活越来越快 [M]. 张佩，译. 北京：北京联合出版社，2018.

些信息，怕遗漏了什么关键内容，如果没有完成，就麻烦了。"

> 10-11 12:45 来自 iPhone客户端
>
> 一个满课的上午结束后，看手机发现微信qq钉钉加起来差不多100条信息～
>
> 我发现上课是我工作中最享受、最舒服、最轻松、最不烦躁、最期待的事～
>
> 可是"上课最主要的工作"是个对教师的伪命题😂😂😂😂😂
>
> 今天上课两节课，开会一节课，听课三节课，看到桌面那高高的作业就愁死，打开企业微信一看，很多未读工作信息😭打开微信一看，惨了，我还没收集完学生表格，等一下要交了😭😭现在的我在听开学以来的第13节课，偷偷发个朋友圈，记录一下这段时间的常态😂😂😂

图6.2 社交网络与教师工作现状

这些感受也常常被教师发圈记录，其间总是有诸多无奈与抗拒，但又不得不直面（如图6.2所示）。在老师的心目中，基于微信的工作信息传递并非日常面对面那般的沟通，而更多的是指令式的工作安排。它们无须作为接收者的教师的反馈或提问，更甭说质疑或澄清，它们聚焦于安排，要求教师接纳与执行，所以"收到"或简单的"OK"表情是最恰当的回应。这些信息里面往往没有丝毫情绪/情感的痕迹，尽管有时候信息发布者会刻意采用温情的用语，比如"亲爱的同事们"作为开头，或者以充满爱心或激励的表情，典型的比如："玫瑰花朵"或"加油"符号等。然而，作为接收者，教师似乎很难对这些看似饱含情绪/情感的信息产生对应的感受。这点跟E. 乔伊斯（Joyce）和R. E. 克劳特（Kraut）基于新闻组（newsgroup）的研究结果不同——他们认为用户的富含积极情绪的符号或语言增强彼此的互动并由此而提升社区感，富含消极情绪的效果则相反。[1] 在笔者的观察中，教师关注的始终是信息负载的工作相关的内容，XQ中学八年级教师LL掰着指头强调应付工作信息的策略："看到信息，三部曲——第一，跟我有关

---

[1] JOYCE E, KRAUT R E. Predicting continued participation in newsgroups [J]. Journal of Computer-Mediated Communication, 2006, 11 (3): 723-747.

吗？如果是，那么第二，我需要做什么？第三，什么时候完成？我会条件反射式地思考这些问题。"即便有注意到这些情绪/情感相关的文字或符号，教师对它们的理解似乎也是有偏差的。JX老师戏谑地解释："（信息）有多温情，工作就有多艰难……套路！都是套路！"

基于微信的工作沟通的聚焦主要是任务导向的，需要付诸理性的行动并且由此获得可靠的结果。笔者基于工作群的观察发现，与情绪表达有关的内容占比是相当低的。对此，教师们的解释基本上都认为微信沟通原本就是工作的组成部分，工作就是工作，没必要将情绪渗透其中。其中，八年级一个副级长（级长作为中层管理者，通常是工作有关信息的发布者或转载者）WD的想法很有代表性：

> 信息沟通需要力求精准无误、高效快捷。太多无关紧要的信息会扰乱视听，增加老师们的（信息）负担。本来这些信息，都很重要，那些无关痛痒的情绪会让大家觉得……有点不合适吧。不是说没有情绪，是不合适。（P$_{WD}$，访20200422）

但从内容角度而言，工作群组里的情绪内容常常被理解为无关紧要的甚至是不合时宜的，即便是负载着情绪的符号，也会认为是"套路"，人们似乎是约定俗成地认为，工作群组不该是情绪表达和传播的适合场域。

唯一的例外是当工作群组里有"喜事"相关的信息出现时，大家会迅速地表达自己的祝福或者赞许。比如，某个同事在区教育局组织的教学竞赛中获得奖项，教师们总是非常热情地送出赞许或鼓励的符号，并表示向先进者学习。不过，有趣的是，彼此之间通常会使用粘贴复制功能，让那些情绪的表达看起来整齐划一，步调相同（如图6.3所示）。这是2020年6月份，XQ学校的LW老师获得市学科教学竞赛一等奖。笔者问LW她是如何看待同事们在年级工作群组里的祝福。"很开心，得到大家鼓励，学校挺好的，大家都彼此鼓励。"LW的开心溢于言表。不过，类似这样的事情不常有，它们夹杂在工作要求有关的信息中，来去都迅疾。诚如LW老师的喜悦，过后她需要直面的，依旧是延绵不绝的工作有关的指示或要求。

113

图 6.3　微信群组里大家对"好消息"的回应

不过，这并非意味着教师在基于微信的工作就无关乎情绪。在笔者的观察中，教师总是无可避免地带着复杂的情绪参与那些线上"工作对接"（办公室指称工作有关的沟通的行话），尽管常常看上去是不留痕迹的淡定。其中，教师反映最为普遍的感受是"烦"！教师在应用微信进行沟通时，"烦"的感觉总是伴随着微信里猝不及防地工作指令出现。类似下面带有抱怨的话语常常在教师私人场合的闲谈中出现：

  每个人都是这样，不单是我，每个人都有教学工作之外的事情在折腾……（微信）九个还是十个群，信息闪烁不停。我生怕会没有看到关键的（信息），就是烦！
  已经习惯了，虽然烦，但也没有办法！
  不只是烦，实际上我常常"惊"，作为班主任，没有消息就是最好的消息，有消息，就是有事情（发生），需要处理。

教师大多数都默认了通过微信进行工作沟通的模式。在他们心里，这主要代表着效率与精准，所以似乎找不到拒绝它的理由。只是由此而带来的对他们工作乃至工作之外的生活的"反噬"（政治老师 YD 的话）却也是实实在在的。他说：

> 我在家里也是这样的（处于工作状态），工作看来是没有边界。从前，我下班了就是下班了，现在，下班上班似乎没有边界。那些信息是不分昼夜的，自然是觉得很烦人，但又能怎么样呢？（每个人）还是无法避开的……有时候我想，如果可以，我宁愿多点面对面的方式，不至于觉得我就是那个提线木偶。（P$_{YD}$，访20191108）

老师 YD 的"提线木偶"的说法让笔者尤其感兴趣。之前对教师使用微信的观察更多停留在他们如何"做"（act）——如何参与基于微信的工作有关的互动，"提线木偶"作为启发式的隐喻则更多地将聚焦引向他们如何"表演"（perform）——如何整饰自己的感受以展现出一个被接受和被认可的姿态以做出回应、完成任务和履行职责。由此，笔者的反思如下：

> 社交网络为基础的工作关系网络主要是以任务为导向的。不管是基于年级、处室还是基于项目、活动的群组，围绕着如何更好更快地完成任务来运转。教师的参与，不管意愿如何，不管动机如何，都裹挟于"任务导向"的氛围，兢兢业业和按部就班是大多数情况下最优的选择项，情绪在其中几乎没有合适的空间。尽管情绪相关的符号或者表情多多少少被使用，但它们更像是参与者的"表演"，有着类似润滑剂的功能，旨在于让任务的完成更加顺利和圆满。教师需要收敛内在的烦躁、厌倦或者抵触，也需要表现出云淡风轻的样子。（省20200306）

因此，基于微信的工作沟通的情绪空间尤其受到挤压。不过，教师们似乎也接受这样的局面，这背后的原因，最为关键的大概是，"我有意见，对这些（延绵不绝的指令），我有想法。可是，谁在乎呢？看看身边这些

115

(同事们),哪位不是这样?都是鞠躬尽瘁啊!"政治老师 YD 说得简明扼要,被问及对这些频繁的线上沟通的感受时,他反问道:"我的感受重要吗?"

因此,在学校的日常,微信给教师带来的影响是多维的、深远的。毫无疑问的是,它显著提升了教师的工作效率,但微信也在潜移默化之间,重新结构化了教师的存在(being)条件。微信不再是单纯的人际沟通或自我展示的工具,而实质上是现实生产者(reality generator),这里的"现实"不仅是数字意义上的所谓的"虚拟空间",同时也是物理意义上的——其中最为明显的是时空压塑。以微信为代表的沟通渠道的拓宽和延展,带来的结果之一就是:越来越多的事务和议题被"汇入"教师的日常工作中。这个原本中性的、促进效率的沟通工具,无形之中如同黑洞,"吸噬"着教师们的时间和精力,也重构和扭曲着他们的生活时空。教师们需要精心熟虑地进行各项工作安排、优化时间管理。不得不承认的事实是,在时空压塑的背景下,忙乱的生活和工作方式俨然成为教师的必须,大家都(至少在工作时间)努力保持在线,随时待命,对接踵而至的任务照单全收。

教师存在时空压塑的潜在的影响之一是其情绪地图意义上"政治的距离"变化。根据哈格里夫斯的理论,教师情绪受到科层制度下权力和地位差异("政治的距离")的扭曲。在面对面的沟通情境下,学校各层级的成员之间同样存在权力和地位差异,这些差异同样也影响着下属(尤其是普通教师)的情绪。[1] 但情绪在面对面中是某些信号,是可见的或可觉察的,因而能够反馈于"政治的距离",并对其作用的效能有所掣肘。在微信情境下,线上沟通是去躯体化的(disembodied),情绪的反馈功能几乎完全没有体现,从而让层级之间的"政治的距离"显得更加纯粹、更加凸显——指令发布者的权威和地位是不容置疑的,而作为下属,合适的姿态是"接受并执行"。上级和下属之间的"距离"少了面对面或肩并肩的相扶相携的共同感和在场感,而表现为直接和简要的"通知—接受"以及"指令—执行"

---

[1] HARGREAVES A. The emotional geographies of teachers' relations with colleagues [J]. International journal of educational research, 2001, 35 (5): 503-527.

的关系。上下层级之间的情绪/情感共享与认知理解受到一定程度的阻抑，这严重侵蚀了教师对于参与变革或者执行任务过程中的"拥有感"（ownership）。

总体而言，笔者的民族志观察表明，在时空压塑的情境下，教师的感受变得更具个人化和私隐化。而且，如同课间十分钟在年级办公室发生的典型场景所揭示的，教师娴熟而快捷地在工作群里回应各种信息——个中的关键"速度"或"时效"，这些信息或者蕴含在其中关于自己的意义，教师们甚至都来不及认真思量和体验。"速度"或"时效"代表优秀和成功，与之相对，个人化的"情绪"往往意味着犹豫和延迟，意味着低下的效率或消极的态度或缺失的能力等，所以，它在微信这个沟通的管道里甚少留下痕迹。

（二）微信作为情绪的出口

任务导向的微信工作群组绝非教师表达情绪诉求的通道，相反，教师在其中需要时时整饰自己的感受。不过，微信的便利之处是，它也提供了足够的空间和工具让使用者很容易编造或"表达"某种情绪——如果需要的话。毕竟隔着屏幕，教师实际上是受到潜在的保护从而有足够的自由来整饰自己的感受，并做出恰如其分的情绪"表现"，比如，用"鼓掌"或者"拥抱"的符号来表达对某项任务的热烈欢迎。但是，真实的、个人化的情绪毕竟是需要管道来输出，由此，许多教师转而使用更为私密的"朋友圈"来展示自己如何体验被社交网络技术重新定义的"提线木偶"式的工作现状。

需要说明的是，教师在朋友圈发表的内容也有许多是充满欢愉的、积极的和敞亮的心情。在他们看来，微信与学校一样，都是"严肃"+"活泼"的地方，严肃是指基于微信的工作对接不能怠慢，而活泼则意味着微信作为线上的情绪出口，教师借此而宣泄他们在日常工作中的种种遭遇。面对社交网络技术条件下被迫以加速的方式来处理工作的局面，除却寻常的不满和愤怒之外，许多教师的情绪表达则是以戏谑为特征，并以此表达自己的对抗。尤其是年轻教师，他们更习惯采取娱乐化的姿态，将社交网络条件下"提线木偶"式的工作境遇转化为可供彼此消遣的内容，并以此把它们转化为瞬间快乐的契机。比如,许多(特别是年轻的)教师喜欢在微信上分享学生的一些搞笑的答案,表达其抱怨或者愤怒。这些饱含情绪的内容分享在得到好友们理解、回应或肯定的同时,也常常转化为类似吐槽大会的场景——彼此都以无厘头的方式控诉社交网络影响下的工作现状。

"打工人"在2020年上半年XQ学校的青年教师的朋友圈中频频出现,作为网络热词,"打工人"代表了青年老师的戏谑和吐槽。这种自嘲方式符合互联网世界主流的玩乐旨趣,但是,在某种程度上,以"打工人"进行自嘲也反映了青年教师对栖身其中的机构精神(在部分程度上业已被微信结构化)的抵抗与叛逆。从学校的角度来看,教师(尤其是青年教师)承载了未来的事业,因此,他们被期待(当然也往往被要求)成为"好"老师:积极向上、奋发图强、勇于担责,表现出贡献和自我牺牲的精神,而不拘泥于个人得失。但是,对于自嘲为"打工人"的青年教师而言,身份的意义就发生了微妙的变化,"打工人"的标签则代表着教师与其所栖身的被微信重新结构化的职业环境之间达成某种妥协,并由此而获得适切的位置。"打工人"作为概念并没有具体详细的正式定义,但这显然是跟传统意义上的"教师"有所不同。尤其是,作为打工人,看重的是付出与回报之间的关系,而且对职业成功的理解并非基于精神层面上的贡献,比如传统价值体系下的"桃李满天下""薪火相传""春风化雨",而是物化层面上的收益和回报,比如工资或奖金待遇、职称或职务提升等。由此,以"打工人"的身份,教师为其应付各种各样的(尤其是教学外的)任务进行合理化,从而内心得以安逸。

"打工人"不仅是许多青年教师自我嘲弄的身份标签,借助微信或者其他社交网络(比如微博),他们由此而获得彼此认同的感觉,从而在不经意间创造出某种"同在"或"共存"的社区感,从而进一步强化了他们对地位和身份的认知,而且这种网络热词也代表了青年教师在他们身份建构中的某种新的"参与文化"(participatory culture)。借由发布和分享类似"打工人"的热词,青年教师在工作所系的学校之外,无意之间营造出某个平行的话语空间——他们对自己的身份、旨趣和需求获得迥异的甚至相反的理解。由此,在教师的情绪生活中,以微信为代表的社交网络是一片宽阔的场域，让他们能够"绕开或挑战社会权力集团和政府机器所掌控的传播体系和论述权威，形成多重的、非正式的争论（而非共识）空间"①。

需要说明的是，这些吐槽往往都只能分享给那些精心挑选的好友，而对那些涉及要害的同事是屏蔽的。这种私隐的设置，为教师的情绪提供了足够安全的表达通道，在疲倦、混乱和亢奋之余，他们能够或多或少地进行宣泄、获得回应、感受支援，可以重整旗鼓，直面教学工作的种种挑战。此外，"打工人"的标签，也折射出社交网络里教师情绪表达的多样性和丰富性——它们无须按照学校章程或职业伦理的蓝本，而完全是个人的、即兴的语言。借此，教师能够应付工作、价值或者人际等方面的变迁，使其在重重压力之下，获得短暂的解脱。

三、社交网络、家校关系与教师情绪

家校互动是当前学校工作颇为重视的内容之一。大部分教师都相信与家长是处于"同一阵线"——在协助孩子成长上有着一致的目标，而且，源自家长的支持和理解对其工作是相当重要的。然而，传统的学校教育，囿于空间和时间的局限，家长常常被阻挡在学校的围墙之外，对教师工作的影响显得微不足道。由于专业背景、社会地位、文化程度等差异，教师与家长之间也难以建立和维系彼此的关系。根据哈格里夫斯的理论，社会文化和专业距离在教师—家长的互动中阻碍了彼此的情绪共享和理解，这意味着家长往往无法理解和认同教师工作，同时，教师在这种局面下也会感到更多的沮丧、受挫和失望等。伴随着彼此之间的误解增加，教师与家长之间的情绪距离也会扩大从而导致更深的误解和与之相随的消极体验。

不过，社交网络正在改变这个局面。社交网络秉持的精神内核是鼓励参与、彰显民主，它给学校系统带来的最大改变之一是价值观意义上的，借用教工坊创始人肖知兴的话来说，"传统的集体主义、威权主义价值观让

---

① 刘世鼎，劳丽珠. 网络作为澳门的另类公共领域［J］. 新闻学研究，2010（102）：256.

位于以'平等、参与、分享'为核心的个体主义、自由主义价值观,这才是所谓的互联网精神或者互联网思维的真义"。这意味着家校互动需要将社交网络的精神纳入其中,强调对"平等、参与、分享"践行与发挥,教师,尤其是班主任需要将家长的创造性、积极性、主观能动性发挥出来。基于社交网络,学校更多地依赖家长的参与性与自主性,学校从服务的视角和姿态跟家长互动,强调提供便利的网络入口、良好的沟通体验等,所有这些,让家长参与更具有"民主"的特性,家长因此也得以更好地赋权(empower),而教师的角色也因之而不再是高高在上的布道者或知识提供者,而是孩子学习进程的参与者和协同共建者。这种转变正在悄然而疾速地发生着,许多教师——不管是老兵还是新手,都发现自己这几年需要直面家长日益显著的影响。而这个变化,在他们的之前的职前乃至职中教育体系里,都还未曾清晰地涉及,所以或多或少都有一种猝不及防的感觉。

（一）微信与家长参与

家长借由微信的通道参与学校和班级事务常见的是以私人连接和群体组建（包括家长群和家委会群）两种形式。XQ 学校八年级的班主任 DL 与其他班主任一样,从她的学生刚刚进入这个学校（七年级）开始,就通过微信建立了家长群和家委会群。在她看来,这两个群各有功能,前者主要的功能是发布公告,提供资讯;后者功能则更多,主要是与家长中的积极分子和资源人士沟通、协商和共建班集体。这两个群在 DL 老师的教学和管理工作中起着非常重要的作用,其中家长群极大地拓宽了资讯传播渠道,DL 老师可以非常便利地将信息发送给群里的所有人;家委会群则是她得力的支援,群里大部分家长都积极主动地参与班集体的协助管理,提供资源支援。

DL 开始她的教师生涯才两年多,2019 年 9 月开始（入职第二年）担任班主任,彼时,她被那些经验丰富的教师们善意地告知要充分利用好家长群,也要特别留意为家长群设置规则来实现掌控。这些规则最重要的包括以下四点:(1) 家长可以在群内给班级进言进策,班级各项重要活动需要各位家长的支持、配合和参与;(2) 要求家长将姓名更改为"孩子名+爸爸或妈妈";(3) 禁止发任何与班级和孩子无关的信息,如广告、投票、红包等；(4) 积极维系相互尊重、共建和谐的氛围，使用文明用语等。DL 老师跟笔者就微信在家校沟通中的应用聊了许多，她显然很看重与家长互动，并且很乐意通过微信实现融洽合作的家校关系。但是，作为新手，她觉得一年多的班主任经历让她习得的最重要的经验是：谨言。

> 开始的时候我觉得自己蛮热情的，有问必答……可能是大大咧咧习惯了，有时候也会说得直接，但是，这些都是文字，留下痕迹就是证词，最怕有人别有用心地利用这些话，然后告到领导那里。我不懂，后来才懂，哪里都有江湖。(P_{DL}，访20191120)

"江湖"并非时时刀光剑影，相反，绝大部分情况下都是风平浪静，只是偶有"冷箭"。DL 老师说到的"冷箭"指的是 2019 年 11 月份当时家长问及有关宿舍床品质量问题的时候，她直言不讳地表示新进的床品与之前床品的确存在某些方面的差异，并且解释可能是由于学校经费紧缺的缘故，然后，这些文字被截屏出现在学校领导那里——而 DL 老师从来没有想过这些话语可以成为"呈堂证供"，让她在一次小型会议上成为被教育的典型。

> 那一段时间（2019 年 9—11 月），整个学校都很混乱。由于扩招，突然多了很多学生，饭堂、宿舍、管理……什么都很混乱，我也不知道做了什么，就知道他们（家长）好像一天到晚都在担心他们的小孩在这里吃不好、睡不好、学不好。他们一担心，就发信息——私信或者群里，而且，有些家长还能够直达天庭（市教育局），然后，我就惨了……难过了好长时间，之后我就觉得最好的方式是消失。不能消失吧，就少说，一定要少说！(P_{DL}，访20191120)

DL 老师说一年多下来，她觉得自己成熟了许多，在家长沟通方面，变得老到了。而"老到"在定义上最关键的是"少说两句"，因为"言多必失"。DL 老师进一步强调，在"少说两句"的背后，是持续的修炼，要达到"淡定自若、波澜不惊",不能随随便便就显得热情洋溢,更不能遇事就难掩心急火燎。与家长在微信里相遇、建立关系,要确信这是工作过程,不能"入戏太深"——"你需要有同理心,但是,你不需要卷入其中,你可以是问题解决者,但更多时候,你不可以自以为救世主"。

DL老师的经验代表了许多教师,尤其是班主任在与家长通过社交网络建立关系时直面的情况。单纯从信息传递的角度而言,社交网络作为工具极大地提高了沟通的效率与精度,但是它在将教师与家长连接在一起的同时,也重构了两者之间"政治的距离"。传统的教育语境下,家长是游离于学校之外的边缘化角色,他们对教师抱持敬畏与顺从的态度,当然,在DL老师(以及其他同事)的家长群组内,大部分家长依然是这种态度。这些家长更多扮演配合者或者辅助者的角色,听从教师的安排、关切教师的需求。但是,小部分家长则在积极参与学校或班级事务的同时获得了更为优势的位置,他们依托自己的关系网络,能够相对容易地调配和扩张个人资源(经济的或社会的)并由此而介入班级管理和日常教学中,从而在某种程度上重构了传统的教师—家长之间鲜明的权力关系。

社交网络赋能教师的工作,也赋能家长的参与。通过社交网络,一方面,家长参与可能给教师的教学和班级管理工作带来有利的支援;另一方面,也可能对其专业成长乃至个人情绪带来不可忽视的影响。如果说在之前电话时代的教师与家长之间是点对点关系的话,类似微信的通信工具则让教师与家长共同编织了一张无形的网,教师已然无法超脱。但教师栖身其中,则往往是矛盾的、充满趋避冲突的复杂体验:一方面,黏附于家庭—学校之间的网络这个广泛的合作共同体,教师能够与家长协调行动,相互扶持;另一方面,黏附其中则意味着自主性的(至少是部分)缺失,甚至于受到潜在的侵扰(诚如DL老师遭遇到的"冷箭")。作为回应,教师倾向于在微信上抱持足够"远"的距离——通过刻意降低互动频率、延迟回应时间、减少自我展露(self-disclosure)等策略。

(二)家长参与下教师的情绪地图

社交网络不仅重构了教师与家长关系的"政治的距离",让家长从学校和班级管理活动的边缘逐渐向中心移挪,与此同时,也重构了彼此之间的

"专业的距离"。传统学校里，教师相对于家长而言，在学科教育或班级管理方面拥有绝对的权威，教师权威背后的支撑是专业化的知识和技能，以及尊师重教的传统文化。但是，今天的教师，尤其是在城市优势学校里的教师，需要面对的家长已然不是过往老实巴交的农民，而主要是接受过并且获益于高等教育的中产阶层的父母，他们深谙教育的价值，对子女在学校的表现极其重视。有时候，这种重视往往走得极端，表现出焦虑与烦躁，对学校和教师则带着某种吹毛求疵的姿态。在 XQ 学校，HD 老师对此深有感受：

> 群里大部分家长都是信息接收者，表现出合作或服从的姿态，但是总是有一些家长过于积极，有时候感觉咄咄逼人，尤其在学校管理或班级教学出现问题并且可能给他们小孩带来不利的时候，他们总是第一时间提出意见并且迫切希望得到教师的回应。他们似乎视野开阔，消息灵通，常常能够找到其他优秀学校作为参照，提议学校应该做出哪些改变。（P_{HD}，访 20200411）

HD 老师认为，这种咄咄逼人的家长并不多见，但着实带来巨大的挑战。其中一个典型的现象就是对教师专业工作的有意或无意的干预。在 XQ 学校，跟其他学校一样，会有学生遇到行为或情绪问题的时候，尽管教师会努力寻求专业心理老师的协助，同时也尽可能在自己能力范围之内提供支援，但是班主任 LL 碰到了她"职业生涯里最大的挑战"。有学生无法适应全寄宿制的环境，对班主任 LL 和心理老师的介入尤其抗拒，并且在入学三个月左右的时候发展出明显的行为问题，通过怠学、违纪、甚至逃课等行为持续表达其离开学校的愿望。LL 老师通过无数次与其家长的线上沟通，以及线下的思想工作，表示愿意为该学生的转学提供必要的协助，但是家长直接将问题抛给了 LL 老师，认为这是义务教育阶段的事情，学校可以有更多的管教方式和工作智慧来留住学生，并且批判 LL 老师在推卸责任，等等。LL 老师需要付诸很多精力来回应家长，特别是那些细碎的微信的私人对话，因为家长常常问及他小孩在学校"今天怎么样？有什么改善？"等问题。

> 他不像其他（家长），有点盛气凌人……难缠的家长。我很怕收到他的信息，总觉得无法应付，我明白小孩是他的希望所在，可我这里有50个学生要管啊，不能每天都只为你一个孩子操心。我不知道可以做什么。我希望他能够理解和接受我的意见，不是为了撂担子，我觉得他（学生）那种分离焦虑……加上青春期叛逆，他可能真的需要换一个环境。（P$_{LL}$，访20191118）

班主任 LL 认为自己的日常教学和班级管理原本就一地鸡毛，而微信上与家长的连接似乎让她更是难以聚焦，各项工作显得支离破碎。"有点百孔千疮的感觉，因为他们（家长）往往是不分时段地抛出他们的意见、关切或咨询，尤其当涉及他们的小孩的时候，然后总是理所当然地预期教师会做出回应。"微信，作为信息传递的"管道"，在允许教师与家长更多的沟通的同时，也意味着教师的专业边界不再像从前那样有物理意义上的高墙或者文化意义上的权威来获得庇佑——边界变成流动的、开放的。由此，他们与家长之间的"专业的距离"受到重构——他们的专业能力和素养不再是无条件地被信任，而是常常面临被质疑的可能。另一个年轻的班主任 LD 说到他的经验：

> 我的家长群里……后来我发现，有两位博士，其中有一位教授，五位科级以上公务员，还有一位是教育系统的，好像还有几位老师的子女……而且，他们都……怎么说呢，都在那里（群里）。一方面，这些都是难得的资源；但是，另一方面，也是挑战。我常常有战战兢兢的感觉，怕自己有时候就说错话或者不够称职什么的。（P$_{LD}$，访20200412）

班主任 LD 的情况颇具代表性。优质学校往往汇聚了当地最优的家长资源，也承载了当地最高的社会期待，很多家长来自新兴的中产及以上的阶层，在当下的中国城市，大部分中产阶层都是其家族中第一代通过良好教育而从普通农民或工人跃升上来的，他们对教育的重视由此可见。这些处于优势阶层的家长基于自身的经历和价值来理解教育和学校工作，当他们与学校发生冲突的时候，总是偏向于从自己或其小孩的利益出发，向学校和教师施加压力。国内有研究者发现，中产阶层的家长更善于利用基于社交网络的条件，形成密切合作的关系，并以抱团的形式参与并影响学校的工作[①]，诚如班主任 LD 所说的"他们……（其实）都在那里"。

家长借由微信积极参与班级管理和学科教育事务不仅重构了教师的专业边界，同时，也让教师的道德边界受到影响。根据哈格里夫斯的理论，在教师借由微信与家长互动的情境下，双方的目的或价值信念的一致与否，能够影响双方的亲疏远及，并影响教师的情绪。尽管总体而言，教师与家长在小孩成长这方面是"志同道合"的，但是，实践中，双方的目标和价值的考量往往并非铁板一块，而是有所差异。XQ 学校八年级的另一位班主任 ZZ 说出了他的困惑：

> 大家都知道，选家委会成员的时候，要那些积极主动的、资源丰富的，可是，这有时候是个坑。他们在家委群里的确是得力，但是，他们也会共同推动一些（我原本不想的）的议题，比如组织班级周末外出拓展活动。搞得我为难，不是每个学生都愿意的，我说他们的家长，不是个个都得闲（有空），而且要花钱，尽管不多，但是很敏感啊，我又得协调各方面……有时候就让我为难了。（P$_{ZZ}$，访 20200625）

尽管家长自主组织的课外活动作为课堂教学的补充，旨在于促进学生的成长，但这往往对教师提出了职责范围之外的、额外的要求，比如 ZZ 老师需要做"协调家长"甚至"花钱"有关的说明，蕴含其中的关于教师职

[①] HUANG H, LIN X. Chinese parental involvement and class-based inequality in education: the role of social networking sites [J]. Learning, Media and Technology, 2019, 44 (4): 489-501.

责方面的认知让ZZ老师觉得"为难"。

笔者在微信群里的观察表明，那些有着丰富资源的家长们在参与班级或学校事务时，也更加有策略和手段。大部分情况下都是由个别家长首先提出动议，并且冠于类似提升素质或加强团结或凝聚班风等由头，然后另一些家长开始附议并逐渐成为家委会里的主流的声音——尽管不是多数人都在积极表达，而是这寥寥数人的来回对话几乎就达到了"霸屏"的结果，以至于让人觉得好像这些声音代表了大部分家长默认的想法。伴随着这些核心家长的积极而持续的沟通，动议就一步一步地转化成为具体的执行方案了。而且，总是有家长能够轻而易举找到所需的资源或想法，班主任和其他老师在这些过程中往往并不会出声——他们似乎在努力保持旁观者的立场，以避免让部分家长对其产生"偏袒"或"共谋"的感觉。因此，他们也在不经意间成为配角！不过，班主任ZZ说这些活动他通常都需"应邀参加"——尽管他总是有情非所愿之感。他说，如果活动有差池，他一定难逃关系的，所以每每如此，他都觉得自己处于进退维谷之间。

这些由家长借由微信组织的活动通常都是在课外时间发生，如同班主任ZZ的感受，家长们觉得他最为关键的意义是"权威"——具有组织力和号召力，而实际上，他自己的感觉不过是被抬出来作为"在场"的摆设或承担协助的角色而已。他有时候会深深地怀疑到底谁才是教育的主导者——家长还是教师？家校之间的关系是否是平等合作，还是被某些人有意或无意间地扭曲、利用以达至某些说不清道不明的结果等，让他困惑不已。2020年6月中旬，ZZ老师所在班的家委会组织了一次周末亲子徒步活动。

> 那天，微信群和朋友圈里都被这些家长发的活动照片霸屏了……看着那些阳光下灿烂的笑脸，我还是很感动家长们可以这样（为孩子）付出，但我知道不是所有的孩子都在，很多边远县乡的，特别是农村的孩子都不在的，好像没人留意他们以及他们的感受……我有点不安，是不是就只是在跟这些家长合作，只是为了这些家长的子女，可是好像又改变不了什么。（P$_{ZZ}$，访

20200625）

类似这样的亲子活动放在社交网络流行之前的电话时代是几乎不可能的——基于点对点的沟通很难形成大规模的团队协作。但是借由微信，家长们却能够轻而易举地将资源汇聚起来——其中积极的（往往是中产阶层的）家长，毋庸置疑，是关键的主导者和贡献者。但是，对于这些家长自己组织的活动，有些教师会抱怨占用了他们休息时间或要求他们需要承担额外责任；有些则困惑于活动中自己的尴尬角色；另有些如班主任 ZZ，则担心自己的参与是否带来不必要的后果，比如助长学生或家长之间的不平等。

简而言之，家长积极参与学校工作并非看上去那般总是与教师"志同道合"，而是有意或无意间从自身及其小孩的诉求出发。教师在这个过程中，有时候则成为被整合的角色或被利用的工具，被裹挟其中。因此，面对家长主导的借由微信组织的那些课外活动，教师也难免时有困惑、犹疑和警惕。

小结

科技加速、社会加速、生活节奏加速，形成一个加速的循环，这是现代性的一种自我推进机制。以微信为代表的社交网络在学校场景下的普遍应用，在很大程度上加强了教师的工作效率、提升了学校的运行速度，因此，在公众的理解中，这是技术变革带来的福祉。许多研究者都认为，微信延伸了教师的神经系统——它帮助教师跨越了个体肉身的限制，跨越了学校的禁囿，有助于感知外面更为广阔的生活世界的冷暖，以及对其职业的诉求，也有助于与更多的利益关切者之间建立良好的互动。总体而言，社交网络明显地拓展了教师的工作场域，从而为其身份以及职业发展带来新的机会与挑战。

但这是其中向阳的、乐观的面向。本课题的民族志研究聚焦于教师的真实感受，亦"看见"了潜在得更为丰富的面向。微信给教师带来的影响是多维度的、深层次的。其中甚为关键却鲜有提及的方面是：微信重构了教师的情绪地理。微信在学校官僚层级中，主要作用是上下信息沟通的管道，沟通的内涵有两种，其一是沟通的"资讯传递"功能，其二是沟通的"仪式"功能，其中，前者强调沟通的内容向度，而后者则注重沟通作为动作所产生的影响。微信在学校上下层之间的应用主要体现的是沟通的内容向度，它难以实现沟通的"仪式"功能，情绪/情感表达、交流和共享上都是受到限制的。此外，微信沟通的参与者是非俱身存在的——彼此成为信息的节点，是"通知—接受"以及"指令—执行"关系，这在无形之中放大了彼此之间的"政治的距离"，从而让处于从属地位的普通老师容易感受到对学校管理的疏离、漠然、缺乏信任等。

而在与家校关系中，微信对家长而言，具有明显的赋权（empowerment）意义——他们得以超越学校和传统的禁囿，对学校的运行和教师的工作发出自己的声音。微信重构了教师与家长之间的"专业的距离"乃至"道德的距离"，这带给教师复杂的情绪体验——他们一方面希望家长更加积极地参与他们孩子在学校的成长，但另一方面又担心家长的参与成为主导力量，让他们裹挟其中，失去自主性。所以，在趋避之间，小心翼翼地寻求某种平衡，对于大部分教师而言，最优的状态也许是：需要接近，但是又不能太靠近；需要距离，但是又不能太过于疏离。

今天，以微信为代表的社交网络在教育场域的广泛应用，让其超越了单纯"工具"的角色，它折射了当前教师与社交网络在本体论意义上的共存关系——社交网络（包括其他智能设备）与教师两者无法截然分开来加以检视它们之间如何相互影响。教师与微信不是泾渭分明的主客体关系——后者日益成为教师核心自我建构的有机组成部分，换句话说，微信作为关键的枢纽，将那些联系、信息、照片以及设定联结起来，成为个体独特的身份。当教师使用微信时，他/她真正联结的，已然不仅是网络另一端的他者，而是一个存在（being）的空间——承载着其情感、认识、道德乃至身份都得以无限地拓展。学校乃至教育，都正在被作为新媒体的社交网络深刻地改变着并获得全新的定义，教师的个人生活、日常工作、职业发展等也不例外。就情绪生活而言，社交网络原本的旨趣在于增进沟通，从而促使彼此认识和理解，但是，笔者的民族志表明，它也有可能让教师与上级或家长之间的情绪距离变得更加遥远。其中，部分原因在于教师的主动作为，比如深思熟虑地选择回避或沉默等，但这无形之中可能削弱了高利益关切者对教师个人的同理与关怀。同理（或共情）是对他者置身所在的理解（situated understanding），类似于"穿着他者的鞋走他者的路"。但类似微信的社交网络沟通本质上是去躯体化的，抽离于"置身所在"（situatedness）的情境信息，而且，至关重要的是，日益强调"速度"和"效率"的沟通模式让彼此都更缺乏耐心和宽容去相互体谅——这种沟通模式磨炼出了教师新的技能，比如时间管理、优先项设置、自我保护等，但同时它也在某种程度上阻抑了其他方面的才能，比如教化所需悠长的期待、隐忍的坚守以及细致的呵护等。而且，就其关怀的本质而言，似乎也在无形之中得以改写和重构，对此，未来的研究需要更多地聚焦和拓展。

第七章

教师情绪与不平等

长期以来，教师情绪研究的主体是心理学。情绪被认为是个体的内在属性，虽然受到外在环境的影响，但作为主观过程，首要的还是私人体验，然而，情绪本质上承载着丰富的社会、文化和政治内涵，其中，不平等对个体情绪的体验和表达有着深远和显著的影响，不平等是一个负载着强烈的情绪内涵的现象。既有的基于大样本的调查研究表明，对国民的幸福感而言，政治上的、经济上的和社会上的平等性，较之单纯的经济发展水平（以人均 GDP 作为衡量指标）是更好的预测变量。换句话说，社会越是平等，幸福感在民众之间的分布就越是平等。① 在信任（trust）研究上，2018 年发布的《世界幸福报告》（*World Happiness Report*）明确指出，越是不平等的社会，个体之间的信任水平就越是低下，反之亦然。个体的情绪发生和发展于特定的社会相互作用过程，而社会相互作用总是被内嵌着（不）平等关系的社会结构所影响。

霍赫希尔德提出情绪劳动的概念，意指员工为了在工作中表现出令组织满意的情绪状态，试图去改变情绪或感觉的程度/质量所采取的行动。在其经典的《被管理的心》（*Managed Heart*）中，霍赫希尔德以空乘人员作为典型例子说明：他们即使在面对害怕、愤怒或出言不逊的乘客时，也必须保持平静、友善、专业的风范。这个案例预示着个体的情绪，作为最为私

---

① DELHEY J, KOHLER U. Happiness inequality: Adding meaning to numbers—A reply to Veenhoven and Kalmijn [J]. Social science research, 2012, 41 (3): 731-734.

隐的自我实践，都无可避免地嵌入更为广泛的、不平等的资本主义体系中。根据霍赫希尔德的观点，情绪并非仅是内在的生理冲动——各种丰富的感受都有助于人们体察内心的感受，抱持的价值、坚守的信念等。而且也提供线索，让人们理解他们与周遭世界如何彼此相待。除此之外，霍赫希尔德强调个人的情绪受到资本主义框架的局限——人们如何感受以及如何表达感受都需要遵循特定的社会准则（rules）。而由不平等所定义的社会生活里，准则的内涵、作用、效力等对处于不同位置的个体而言，是存在差异的，这预示着这些准则带来的情绪体验和表达的机制的差异。比如，权力关系的不平等是人们的情绪体验和表达的关键约束条件，肯普尔（Kemper）强调，那些消极的情绪，比如羞愧，往往与缺乏权力和地位低下有关。[1]

在社会学领域，已有研究探讨作为个体是如何体验不平等的。有研究者采用 P. 布迪厄（Bourdieu）的文化资本理论，强调人们置身于特定的社会—经济等级中，他们有着不同的情绪体验，并构成其栖息所系的世界。即便是对浪漫的追求和体验的机会，W. 孙（Sun）的研究表明，那些底层的打工族由于缺乏足够的生活条件、收入、闲暇时间、教育水平等，从而在很大程度上是相当匮乏的甚至是被剥夺的。[2] 持批判立场的研究者认为，不同阶层的个体有着不同的品位，优势阶层可以借由其成本高昂的品位来维持和巩固其阶层宰制（class domination）。这些基于阶层差异的研究说明，不同的社会、文化资源约束下，个体的情绪体验有着鲜明的差异。

但是，具体到中小学校，笔者也意识到不平等并非是教师日常工作和生活面临的定义性的关键维度。一般而言，教师群体内部并没有鲜明的阶层或等级的边界，从社会—经济资源的角度而言，地位和收入水平的差距也并没有拉开到能够区分"阶层"或"等级"的难以逾越的距离。在当前的体系下，尤其是公办学校里，教师的社会—经济资源还是相对比较平等

---

[1] KEMPER T D. Power and status and the power-status theory of emotions [M] //STETS J E, TURNER J H. Handbook of the sociology of emotions. New York: Springer, 2006: 87-113.

[2] SUN W. Romancing the vulnerable in contemporary China: Love on the assembly line and the cultural politics of inequality [J]. China Information, 2018, 32 (1): 69-87.

的。本课题对不平等的理解并非基于阶层或等级,而是基于教师对社会要素的结构化差异的感受和认知,作为官僚科层机构,学校各个参与者之间,由于其职称、性别、学科、收入、地位、学校类型都蕴含着或多或少的差异,而且,考虑到中国社会典型的城乡二元结构,城市优势学校和乡镇劣势学校之间存在巨大的发展水平的鸿沟。这些差异代表着结构性的不平等——对教师的情绪体验带来不容忽视的潜移默化的影响。在本章的剩余部分,笔者聚焦在较为显著的三个方面:性别、学校类型和地位,深入检视教师(主要指处于劣势的)对不平等的感知以及情绪/情感体验。

一、性别优越与教师情绪

过往研究表明,个体情绪的体验和表达都有着鲜明的性别差异。女性通常比男性体验到更为强烈和频繁的情绪,而且,女性相对于男性而言,体验和报告较多的与缺乏权力有关的情绪,比如恐惧、悲哀等;相反地,男性则较之于女性更多地体验和报告与拥有权力相关的情绪,比如愤怒与骄傲。在情绪表达上,女性较之于男性更为丰富而频繁,有研究强调,情绪的性别差异的焦点在于"控制",对于男性而言,情绪是可控的某个状态,而对于女性而言,情绪则是某个持续的特质——"'他'有情绪,而'她'是情绪化的(he has emotions, but she is emotional)"[1]。关于情绪规范的性别差异,A. 费斯彻(Fischer)和 M. 拉夫郎瑟(LaFrance)提出两个维度:共融(communality)/关怀与主导(dominance)/权力。他们认为,女性被期待表达较多的正向情绪,以及悲伤、恐惧、羞耻和内疚等,可以促进而不会威胁到人际关系,以符合女性共融与关怀的角色规范;男生被期待表达生气、轻视、厌恶等情绪,可以显示自信、肯定、独立、积极,甚至是有攻击性,有助于克服障碍,达成目标,以符合传统男性主导

---

[1] SHIELDS S A. The politics of emotion in everyday life: "Appropriate" emotion and claims on identity [J]. Review of General Psychology, 2005 (9): 10.

与权力的性别角色。① 有研究进一步认为,情绪的性别化根源于社会权力关系——其间,男人被允许利用情绪进而得以赋能,女人则由于其难以控制情绪而被贬低至根深蒂固的无能状态。② 需要说明的是,这些情绪性别化的研究主要集中在男性占据统治地位的组织或机构的背景下展开。

学校看上去是一个相对平等的所在,但作为理性的官僚机构,等级分明的权力关系在无形之中扮演着教师情绪的结构化因素。在笔者开展民族志研究的 XQ 学校,顶层管理机构主要由男性成员组成,女性老师对其性别及其在不平等关系中的感受在很多时候都无可避免地跟权力、个人地位等因素多元交织在一起。这种多元交织(intersectionality)的视角下,笔者发现,普通女性教师与中层女性管理者的情绪体验有着微妙的差别——这主要与其被镶嵌于学校权力网络结构中的不同位置密切关联。

(一)普通女性教师的热爱与欢乐

在本课题的问卷调查中发现,女性教师在"热爱"和"欢乐"两个维度上都显著高于男性教师,这个结论跟中国文化脉络下既有的许多相关研究(尤其是工作满意度方面)的结果一致。对此,穆洪华等人认为,性别对职业满意度的影响并非是直接的、主要的因素,而是受到潜在的学校制度文化的作用,关于"学校制度文化",穆洪华等人并没有做出详细阐释,而是笼统地归结为学校的组织文化、领导风格、校长愿景等方面的因素。这些研究提供了某些启发式的视角,让笔者在理解教师情绪的性别差异时,更注重特定的情境脉络,包括内隐的文化、政治乃至权力关系等。

无论在 BZ 学校还是在 XQ 学校,从权力关系的角度来看,男性的性别优越都是毋庸置疑的事实。在 BZ 学校,男性教师人数是 12 人,占比约为 28%,在四位校级领导中,只有一名副校长为女性;类似的,在 XQ 学校,男性教师人数是 68 人,占比约 34%,在五位校级领导中,也只有一名副校

---

① FISCHER A, LAFRANCE M. What drives the smile and the tear: Why women are more emotionally expressive than men [J]. Emotion Review, 2015, 7 (1): 22-29.

② SHIELDS S A. The politics of emotion in everyday life: "Appropriate" emotion and claims on identity [J]. Review of General Psychology, 2005 (9): 3-15.

长为女性，因此，从最高领导层级中的性别占比而言，两所学校都是男性占据着优势。根据先前的相关研究，女性教师应该处于权力关系的劣势位置，因此，在情绪体验和表达上都更多遵从男性主导的规则和方式。但在笔者的民族志观察和问卷调查中，两所学校的女性教师总体而言在情绪体验上都比男性教师更加积极，而且，与主流研究不一致的是：处在权力关系中最为底端的普通女性老师的"热爱"和"欢乐"水平是最高的。对此，潜在的解释因素有很多，包括年龄和不同职业阶段面临的特异性挑战等（比如年轻的女性相较于年长女性而言，暂时无须考虑照顾家庭、职称晋升等，因而更容易获得积极的职业感受）。但笔者的民族志观察表明，年龄以及锚定于年龄的其他因素似乎并不是最具解释力的因素，底层的女性教师之所以更容易获得积极的职业情绪体验，主要得益于她们能够远离学校的最高权力圈层——后者在学校文化、管理风格等方面对全体教师的情绪体验往往具有决定性的影响力量。

一个有趣的事件发生在 XQ 学校。2019—2020 学年第一学期结束时，学生尽数离校后（2020 年 1 月下旬），笔者所在的年级办公室循例进行彻底的打扫、整理，准备寒假过节。半年累积下来的废旧纸张大概总能有几百斤，卖了钱，大家再凑点，正好能够支付一顿还算体面的散伙晚宴（正式的表达是"团建活动"）。同样，循例地，级长会邀请分管校级领导参加晚宴。大伙临行前，年轻的女老师 DS 带点犹疑而轻声地问级长晚宴有没有邀请校领导，级长爽脆地大声回答："有！"她稍微停顿片刻，然后加上喜悦的声调："但他没空过来！"

随即，办公室里好几个人几乎异口同声："欧耶！"等大伙明白过来，办公室里顿时洋溢着孩童般的欢呼雀跃的轻快气息。

后来，笔者悄悄地问 DS 老师，为什么分管校领导不参加大家会那么开心？他那么不受待见吗？

DS 老师有点不好意思，然后忙不迭地解释说："不是不是的。他很好，但他在，我们估计就不好意思了，会拘谨。吃饭是轻松的事情，学校领导坐在一起会感觉很别扭。"

笔者进一步追问："这样不是可以更好地跟学校领导处好关系吗？"

第七章 教师情绪与不平等

"我不要！我只要做个默默无闻的大头兵就好。"

乍一听，"大头兵"与不思进取或自我贬损相关联，但实际上它并非消极意义上的自我标签，而是一种应对宰制性的学校权力关系的个人策略。在笔者的观察中，这种带有抵抗意味的自我边缘化是许多普通（包括男性）教师有意或无意的选择。它跟年龄或资历无关，它看似是某种回避的方式，然而，根据情绪地理学的观点，DS 老师通过在空间和政治上主动地疏远学校领导，避免进入某种类似"情绪加强空间"（emotionally heightened spaces），从而获得安全、自主和能动的感觉，并由此更可能体验到轻松与愉悦，获得真实的职业满意感。

DS 老师的职业满意感不仅是借由有策略地疏远权力中枢来获得，另一方面，则是源自她对自己身为女性的感受。中小学女性教师在当代中国社会（尤其在家庭生活中）具有相当的地位，她们在某种程度上代表了知识、品味、闲暇、稳定而有声望的职业。在婚姻关系中，尤其是"双减"的大环境下，她们被普遍认为是相夫教子的最优搭档，教师的职位不仅意味着具体的工作，也是她们情绪体验的所系。在 DS 老师看来，自己作为普通老师挺好的，虽然普通老师意味着缺乏权势和资源，意味着相对较小的自由度，但是，这有助于她在家庭和学校之间获得平衡，"我自己很容易满足的，把学校的工作做好，得闲就宅家里，过小日子……从来就不是那种志向远大的女人"。她未曾设想过与权力相伴随的模样，"简简单单就好，何必为难自己呢？"在她心目中，权力带来更多的是复杂、羁绊和纷乱。

然而，即便如此，自我边缘化的策略也可能在无形中强化了学校系统里影响普通女性教师情绪体验和表达的男性优越的社会结构。在 DS 老师的经验中，置身于通过主动疏远而创造的私人空间，她更加可能获得积极的情绪体验。但是，在整个学校系统而言，DS 老师的经验则折射出女性"代表性"不足的困境——作为普通女性教师，其个人的情绪内容始终无法进入学校的管理议程或改革方案并成为其有机的、启发性的要素，而是被忽视，甚至是被否认的。女性教师情绪的价值被贬低和边缘化，因而进一步强化了学校组织的男性文化（masculine culture）：强调"坚强"、理智的力量、内敛个人的感受、推崇竞争、巩固分层的权力关系与沟通管道等。

（二）中层女性教师的艰难与隐忍

与 DS 老师为代表的普通女性教师不同的是学校中层管理人员中的女性群体。在 XQ 和 BZ 两所学校，中层管理者都是系统顺利前行的压舱石。他们起着承上启下，执行学校方针政策和管理日常教学工作，在两所学校里，中层的主要构成都是女性教师。以 XQ 学校为例，中层包括各学科和处室负责人、年级和学部负责人等，正副职总计 50 多人，女性教师超过 70%。这是一个相对特殊的群体，按照 XQ 学校 LY 老师的说法，是以"中年+中层"为身份的双重标识。作为学校的骨干教师，这个群体往往已是"中年"（于此采用 35 周岁作为年龄门槛），这意味着他们需要承担更多的社会和家庭责任。当下流行的关于"中年"的论调主要是脆弱、沉重或焦虑等，正是说明其肩负的责任，而"中层"，则意味着她们在学校的社会关系结构中，背靠普通的前线教师，而直接与权力中枢对接。因此，在情绪体验和表达上，她们更加容易受到内隐于学校文化和管理风格的准则和论调的影响。

XQ 学校倡导温暖、活力和宽容的文化建设，注重培养充满人性关怀、激发内在潜能的氛围，这在学校的环境设置、制度安排等方面都有所体现。但笔者的民族志观察表明，这些主要指向的目标群体是学生和年轻教师，比如应对学生的过失或失败，教师需要抱持"容错心态"；帮扶年轻教师的成长，学校则需要注重"弹性管理"等。然而，这些政策或方案实施的背后，具体的执行强调的是以男性气概（musculinity）为特征的"理性"，作为执行者的中层管理人员的情绪在其中并不是重要的内容，她们需要坚定参与实现学校主要领导的意志和战略。这不是单纯的工作或职能，这实际上让她们无可避免地进入权力关系中面对实际的或想象的身居高位者，基于某些约定俗成或潜移默化的准则和章法来建构其内在的感受。对此，德育主任 DZ 非常清楚：

> 这份工作很不好做，……我每周平均要搞三四份文件。教育局隔几天就发一个文件，"校园文明建设""学生安全""五讲四美"……这些固定项目还有那些临时安排，一个接一个。这些文件下来，就一大堆资料要收集整理汇总，不能有半点差池，最怕

就是上面发现问题,你就麻烦了……都做到烦死了,可是有什么办法呢?特别是那些突袭任务,今天布置下来,明天就要上交的那种,更是气死人,但是,也得做好……(P$_{DZ}$,访20200415)

在DZ老师看来,她作为学校中层,看上去带点光环,但实际上是相当脆弱的——脆弱的背后,是因为置身于权力关系中,她的过失容易让其处于受到伤害的境地。然而,她的恐惧是无法言说的,尽管在正式访谈或在日常闲聊中,DZ老师和其他中层也会时常抱怨身在其位的糟糕感受,但是,这些言说也仅仅是停留在私隐的范围。在公共场合,DZ老师的表现是毋庸置疑的克制与服从,或至少在情绪上是稳定与平和的——作为下属,这些情绪特征被认为是跟学校领导的男性气质风格的"理性"是一致的,因而是值得认可的。相反地,如果公开表达抱怨或将内心的不满或惧怕公之于众,那会被认为是情绪化和不成熟。DZ老师的经验反映了学校管理中的理性官僚主义——它要求强有力的情绪管理,员工需要将个人感受囿于私隐的领域,而非正式的机构空间里。

办公室主任GJ老师的经验跟DZ老师相似,她在访谈中强调的是如何与弥散在其日常工作中的愤怒进行长期的相处,办公室主任几乎是学校的大管家,各方信息都会在这里汇聚然后实现上传下达。这样的工作性质,决定了作为主任的GJ是相当被动的,她时常处在被安排被支配的局面,因此,特别容易觉得愤怒。在2020年年初(恰逢寒假),她的愤怒似乎达到了顶峰:

那些天上面要求填各种报表,教师和学生的行程踪迹、身体状况、甚至他们家属的相关信息,然后呢,要求的样式一天与一天不同,各种版本的表格,毫无章法。我这边没日没夜加班,上面三令五申,不能随便应付,要精准!要精准!需要来来回回核对信息。刚好遇上假期,找不到人来帮忙,所以只能孤身奋战。那种被操纵、被连串暴击的感觉,当然就是愤怒!但是,我不能将整个(情绪)带入那些报表,他们也只看到那些信息(数据),

他们可以因为我做得不好而愤怒，却永远看不到我的愤怒！（P$_{GJ}$，访20200416）

GJ老师关于愤怒的理解颇具启发性。在权力结构中，处于不同地位的个体情绪并非平等，宰制者的感受被常态化，而从属者的感受则被认为是可疑的或不明确的。这个判断与M. M.阿克帕蒂（Accapadi）的研究有一致的地方，她在种族不平等的框架下来理解白人妇女（宰制者）和黑人妇女（从属者）的"眼泪"的意义，认为白人妇女的眼泪往往被认为与宽慰和无辜相关，而黑人妇女的眼泪则更加容易被描绘为脆弱的信号。① 在GJ老师的例子中，领导有着相对的自由表达愤怒——他们被允许表达愤怒，他们的愤怒代表其对工作的要求与期望；而从属者则需要隐藏甚至否定其内在的愤怒——他们的愤怒无益于工作，是无能的、弱者的、幼稚的表现。所以，GJ老师的愤怒成为需要克制和掩饰的内容，这个让她时常感到真实自我遭遇现实的痛楚与无奈。

笔者在与两位老师分别讨论到职位的权力时，感受到话题本身的困难，以及潜在的尴尬。与她们谈论"权力"有关的话题似乎引起了某些不适，在访谈中，显而易见的是，她们都否认其职位的权力，而且表现出毫不在意。DZ老师说："这哪里有什么权力？都是服务和执行，都是细碎的工作，权力在哪里呢？"GJ老师则认为，如果（她的职位）真算是有什么好处的话，那就是接近学校领导，评优评先什么的，说不定有些帮助。作为女性，她们似乎并不太愿意谈及权力，这个跟父权社会脉络下传统文化对女性的社会期待有关，亦即，女性的自我标签里，权力或与此相关的辞藻，比如野望、进取或霸道等，都是不合情理的。在男性与女性的二元对峙中，男性被认为是拥有理性、智慧和能力的，因此，他们适合拥有权力；与之相对，女性则适合处于从属位置，她们如果表现出对权力的执着，或者哪怕是表现出雄心勃勃，也会被认为是有悖常理。所以，在涉及职位权力议题

---

① ACCAPADI M M. When White Women Cry: How White Women's Tears Oppress Women of Color [J]. College Student Affairs Journal, 2007, 26 (2): 208-215.

上，两位老师都持否认和看淡的姿态。她们经验中体现出来的性别不平等反映了根深蒂固的文化和关系基础，她们对职位的体验主要参照与更高级别的权势者之间的关系，即从属和劣势，而非相对于普通老师的影响和优势。

此外，笔者也跟她们提及职场天花板效应，因为学校（参照 XQ 学校以及其他类似单位的情况）可能提供给她们的晋升（提拔为副校长及以上）通道是相当狭隘的。与此相关的问题是：她们对于中层管理岗位坚持的意义在哪里？对此，她们都一致地认为：职位是学校的安排，倘若学校不再需要她们从事这个（职位的）工作，她们其实也没有特别在乎，也正因为是学校的安排，她们也不能随意撂担子。跟她们对权力的认知相似，如果学校安排她们离开职位，她们也会理解和接纳。用 GJ 老师的话来说，"这个……无所谓的，从群众中来，到群众中去"。这种关于"尘归尘，土归土"的意象，在某种程度上代表着 DZ 和 GJ 两位女性中层老师那种云淡风轻的职场心态。这样的心态，在男性主导的学校官僚体系中，大概是最合适的、最得体的——担负责任而又安守本分，因此，在工作中，两位女性中层管理老师置身于权力宰制的复杂关系中，承载着各方压力、但仍然表现出欲拒还迎的矛盾姿态，并以"责任感""使命担当"或其他升华的概念来重构其对复杂的自我感受的认知，从而获得内在的正当性和合理性。

二、劣势学校的教师情绪

中国是发展中国家，城乡之间的社会、经济和教育的发展普遍存在差异，在笔者所在的地区亦然。自新世纪开始，伴随着交通的日益通达，尤其是农村硬化路面和家用汽车的大面积普及，人口流动变得相当便利，由此带来的结果之一就是：农村人口日益向城市聚拢。与之相随的是农村适龄入学儿童数量的锐减，政府的应对措施之一是裁剪边缘和弱势学校的数量和规模。如今，在偏远地区的乡镇，少量的核心中小学校在"提质增效"的名义下得以保留、强化，并辅之以小型的教学点（主要解决低龄儿童的入学难题）散落在各个行政村。但即便是乡镇的核心学校，其办学条件、政策扶持、生源品质和师资力量等，跟城市的学校也还有一定差距。

二三十年前，人们关于农村学校的认知还有着许多美好的面向，比如农村学校的老师安贫乐道，一辈子扎根于艰苦的环境；农村学生朴实、勤奋、懂事，他们愿意为了改变困窘的生活而更加持恒地努力学习；农村的父母也总是单纯地跟老师形成统一战线，为了小孩能够出人头地而愿意付出更多。然而，最近几年的教育发展来看，农村学生通过个人努力而博取的出路好像日益变得狭窄而艰难。许多人都留意到中国顶尖的大学里，来自农村的学生数量锐减的现象，这里除却城市化的快速演进导致农村人口萎缩之外，更主要的原因是教育资源的城乡差异导致的结果。因此，人们意识到从前所谓"寒门出贵子"的论调好像变得可疑，在这个宏大的叙事背景下，劣势学校的教师又是如何体验他们的职业、身份和价值呢？

BZ 学校是典型的劣势学校。像其他大部分乡镇中心小学一样，BZ 学校有着相当辉煌的过去，根据当地出身的教师 MN 的说法，她所在的这个学校，业已为 BZ 镇培养了几乎三代人。现在镇上的各色人等，从政府官员、田间村民到街头贩夫，许多都是从这里走出去的学生，因此，从感情上而言，BZ 学校是附近许多乡民共同的记忆所系，而正是这个共同的记忆，让大家对 BZ 学校的关注始终都是用心、热切而真挚。MN 老师原本也是在这里完成她的小学教育，长大后又归返而成为老师。30 多年以来，她对学校的每一个角落、每一点变迁都了如指掌，而且也算是虔诚的见证者。

> 那时候大家都觉得这是个很好的学校。下面村里的孩子都很是向往（这里），老师们在这里工作也觉得自豪。那时候有 1000 多名学生，热热闹闹的，课间休息，走廊里到处都是追逐打闹的学生。放学时分，旁边的圩集挤满了叽叽喳喳买零食租画本（小人书）的孩子。那时候在这里做老师是件令人羡慕的工作，稳定、有闲又能顾家。那时候，最开心是放寒假，学校厨房养的年猪宰了，大家（老师）都分肉，都很开心……这是多少人羡慕的事情！
> (P_{MN}，访 20201011)

<<< 第七章 教师情绪与不平等

　　MN 老师看上去甚是怀旧，她谈及许多关于 BZ 学校的美好的记忆。这也难怪，BZ 学校作为她人生启蒙的地方，许多的记忆都饱含深厚的情感，因而被赋予特别的意义。如今，BZ 学校是 MN 老师的工作单位，是她安身立命的地方，也是她自我认知和体验的依托。但是，伴随着城市化的急速扩张，BZ 学校的办学条件和教学质量，相对于当地的教育标杆单位（主要是城区的重点学校）而言，显然已经落后了。对此，MN 老师的情感相当复杂，一方面，她内心已然接受了这个现实。"我在市区也有房子，学校大部分老师都是这样，家人孩子都在那边，我每天（开车）来回。"但是，另一方面，眼见着 BZ 学校的变迁，她在情感上是深深的失落与遗憾。学校作为她的归属，原本蕴含着诸如工作价值、职业荣耀、社会地位等，随着其日益凋敝，而变得脆弱甚至可疑。MN 老师对此无法言喻，只是常常感叹世事变迁，以及时代洪流下微弱个体的那种无力感。她认为，自己能做的事情其实就是等着退休："只能是这样了，再有几年就退休了，我们这批老人家都会很快退休了。"MN 老师不止一次地强调即将退休的事实，在很大程度上，对退休的预期让她觉得心安而欣慰。

　　怀旧，就定义而言，是个体对年轻时代（泛指成年早期或儿童时期）的人、事、物等产生的某种"正面"和"支持"的偏好。在学界，怀旧（尤其在变革的浪潮下）是有争议的主题，被心理学和社会学广泛研究。在心理科学领域，研究者认为怀旧能够提振人们的乐观主义，也有助于人们依仗过去而直面不确定的未来——它能缓冲变革给人们带来的"存在性威胁"（existential threat）。[1] 在教育科学领域，I. 古德逊（Goodson）等人则认为，通过怀旧，研究者能够观照变革如何被教师所经历和感受（lived and felt）——因为它是教师经历变革历程的佐证，是教师持续建构和再构其与变革关系之意义的行动，它也是教师依据业已珍视多年的经验对变革做出

---

[1] JUHL J, ROUTLEDGE C, ARNDT J, et al. Fighting the future with the past: Nostalgia buffers existential threat [J]. Journal of Research in Personality, 2010, 44 (3): 309-314.

回应或抵抗的内在资源。① 由此，怀旧绝非那种类似于顾影自怜的伤感，而是负载着许多社会和政治的意涵。

在 BZ 学校，怀旧并非 MN 老师一个人的经验，它是普遍存在的情愫，比如同样是看上去已栉风沐雨的 LM 老师。与 MN 老师强调过去热闹、朝气的记忆不同，LM 老师则提及 BZ 学校与教师在这个乡镇生活中曾经的地位和价值：

> 这（BZ 学校）算是中心位置了，圩镇旁边，大家都对学校很有感情。很多人家小孩在这里读书，他们爸妈很多也是这里毕业的，都熟悉，老师也很多认得。在路上遇到会打招呼，闲聊两句什么的。老师去家访，都认得路，村民也都热情，经常会有家长说到从前谁谁谁教过他什么的。好像我们都认识很久一样。（P$_{LM}$，访 20201011）

在 LM 老师的理解中，BZ 学校不只是一个教书育人的地方，也是某个类似当地社会生活的关键节点——不同代际的当地民众在这里驻留与相遇，生活的轨迹因而有了共同的、凝重的交集，并形成了情感上的纽带，为他们共同的身份建构提供了关键的基石。"BZ 学校"不仅是某个简单的名称，而且嵌入当地人的自我认知和情感体系中，成为镶嵌于社会共同体的内核部分。然而，回顾往昔，对比当下，LM 老师觉得有点伤感：

> 现在没有这个感觉了，村里也没有什么人，大家都往城市跑。学生跑了，家长跑了，我们自己（老师）也跑了。BZ 学校不再是那个让大家牵挂的地方了，都没什么所谓的……个个都盯着城里那几个重点学校，挤着脑袋让小孩去，个个都认为重点学校才有

---

① GOODSON I, MOORE S, HARGREAVES A. Teacher nostalgia and the sustainability of reform: The generation and degeneration of teachers' missions, memory, and meaning [J]. Educational Administration Quarterly, 2006, 42 (1): 42-61.

出路。乡镇学校,最紧要的是把留守的那些学生看好就可以了,也不用指望什么。(P_{LM},访 20201011)

今昔之间的对比,让 LM 老师重新感受着 BZ 学校和她自我职业价值的剧烈的变迁。在她的认知中,从前,学校作为当地居民的代际生活记忆的共享场域,教师作为深度卷入当地社会共同体的关键角色,诸如此类的图景,都只能遁入记忆的深处。现实变得日益冷硬:大家都在竭尽全力地追求儿童教育方面的成功,并由此而做出理智甚至于不留情面的决策——抛弃 BZ 学校!"学生跑了,家长跑了,我们自己(老师)也跑了。"LM 老师后来承认她自家小孩也不在 BZ 学校念书——跟其他城市的家长一样,她将小孩送到当地县城的某个重点学校,而且在构想着高中阶段再送到附近省城的私立学校。LM 老师和其他同事一样,在涉及自家孩子的前途命运攸关的教育机会时,并没有对这个栖身所系的地方有太多的眷恋。BZ 学校终归主要是工作的地方,而不再是衰落的乡镇背景下大家努力参与重建社会共同体的关键场域和连接纽带。

如今,对 BZ 学校而言,"最紧要的是把留守的那些学生看好就可以了,也不用指望什么"。这句话反映了 BZ 学校衰落的现实,折射了 LM 老师内心深处无奈与遗憾,从深的层面看,这句话也体现了 LM 老师在对学校和自我的认知和体验中的他者化(othered)。所谓他者化,即个体的经验本质上是某种建构,在这种建构的前提之下,必定预设"他者"的存在,不论他者是指什么。而个体所谓真实的经验,实则受制于其对他者的差异性诠释——在特定的脉络情境下,它的"异己"或"他者"总是一再地被创造。伴随着 LM 老师怀旧情愫的无奈与遗憾的背后,是县城重点中学作为"他者"被理解为更正当的、更合理的教育活动发生的地方,与之相对,与"他者"相符应有的价值和地位——尤其是蕴含其中的学业/测试成就或教学条件/资源决定论被放大与凸显。相对而言,BZ 学校在乡镇社会生活中的价值,包括居民代际记忆的节点和人际关系的纽带等,都受到抑制——只能存在于颇为感伤的怀旧中,却在现实中变得无关紧要。

在 BZ 学校,自我认知以及与此相随的情绪体验的他者化并不罕见。伴

教师的情绪：社会学研究 >>>

随着教育和教师之间的城乡交流，以及资讯流动渠道和速度的增加，乡镇学校的教师时常感知到自己深处劣势单位的那种缺陷与匮乏。而这在无形中好像也更加深化了内在的无力感以及无意义感。在2020年11月份，当地教育局指派了某位专家前来BZ学校进行关于小学生STEAM课程（集科学、技术、工程、艺术、数学多领域融合的综合教育）的基础培训。专家是省城某个知名小学的资深教师，经常为省内学校进行STEAM课程方面的科普讲座。在专家的说辞中，STEAM代表了一种全新的教育理念，迥异于传统的单学科、重知识、照本宣科的教育方式，而是旨在于培养学生综合素养的超学科教育理念，体现出育人为本、素养为核、情境为场、问题为纲、技术为翼等价值取向和发展趋势。BZ学校的阶梯教室里人头攒动，主讲专家洋洋洒洒地说着STEAM的各种优势和价值，但许多听众老师却都显得心不在焉。培训结束后，笔者问及几位老师的感受，大部分的回应都敷衍了事，说比较新颖，有所启发，然后加上"但是……"，省略号主要代表着质疑或无奈。比如，TM老师对STEAM课程培训就坦言：

> 他们可以（搞STAEM课程）的，要师资有师资，要条件有条件，我们这边，要啥没啥，怎么搞？上面的人喜欢这些（培训），推广什么先进理念，潮流思想……这些当然很好、很新，但他们站在台上，我们都是井底之蛙，或者是我顽冥不化……他们送来新东西，从不管是不是水土不服。（P$_{TM}$，访20201118）

TM老师对于STEAM培训的感受相当复杂。她认可STEAM或其他先进方法或理念对教育的作用，但是，跟她的许多同事一样，总是能够找到某种原因确认这些方法或理念跟BZ学校格格不入。其中最容易也最普遍的缘由是"缺乏条件"——师资、经费或技术等，"要啥没啥"。这种典型的失能或缺陷思维让TM老师觉得无可奈何的同时也有些许的幽怨："他们送来新东西，从不管是不是水土不服。"这种幽怨很容易被解读为教师个人对现状的失衡或消极的心态，但是它或许折射了城乡学校之间的失衡导致的真切感受。与TM老师简单谈话后，笔者做的笔记如下：

144

设想一下,坐在阶梯教室的 TM 老师在听着台上 STEAM 专家侃侃而谈时,那种情形大概可以这样说明:许多年前,城市和乡镇的学校,几乎是两部并行的马车,足够近,让两部车上的老师们能够聆听彼此、交谈甚欢,各自都有相似的欢乐和荣耀。但是,近二十年的时过境迁,城市(尤其是重点)学校在各种要素的激励和鞭策下,加速前行,在乡镇学校看来,逐渐消失于前方的地平线。直至如今,这些城市学校,通过各种变革、教改、再加上各种资源、政策、人力还有利益关切各方的支持,获得各种各样令乡镇学校难以企及的发展成就,比如新的课程体系、教学方法、技术水准等。吊诡的是,这些被认证、被肯定并被推广为优秀、正当或合理的标准,同时也在令乡镇学校以及它们的教师在相形之下变得不够优秀、不够正当或不够合理。类似 STEAM 讲座,如同很多其他来自官方主导的努力或基于大学视角的研究一样,给乡镇学校老师们带来启发和指引的同时,也将他们的经验归结为类似"动力不足""发展迟缓"或"态度消极"等,在不经意间重复和强化了他们内心深处"要啥没啥"的失能或匮乏的标签。(省20201127)

三、PUA 式领导下的教师情绪

一般而言,每个中小学校皆由教育教学和行政服务两大系统构成,两者有着共同的工作目标,即育人。但学校本质上可以看作是韦伯式的官僚科层机构,以合理性(rationality)或合法性(legitimacy)作为其运转的基本逻辑而呈现出等级制的权力矩阵关系。学校的运转强调条理化、系统化和秩序化,虽然当下的学校开始逐渐允许作为学习共同体或学习型组织的松散结构特征存在,并且对教师的专业自主权保留一定的空间,但是,从管理现状来看,如同在 XQ 学校所表现出来的,组织具有明确的体制规范,校长、(科室)主任、(年级)级长、普通教师之间存在着权力阶层,是"上级—下级"和"指挥—服从"的关系。对于学校系统中的大部分工作人员而言，权力阶层关系往往是被有意或无意地淡化，而将"教书育人"置于最高的目标，强调所有人作为有意义的、有价值的协同参与者的角色。尽管如此，权力阶层中的不平等仍然是教师情绪体验乃至自我认知的关键影响因素。

XQ 学校的 JP 老师对此深有体会。在笔者与 JP 老师的访谈中，她觉得自己有着莫大的困惑，她强调这个不是访谈，是她对笔者作为心理学教授的"请教"：

> 我想请教一个问题……我知道，在人生或者工作中，波折在所难免，但是我自己性格容易耿耿于怀怎么办，尤其是班主任工作中，学生是不可能不出现问题的，但是学生每次被迁怒，我自己会很自责。有时候我会很努力跟自己说学生的成长时期犯错误是正常的，就算开会挨骂了我也尽量不把情绪带到课堂，我也知道他们的优缺点……但是教育效果达不到就是班主任的责任。每次班主任会议我都是被责备的那一个，我已经变成了一发生事情就睡不着的习惯。同事知道我这个性格，会安慰我不要怪自己，但是我又容易陷入情绪里。如果是不认真也就认了，每天都有一种小心翼翼走钢丝还是会掉下去的感觉。（P$_{JP}$，访 20200411）

JP 老师对于自己情绪的焦点首先是自己对课堂上"迁怒"于学生而"自责"并且"耿耿于怀"，迁怒的简单定义是"自己不如意时拿别人出气"。JP 老师对学生的迁怒表面上看上去是由于预期落空、目标受挫而某些被唤醒的糟糕情绪，并且作为有助于她重新获得控制感和确立权力关系的一种手段。但是，多数情况下，她也很清楚这不是学生的问题，而是来自"班主任会议我都是被责备的"的情绪转移。JP 老师的经验反映了情绪在机构里"踢猫效应"，即人的糟糕心情，一般会沿着等级和强弱组成的社会关系链条依次传递，由金字塔尖一直扩散到最底层，无处发泄的最弱小的那个元素，则成为最终的受害者。在 JP 老师看来，她之所以自责是因为学生"成长时期犯错误是正常的"——学生是无辜的，但她仍然时常难以抑制地将他们当作替罪羊，拿自己的过错惩罚身旁的弱者。JP 老师认为：

> 就业绩来讲，我没有什么可惭愧的，这三年我都是跟着同一个级长，前两年，倒是问题不大，但是今年真的很累。我能清醒知道问题跟自己关系不大，开的会（级长）基本也都是骂大家的，我自己心里会特别难受。所以我想的不是改变环境，我想看看自己的问题……就是我觉得在职场中，领导的风格是 PUA。那么我如何避免陷入情绪的波动？（P$_{JP}$，访 20200411）

PUA（pick-up artist）是近年来在职场的流行热词，即"搭讪艺术家"，它原意是指男性接受过系统化学习、实践并不断更新提升、自我完善情商的行为，后来泛指很会吸引异性、让异性着迷的人和其相关行为。随着 PUA 概念的广泛传播，在组织行为上，逐渐成为指称特定领导风格的一个概念，意指：上级利用言语、权力等方式对下级进行打击否定，心理暗示和控制。PUA 领导方式本质上是职场里的一种心理欺凌，在上级长期 PUA 式的操纵下，下级会对自我价值逐渐失去自信，越发乖顺，越发怀疑自己的能力。一般情况下，学校里的 PUA 领导风格并不常见，对于 JP 老师而言，却是实实在在的遭遇。在她心目中，级长是一位事业导向的人，强势而进取，高要求高标准。三年相处下来，JP 老师发现级长的领导风格完全符合 PUA 的标准，她详细跟笔者解释了 PUA 领导的五个步骤：

1. 建立吸引（开始的时候，强调个人的成长）；
2. 引导探索（提出各种挑战任务引导年轻老师寻找方法获得成长体验）；
3. 暗示着迷（不断暗示和强化成长的价值、美好的未来）；
4. 价值摧毁（如果被引导的老师表现未能达标，一定是因为不够优秀，需要更多付出）；
5. 情感虐待（如果未能全力以赴，就应该接受批评、惩罚、公开的谴责）。

而现在 JP 老师所经历的，恰恰是第 4、5 阶段的状况。几乎每次年级会议上，氛围都会特别紧张压抑。除却领导的训斥，"大家都沉默以对，没有人敢提出异议"。PUA 式领导风格体现了上级—下级之间不平等的权力关系，而JP老师所描述的作为普通老师的自我防御方式就是"沉默"。沉默并非没有无可奈何或者随波逐流，而是保留和保护自己想法和信念的一种折中的方式。与沉默相伴随的，则是尽可能做出温顺的（docile）的样子——情绪表达上不动声色，哪怕内心惊涛骇浪！这反映了传统的权力关系对教师情绪体验和表达的影响。

蕴含于PUA领导风格中的不平等关系构成了JP老师情绪生活的结构化的、持续性的社会前置条件（social antecedent）。如果将JP老师的困惑仅仅是归因于其内在的性格特质或成长背景，则难以理解到她在日常工作中，不得不暴露于这个前置性的社会结构，并一而再再而三地体验内在的脆弱性，从而产生强烈的自我怀疑、困惑和压抑等与权力缺失相关的情绪。基于JP老师的经验，在面对PUA式领导的时候，她被期待表现出与其社会地位相一致的情绪：比如温顺而谦逊，非针锋相对的愤怒或抵触，这进一步强化了权力拥有者体验和表达其虐待性情绪的合法性。由此，JP老师好像置身于某个无法僭越的循环：领导以PUA风格对待下属，而下属符合社会预期的反应进一步强化了领导的PUA风格。非但如此，深觉被PUA的JP老师在有意或无意之间将这种对不平等的情绪体验进行复制并转换到她拥有支配权力的场域（比如教室）。由此，对权力关系不平等的情绪体验在参与者的不经意间沿着关系的网络实现了溢出和传播。

迄今，PUA领导风格在关于教育管理的学术范畴内并非严格意义上的概念，也并没有系统而深入的研究。它主要是由于近期（2020年前后）这个概念在网络世界的兴起而迁移（往往是经由处于劣势的年轻教师）进入教育的日常话语系统，成为部分老师理解学校权力关系或个人生活际遇的一个框架，它并不属于教师普遍使用的概念。但即便如此，JP老师的经验也代表了部分老师（尤其是资历尚浅或处于劣势）面对压迫性的管理风格或训导方法下的局面。资历尚浅或处于劣势的老师在当前的教育政策和学校管理的要求下通过自我鞭策、虚心向学、持续进修以及竭力奉献来实现更优秀的效能，获得更丰硕的成就。为此，管理部门、学校当局、资优同侪等，都扮演着热情甚至严格的促动者或引导者的角色，轮番上场。这些努力皆在于强调接受改造者内在的缺陷（比如专业知识和技能、工作方法和态度等），分析个中缘由，指出可能出路。这种努力在大部分情况下产生预期的效果，即被改造者按照既定路线得以"进步"或"成长"。但它也可能产生类似 JP 老师的经验，导致剧烈的情绪反应。

按照福柯的理论，JP 老师的感受是对所处情境的真理政权（a regime of truth）的抵抗。人之主体是被某种权力形式塑造的，权力不是简单地理解个体借由控制或以来而服从于某人，更是个体借由良知（conscience）或自我知识（self-knowledge），而与自我认同（own identity）相联结。个体置身于特定的权力关系，被告知自我"应该"以及"不应该"是谁，以及自我"应该"以及"不应该"如何行动。由此，权力总是与知识或所谓的"真理"联系在一起，"真理"是在体制中不断被修改的，直到它能够作为体制的支撑，这种"真理"是最为隐蔽的排斥原则，能够对于其他话语施加巨大的压力。类似 JP 的那些资历尚浅或处于劣势的老师或许有着自己的坚守或理解，但是，在面对被赋予特定职责说明什么为"真"和"对"的个体或机构时，他们往往处于被质疑、被否认以及被排斥位置。JP 老师的反抗是将其领导的风格归结为 PUA，从而让她置身其中的"真理政权"成为可以被挑战、可以被质疑，由此，她也为自己内在的某些信念或价值筑起顽强的护栏。

2020 年 5 月下旬的一天，JP 老师通过微信告诉笔者，说她已经释然了，同时发送了她跟另一位同事的简短的私密对话截屏——

"你有没有觉得我们学校管理颇有些 PUA 风格？"（JP 老师）
"深以为然！！"（同事）

JP 老师说她之所以释然，是因为在她看来，级长的管理风格依旧热情、进取、强势、时有严酷与无情，但她内心得到同事的肯定，而清晰地将其定义为是所谓的 PUA，并使之失去了合理性的基础。她重新意识到自己并非有过错或无能，内心的坚守只不过是在这两三年来自上级的"暴风骤雨"般的氛围下被疏忽、被怀疑而已。但它们仍然还在，只需要重新回到这些初衷，她就还是那个"给点阳光就灿烂的"自我。"我不是说要我行我素，我是重新找回了本该属于我的勇敢。"JP老师后面补充道。

小结

本章的聚焦是关于那些身处劣势位置的教师如何感受和认识其栖身其中的蕴含内在差异的结构性环境，皆在于发掘潜藏的，被压抑的真实感受。这些感受在主流研究中，通常都是被问题化，或被定义为是消极的、落后的、有缺陷的或无价值的内容。与之相随的标签，比如，不负责任、不思上进、佛系、随性、拖沓等。在当前的主流学界，这些身处劣势的教师的感受之所以被青睐和被聚焦，关键的价值并非是被倾听、被理解和被接纳，而是让研究者有着合理化的立场来找到某些方法，使之能够被重构、被改变甚至被消灭。在这个认知逻辑下，这些来自劣势位置的教师的感受总是被静默、被隐匿和被歪曲——或者，至少是被代表的。

本课题采用民族志的立场，倾听着这些来自弱者的感受。内在的目的并非彰显或鼓励这些感受，而是指向教育研究中一个关键的议题：如何关怀结构化不平等中的劣势他者？对此，E. 列维纳斯（Levinas）的"他者哲学"（philosophy of other）提供了一些启发式的基本立场。[①] 在胡塞尔（Edmund Husserl）或海德格尔（Martin Heidegger）的哲学传统下，"他者"只是"我的"世界的部分，他者是走向绝对自我过程中的一条通道而已。这种忽视他异性（alterity）的做法，列维纳斯称之为自我学（egology）——强调在与他者关系中，以自我为中心，将他者往自己拉近的做法，从而使他者（与自我）成为同一（the same）。在学校教育（如在 JP 老师接受的领导的训导）中，自我中心意味着利用知识的共通性与概念化手段，模糊或消除他异性，以寻求他者对自我的认同，将他者涵盖到自我当中，知识传授成为同化他者、消解差异的途径。而在教育研究（比如诸多针对劣势老师的问卷调查）中，自我中心表现在知识发明上，则是研究者居高临下地观看处于劣势位置的被观看者，由此而生成整体性的论述。被观看者的真

---

① 陶渝苏. 列维纳斯的"他者"之思 [J]. 贵州社会科学, 2014 (1): 62-67.

实感受总是被简化为各种各样的命名、概念、被形式化、被抽象化,而失去了原本的独特性和个体性。

根据对自我论的批判,列维纳斯提出与此相异的他者哲学并在此基础上建构其关怀伦理,他认为,如何关怀他者是后现代知识分子的首要伦理(the primary of ethics)。他者的意义在于其出现的瞬间让自我感受到责任的承担并无法与他者同一的真实体验,与他者相遇(encounter with the other)并对他者负有责任(responsibility for the other)是自我与主体发生和建构的本质所系。列维纳斯理解的责任是自我与他者之间的联结,对他者所做的事强调"我在这里(here I am)"。换句话说,个体在他者的需要上看见自我的责任,并且在回应他者的需要上确立责任的主体性。列维纳斯强调伦理不是空洞的道德代码(code)或规则(rule),而是面容对面容(face to face)、肉身对肉身(flesh to flesh)的关系——他者呈现在自我面前,是独一无二的面容和血肉之躯,而非被普遍理论标签化的抽象客体,是面容和肉身,而非教条,这才是伦理实践和相遇的地方。①

列维纳斯的关怀伦理强调自我与他者的关系并非宰制性的权力关系,而是相互赋权(mutual empowerment)的伦理关系。在这具有相互性(mutuality)的关系中,自我与他者是既独特而又相对完整的特殊个体,而彼此间每一个被爱护、被关怀的人都是独特的、与众不同的(different),而且是不可比较的(incomparable),以及无以替代的(irreplaceable)独立个体。面对处于劣势地位的教师群体(作为他者),身居优势地位的教导者或研究者的自我应该是一个能与之分权(power-with)、摊责(responsibility-with)和共苦(suffer-with)的自我。在教育学术领域,这需要研究者正视以及警惕两种往往是隐而不宣的倾向:自我对宰制性话语的掌握以及借此而对他者(尤其是身处劣势地位的群体)进行问题化和客体化,将自我视为理性的主体——对"他者的世界"业已有充分而完整的认识;执迷于"所说"(the said)之物,并将其视为普遍的真理,而无视其理论或知识实则仅是某个经验的表征(representation)形式而已。列维纳斯强调,与他者相遇,需要充

---

① 陶渝苏. 列维纳斯的"他者"之思[J]. 贵州社会科学,2014(1):62-67.

分尊重其作为独特个体,具有永远不能完全被掌握,或被言尽的本性,蕴含于"言说"(the saying),因此当自我借由语言去"再现"或"说明"他者时,才能避免将"所说"过于概括化、绝对化和标签化。"言说"开启了自我与他者对话的空间,由此,研究表现为一个事件,而不是事先规划好的过程或者按照既有理论框架的设定。研究不是简单地为了描述或预测,形成知识或真理,而是关于对他者的回应和责任的担当。

基于列维纳斯的他者哲学,居于优势地位的个体,尤其需要提升自我的感受性。借由感受性,处于劣势位置的老师作为"他者"的呼唤也可以深刻地被觉知、被倾听。感受性让居于优势地位的个体的自我获得接触"他者"的入口,带动其对"自我中心"的反思与质疑,也启发了其内在的向善的德性。也正是借由感受性,居于优势地位的个体才能正视以及尊重处于劣势地位的"他者"的特异性——他者无法被化约为"我"或与我同一,才能正确地回应他者,减少对他者不经意的侵扰、压迫和宰制。

第八章

教师的喜怒哀惧爱

网络里充斥着各种段子对教师的情绪进行写照,比如"当老师实在是太难了!压力与责任并存,身上肩负着无数孩子的未来,谁能扛得住啊?""上辈子杀猪,这辈子教书;上辈子杀人,这辈子教语文;上辈子杀人不承认,这辈子才当班主任。"这些段子生动地刻画了做老师的"喜""怒""哀""惧""爱"。当然,现实生活中,教师通常无法这样俏皮、风趣而轻松地谈及他们的情绪。多半的时候,他们习惯于不动声色地在工位、讲台或者会场真切地感受着复杂而多变的情绪,并视之为私隐的事情。有些时候,如果条件许可,他们也会真情流露,他们通常更多地使用素朴的辞藻,比如心情、感觉或躯体/动作的变化等来说明、展示、分享和反思自己内心的感受,他们并不会将这些辞藻时常挂在嘴边。因此,要觉察和理解教师的情绪,需要经历某种类似感同身受的过程,这往往要求双方需要处于共享的时空脉络下。对此,民族志研究尤其适切。

在接近一年半的时间里,笔者跟两所学校的老师相处,深度进入他们的工作和生活的场所。笔者时常提醒自己,千万别把眼前世界穿行来往的人当作符号,而是正视这些活生生、有肉身、有情感的人。所以,有耐心的陪伴,有同理的洞察、有立场的对话等,都在无形之中浸润了与笔者相处共事的教师们的情绪情感。当笔者整理这些相关的资料时,透过看似支离破碎的记录,依然可以寻见某些历历在目的场景,它们如同串珠,只需稍加拼联,就可以勾勒出前线教师经历的某些真情实意的瞬间。在这一章,笔者将这些片段安置在具体的五个维度上,即欢喜、愤怒、悲哀、惧怕和

153

热爱——它们构成了教师情绪/情感生活的主要内容。

一、教师的欢喜

欢喜（joy）反映了教师积极享受其教学工作和价值实现等，其内心满意，充盈着欣悦与愉快的积极体验。尽管欢喜与幸福（happiness）有一些概念上的差异，前者强调"享受"的心态，后者则偏向于发自内心的高兴，但两者之间的内涵有大量的重合，因此，本课题对两者并没有进行详尽的区分。关于教师的欢喜，心理学的研究提出许多理论进行阐释，比如经典的"需求满足理论"强调教师的欢喜源于需求——尤其是那些马斯洛需要层次论中高等级的部分，包括归属、尊严和自我实现等，在其教学工作中得以满足；也有理论认为，教师的欢喜本质上是由其内在的性格特质决定的，那些积极的特质更有可能带来美好的体验，获得满足感与幸福感；社会比较理论则强调教师的欢喜是认知判断的结果，即教师通过社会比较——横向地或纵向地来对自我价值进行感知和确认，并由此而产生相应的情绪体验。这些理论强调，教师的欢喜，本质上是一个内在的、个人的心理过程。

但是，教师的欢喜同样受到社会的媒介作用。从社会学角度考虑，教师的欢喜被特定的文化所框定，受到特定的规则的约束。[1] 机构的主流话语在持续演变，如前所述，新的管理主义（managerialism）逐渐成为许多学校政策制定的基调，与之相应的是，强调量化评估的归责制度也日渐流行。这在悄无声息之间改变了教师的工作性质，重新定义了好教师的内涵。[2] 如此这般，教师的欢喜体验也有着新的意义——它在很大程度上以这些主流话语为媒介被阐释和被理解。

---

[1] BULLOUGH R V, PINNEGAR S. The happiness of teaching (as eudaimonia): Disciplinary knowledge and the threat of performativity [J]. Teachers and teaching, 2009, 15 (2): 241-256.

[2] BALL S J. The teacher's soul and the terrors of performativity [J]. Journal of education policy, 2003, 18 (2): 215-228.

(一) 因何而喜

教师的工作被认为是重复性的，而且事项烦琐、责任很大。教师自身也有诸多立场与态度，关于学生、学校，或者自己的生活工作等。但总体而言，在笔者所在的 XQ 和 BZ 学校，教师日常的情绪底色基本上是平和中略带欢喜的。在一年多民族志研究中，笔者大部分时间都与所在学校年级办公室的教师共处共事，感受到最多的还是洋溢其间的快乐心情，虽然间或有抱怨、愤怒或遗憾，但更多是安详，且常伴有欢声笑语。当然，这部分归因于"欢乐"是"正确的"或"合适的"情绪，因而能够更多地被展示和被觉知。它们的流通携带着积极的能量，有助于组织的运转和个体的效能。

借鉴那些教师幸福感的文献，教师的欢喜显然受到许多外在影响因素的作用。首先是人口统计学方面的，诸如年龄、婚姻状态、教育水平、家庭经济安全程度（包括收支平衡等）、学科以及学校状况等。教师欢喜也受到内部因素的影响，这些内部因素的探究主要基于心理科学的视角，包括控制点、信念、自我管理等属于人格和认知方面的内容。有研究认为，信念在教师幸福感上具有关键的影响意义，那些认为世界是正义的，自己生活也是充满正义的，会更倾向于从日常的消极影响寻求积极意义，从而更有可能获得幸福感。[1] 而且，自我管理水平高的教师更容易获得幸福感，因为教师能够通过合理安排时间资源、降低情绪损耗来提升工作效率以及获得满意的感受。[2]

笔者在 XQ 和 BZ 两所学校观察到的情况是：教师的欢喜与自我价值实现有着最为深刻的关联。具体而言，教师普遍反映的是，他们最难忘、最真切的欢喜通常都是那些被学生接纳、尊重的时刻——因为这代表其教育效能在学生成长中得以体现。这样的时刻不多，点点滴滴，但"已然是点

---

[1] DZUKA J, DALBERT C. Student violence against teachers: Teachers' well-being and the belief in a just world [J]. European psychologist, 2007, 12 (4): 253-260.

[2] MATTERN J, BAUER J. Does teachers' cognitive self-regulation increase their occupational well-being? The structure and role of self-regulation in the teaching context [J]. Teaching and teacher education, 2014 (43): 58-68.

缀了教师重复、辛劳而枯燥的生活"(XQ 学校 AZ 老师语)。AZ 老师认为:

> 或许在教学过程中会遇到各种难题,与学生和家长相处有各种挑战,但作为老师能够看到他们(学生)在逐渐成长,想想自己在他们成材成人的路上也有些许的帮助,我还是很开心的。(P_{AZ},访 20191221)

她尤其珍惜作为班主任身份对学生带来的影响,在微信里,她发了一条长文来记忆和说明这个让她开心的经验:

> 今天一个老师和我说,你们班进步好大,现在早上同学们都能安静地看书了,我顿感安慰。从刚接手这个班,每个孩子每天给我制造"新惊喜",到现在,每个孩子每天给我带来不一样的感动。脾气暴躁的"大家伙"学会了控制好自己的情绪,还懂得了要团结;总是不完成任务的"小矮个"也会因为想参加研学及时上交申请书;娇气的"小公主"参加各项活动不喊苦不喊累,还默默在家里坚持训练。孩子们,你们的进步我看在眼里。家长们,也感谢你们的付出(鲜花符号)。记住:要无限相信孩子的潜力,相信在你这个小太阳的照耀下,孩子一定会绽放自己的光芒(阳光符号)。(P_{AZ},访 20191221)

AZ 老师后来在微信朋友圈感叹说:"教师真正的快乐,是与生命交流的快乐,是塑造生命成功的快乐。"

与 AZ 老师相似,BZ 学校的 LT 老师也认为:

> 最开心的莫过于小孩子真情实意地叫你一声"老师好",或者亲手折制一些手工,表达他们的感受,像教师节那样。我不喜欢教师节,学校总是把它当作是仪式,搞各种乱七八糟的庆典什么的。山里的小孩子就很淳朴,一点点路边采来的小花就可以让我

开心好半天。他们很真实。(P_{LT}，访 20201025）

除了 AZ 和 LT 老师心目中"最开心"的瞬间，大部分情况下，日常生活与工作中的欢喜的心境——作为情绪的底色，则主要受到校园文化的影响，这是教师欢喜情绪的外部的关键影响因素。特定的社会文化蕴含着对教师能力的特定的期望，这意味着教师的幸福感的获得需要与这些期望相契合。H. 殷（Yin）等人的研究发现，支持性的学校文化是教师工作满意度的关键影响因素。[①] 对于一名普通教师而言，支持性学校文化主要表现在他与其他利害相关者之间的关系上，典型的包括师生关系、同事关系以及师亲（家长）关系。教师的欢喜心情常常体现在学生带来的那些看似微不足道，但又情真意切的小小感动中。XQ 学校的 AH 老师在微信朋友圈分享了让她开心的事情（如图 8.1 所示）：

> 你永远都不知道，你的学生有多爱你❣
> 上《青蛙卖泥塘》，叫学生分角色扮演。
> 一开始想带他们演，我说我演青蛙🐸吧
> 全班竟然都不同意
> 我说为什么
> 因为青蛙太老了，不可以给黄老师演
> 然后好多人自告奋勇来演青蛙🐸
> 😂😂😂
> 一节精彩愉快的课堂，学生意犹未尽
> 加油🐸🐸

图 8.1　教师发圈分享开心事情

来自同事的关怀则是另一个让教师觉得"人间有爱"的原因。比如 XQ 学校的 TL 老师在微信发圈说："连上两节课，回来桌面上放着一碗糖水的感觉真好（开心的表情）。"另一位老师也在微信朋友圈里分享了他参加区教研展示课（公开课）的经历：

---

① YIN H, HUANG S, WANG W. Work environment characteristics and teacher well-being: The mediation of emotion regulation strategies [J]. International journal of environmental research and public health, 2016, 13 (9): 1-16.

这是一次特别宝贵的机会，很感谢领导和同学的帮忙和信任，（爱心符号）磨课真是磨人啊。冼老师还一遍又一遍地帮我过流程，一字一句地帮我纠话术，同事也加班加点帮我制作道具，复印资料。谢谢大家，我还会继续努力的（加油符号）。

　　身边同事的支持对教师（尤其是对年轻教师）不仅意味着协助，而且也带来"在一起"的归属感，带来内心深处的温暖与欣慰。

　　而来自家长的支持同样也是教师常常提及地让他们欢喜的关键因素。XQ学校年轻的班主任HL老师就觉得自己尤其有福气——因为家长们都很支持她的工作。她在微信朋友圈里由衷地感谢："还好我遇到了通情达理的家长，这是我的幸运！家长是第一次当家长，老师也是第一次当老师，共同理解进步，才能成长！特别感恩这群可爱好学的家长们，很支持我的教学工作，谢谢（玫瑰符号）。"

　　尽管如此，学校的支持性文化多多少少正在受到由量化的绩效考核体制的影响。在笔者的田野观察中，XQ学校和BZ学校的校园文化方面有着显著的差异。XQ作为重点学校，代表着全市的教育水准，而且2020年度开启的新的绩效方案，让学科之间、教师之间的关系变得更具有竞争性。这种改革文化对教师日常心境的影响是相当微妙的，教师置身其中，如同鱼之于水，说不上具体的感觉。况且文化的变迁并非朝夕之间完成，政策的变更带来的作用也总是在潜移默化之间，并非立竿见影。不过，即便如此，大家还是可以感受到，各个学科之间、教师之间的进取心有着明显的增强，"学校活力提升了、教师能力提升了、学生成绩提升了"——这是学校大会上领导对改革总结的效果要点。但很多教师并未因此而感受到由衷的欢喜，AZ老师在访谈中认为："热闹的背后，始终都是几家欢喜几家愁的。"尽管有老师如前面TL老师分享的那样从公开课上获得大量的同事支持而感受到力量和成长，但CT老师似乎更关注消极的面向。在访谈中，她强调：

　　我们需要参加这些标准动作（公开课）拿分（绩效）。但即便课是真上得好，让那些专家满意，学生满意了，我自己不觉得开

心，只是"像了结一桩心事一样"，它就是我的心事，麻烦事。结束就万岁了，谈何开心？（P~CT~，访20200527）

CT老师的想法折射出来的是基于绩效评估的制度将教师追求自我价值或职业成就这个原本自然而然的个人选择，悄无声息之间转化为某种必须完成的任务或"标准动作"。根据心理学理论，原本内部的动机，借由外部强化，而无形之中受到侵蚀，教师转而更加强调社会性、表现性的目标。从某种意义上说，任务式的教学竞赛让课堂变成战场——教师与学生尤其是后排的评价者博弈的地方。教学的聚焦偏离学生的成长，而落于取悦评价者，让他们给出良好的分数。

基于对XQ学校的观察，绩效评估的制度本质上是要求性的和规范性的——它在强调"表演"和"效果/成果"的同时，在某种程度上也侵蚀了学校的"支持性文化"，进而给教师的欢喜情绪带来潜在的冲击。

首先，以绩效奖励与剥夺的策略来推动教师发挥其积极性的代价似乎让快乐变得没有那么容易，因为奖励的获得需要以比别人或比别的学科更优秀作为条件。比如，CT老师在朋友圈里分享了其后续的感触："终于结束了，感觉好累。今天对自己的表现还算满意，但怎么也高兴不起来，毕竟，比起人家的作品，我的真的逊色多了（伤心表情），跟我同届的新老师都拿了一等奖，好厉害，向他们学习。"

其次，绩效考核通常是上级对下级的单向过程，因此，有的老师似乎看破机关，指出工作的关键是要"逗能"——尤其是"有种能，叫作领导觉得你能"，唯有如此，才能获得好的评价结果。单向的绩效评价过程则在无形之中扭曲了学校领导与基层教师之间的关系——基层教师更多的是怀揣敬畏之心与学校领导相处，对来自他们的关怀和支持的感知变得犹豫而且充满矛盾。

最后，绩效评估在打破平均主义的同时，也让教师更关心自己的福祉——或多或少地算计其工作中的成本与收益之间的关系，并由此来理解自己的体验，其快乐原本依托的以年级或学科为单位的团队似乎变得没那么重要了。如同"自我企业家"（the entrepreneour of the self）的隐喻所折射的，教师有意或无意间划定自己的（而且往往是窄化的）职责范围，并深耕于此，从而获得最大的个人成功。

（二）乡村教师的欢喜

一直以来，笔者都认为乡村教师的欢喜都是很素朴的，比如呼吸于周遭青山绿水间的愉悦，或者协助学生获得个人价值实现，或者某种善意的政策。实际上亦然，在BZ学校，教师总体而言还是很开心的，这里无关乎惊天动地的职业成就，也无关乎刻骨铭心的私人恩怨，同事之间和谐相处、默契合作，并无太多竞争性的要素。笔者的田野观察发现，BZ学校教师的快乐，其实很大程度上与距离有关：学校与权力或行政中心的距离，学校与家的距离。

首先，与权力中心的物理距离对教师情绪有着潜在的巨大影响。由于地处偏远乡镇，BZ学校受到来自行政中心（当地教育局及其他相关主管单位）的影响是相对较小的。尽管BZ学校也常常受到上级的督查和检测，但是，跟市区那些标杆或重点学校不同，它还是较少地受到这些督查和检测的直接干预。比如，2020年度，BZ学校所处县区参与全国文明城市评选，5—12月份，大部分城区的学校都在如火如荼地开展相关的应对工作——因为这些学校是首先受到重点监测的单位。这些学校召开大会小会，接待各级行政部门的飞行检查；前线教师负责引导学生学习文明城市知识，忙于参加各种义务活动或者填写数目繁多的报表资料。然而，笔者所在BZ学校的景致却有所不同，总体上，学校和教师工作增加了创文有关的部分工作内容，但多数情况下，这些工作没有造成对原本工作和生活规律明显的影响。部分稍微年轻的教师被抽调到镇上或街道去帮忙，但多数教师依然气定神闲，他们心中大概都清楚，"地处山旮旯"的学校从来就不是各种督查的重点对象。教师LT是这样解释他为什么喜欢呆在BZ学校，并且觉得还算满意的：

> 农村学校有农村学校的好。这里工作简单一些，什么都简单一些，学生学的简单（不像城市小孩需要参加各种辅导班），老师教的简单（根据学生相对薄弱的基础来施教）。学生虽然调皮，但

<<< 第八章 教师的喜怒哀惧爱

是也懂得尊重你（老师）。老师之间的关系也简单，没什么好争的；领导工作也简单，（上面）不需要怎么来检查，比起城市学校，好很多了。（P_LT，访20201025）

因此，远离行政中心这样的条件，让BZ学校并没有很深地嵌入严格的科层制行政管理体系中。在这个距离的保护下，学校的大部分老师可以相对轻松舒适地完成专业的工作，无须承担由于"食公家饭"而被额外赋予的来自其他部门的期望或职责。那些榜样学校或重点学校承载了整个县区教育的希望，尤其在高利害关系的考试（比如高考）中，更是如此。BZ学校不太可能成为当局和公众的焦点。它处于边缘化的位置，默默无闻地存在着，而边缘化让学校拥有更多的自主权，让教师获得更多的自由度。

此外，学校与家的距离也成就了BZ学校的教师们内心欢喜。BZ学校的教师大部分都家住在市区，如果不是当值晚班（有部分学生寄宿），那么他们就一早从市区过来上班，傍晚再回去。学校与市区之间有一段高速公路，驱车大概是20分钟（如果走县道，则大概需要35分钟）。BZ学校的老师们都特别感激政府提供的边远和农村地区教师补贴，因为这能够轻松覆盖一部家庭轿车的费用。每天放学时分，最开心的首先是蜂拥而出、欢呼雀跃的学生，洒下一串串快乐的笑声和打闹声；过了20—30分钟，则是鱼贯而出的轿车，中间夹着两三部摩托车或电动车；教师们也是欢声笑语地离开学校，走在回家的路上。有老师在某日的朋友圈里晒图说，"最美的风景都不及回家的路"（见图8.2）。可以想见的是，BZ学校的老师回家是真正意义上的回家，而不是把工作带回家。对他们而言，家与校的距离足够长，长到允许他们拥有工作与生活之间清晰的边界。这个清晰的边界，保护着他们，让他们获得相对怡然自得的时间和空间得以重振旗鼓，因而更有可能抱持良好的心情。LT老师就表示，如果在城区学校，免不了常常要回学校加班，"这里（BZ学校）就不一样，太远了，校长让我回去加班，我可以光明正大地说'太远了，来不及了'"。

161

图 8.2　回家的路

对于地处边远地区的乡村教师而言，空间方面的"距离"在无形间构成其自我保护的关键要素，允许他们相对较少地受到来自行政中心的权力的干预，而且也相对较多地享有独立与自主，因而让他们获得本体的安全感；基于此，他们的欢喜不言而喻是真实而素朴的。每每笔者穿行于 BZ 学校，看着那些时而忙碌、时而悠然的老师们的身影，总是能够感觉到蕴含其中的淡淡的满足。

二、教师的愤怒

愤怒是教师群体中普遍发生的情绪，很多教师认为愤怒是他们最不喜欢，但又常常无法控制的感受。在教学过程中的愤怒表现为当堂责骂学生，这使师生身心俱疲。因此，既有的大量研究都表明，愤怒在很大程度上销蚀了教师的幸福感，并且是他们离开职业生涯的关键因素之一。愤怒情绪会扭曲教师在课堂的关注点，让其指导和教授的职能变得低效。从学校的层面，教师的愤怒也阻碍了组织效能的实现。

在传统语境下，教师的愤怒通常被理解为爱或关切的折射，所谓"爱之愈深、责之愈切"。倘若一个老师对某个学生或对班级不在乎而无所谓，没有抱持任何期待或目标，也就无所谓失望或受挫——他大概也可以修行到心如止水而不至于当堂咆哮。

愤怒常常是源于教师的目标受挫或尊严受损，表现为宣泄或惩戒等强烈的情绪活动——这是大多数心理学家的理解。对于教师而言，愤怒情绪主要发生在课堂现场，由教学过程中的目标受阻引发，比如学生的过错行为或对规则/秩序的破坏等。愤怒发生的背后，往往伴随着教师的某种受挫的认知，比如，学生没有达到预期，没有表现出预设的诚意、能力或进步。当然，教师的愤怒也可能发生在课堂之外，比如对不公平的制度、不合作的同事、不礼貌的家长等。但是，愤怒作为个人化的体验，其原因则多种多样，需要更进一步的探究。

（一）因何而怒

在笔者田野调查的 XQ 和 BZ 学校，很多教师都认为，自己算是个爱"发火"的人，而且最常"发火"的地方是课堂。教师之所以在课堂表现愤怒，多半是因为他们在其中有着最多的期盼。课堂是教师实现其职业和个人价值的最重要的场域。总体而言，教师在其课堂的总体目标通常包括以下四个方面：第一，学生能够积极主动地参与学习；第二，掌握特定的学科知识；第三，发展其社会—情绪能力；第四，教师与学生之间能够建立良好的关系。[①] 教师会根据这四个基本目标来检视学生的课堂行为，并且评估自己的应对效能，如果学生的行为表明与这些目标背道而驰，而自己又缺乏必要的应对效能，教师则因此感到受挫，并进而责备学生，表现出愤怒。

但是，教师的愤怒远比这个常见的认知模型要复杂，考虑到愤怒本质上是个人化的经验，对其理解需要置于特定的脉络。在笔者的问卷调查研究中，城市和农村的教师情绪在"愤怒"维度上存在显著差异，其中城市教师的"愤怒"得分显著高于农村教师。对此，笔者在 XQ 学校的田野观察表明，尽管背后涉及的原因各种各样，但很多都指向学校——学校作为当地的标杆或重点单位肩负的社会期待和要求，通过各种政策、规范和日常管理行为转移到教师身上，并由此而影响其课堂目标设置和行为方式。例如，在 2020 年 6 月的某次青年教学竞赛之前，语文老师 QT 在微信发圈表

---

① FRENZEL A C, PEKRUN R, GOETZ T, et al. Measuring Teachers' enjoyment, anger, and anxiety: The Teacher Emotions Scales (TES) [J]. Contemporary educational psychology, 2016, 46 (46): 148-163.

达其易怒的心情:"是不是大家和我一样,最近一燃就爆?"在跟笔者的谈话中,QT 老师做了一些说明,也分享了她这几天在课堂遭遇的情绪失控的经历:

> 科室要求我参加这次比赛,它很重要,很重要,算是我来到这里第一次。(大家)自然是希望我拿好成绩,能够去市里比赛。从 5 月底就开始准备了,我一直在班里练习新教法,那帮"小猴子",唉,怎么说呢,总是不上道……说话、神游等,每次都需要靠吼才能将他们拉回来。有时候连我自己都很震惊,听到腰间的小蜜蜂(扩音器)发出尖尖的嘶吼,觉得好陌生!为什么会变成这样,丢了斯文。(P_{QT},访 20200621)

QT 老师自认为不是个喜欢愤怒的人。"我一直相信温柔的力量,"她说,"但身担重任,(发火是)不得已而为之。"每每动怒之后,QT 老师会自我安慰许久,比如,告诫自己尽人事就好,否则良心过不去;气消了就好了,毕竟自己不是圣人;等等。访谈中,她有个小幽默,说有次她看到朋友圈里说到小孩子是"祖国的花骨朵",想想自己该是祖国的是什么,她立刻想到的是"仙人掌",不经意间就表现得刻薄、严厉甚至有点无情……不过她也会懊恼,觉得动怒跟她的初衷是相违背的。

另一位认为自己"肝火"太盛的老师是 CH,初三化学教师。CH 老师在来到 XQ 学校之前,是北方某地的名师,带过奥赛省级优秀选手,在学科教学中有着相当的权威。在 XQ 学校亟待树立榜样之际,初三的所有中考学科都被寄予厚望,化学也不例外。CH 老师平日里兢兢业业,但是,他在 2019 年期末学生评教却得到意外的低分,学生认为他为人苛刻,缺乏人情味什么的,为此,他也受到学校同事、领导乃至家长的质疑。他说他也有过深刻的反思,但还是觉得这个局面主要来自学生方面的问题:

> 南方学生,可能基础比较薄,无法接受这种(适合北方学生的)高强度的训练。他们总是达不到目标,说了又不听,听了又

不会，会了又不练，练了又不改……我估计在他们心目中，我就是个牢骚满腹的人。我也的确如此，但是，我觉得他们应该可以做得更好的。没几天中考了，他们（学生）还是那么不上心……真的会分分钟钟被气死，班里怎么那么多"牛鬼蛇神"呢？（P$_{CH}$，访20200527）

CH老师的经历也表明，尽管其动怒通常跟课堂目标受挫有直接的关系，但CH老师内心预设的课堂目标，一方面带着其从教经验的色彩，另一方面则受到学校要求的直接影响。相比而言，来自乡村教师的状况要好一些，因为社会和当局对乡村学校的期待要平实许多。BZ学校的很多教师就认为动怒是不值得的，这背后的原因部分地来自其年龄偏大，更加地关注健康议题有关（如前所述）。在他们看来，动怒无疑是有损健康的行为，因此，在任何时候发生都不是智慧的表现。而且，学校也很少被期待成为典范或榜样，类似BZ学校，大家默认的预期不是出成绩树榜样，而是不出事（故）。所以在课堂教学里，虽然学生比起优秀学校的更加顽劣，但置身相对宽松的政策和规范的环境，教师抱持的预期更加平实，因此相对而言较少地表达愤怒的情绪。

（二）愤怒作为操控的手段

教师的愤怒并非仅仅是由于预期落空、目标受挫而被唤醒的糟糕情绪，其实它也可以作为工具被运用以达成课堂管理的目的，亦即愤怒不只是情绪唤醒的结果，它也同样是课堂操作的策略。在某个角度而言，愤怒是在班级里获得控制感和确立权力关系的一种手段，旨在于在教学场景里维系学生必需的或可接受的操作水准。对此，BZ学校的语文老师LT有着自己的理解：

愤怒也是很无奈的。如果有其他方法，我们也不愿意生气，让学生，也让自己不舒服，以前……好像是崔健（知名歌星），说（愤怒）是无能的力量。唉！我们在课堂里能做的不多，学生调皮的时候，生气一下也是很有用的。学生能够安静下来，才能继续

上课。我几乎每天都发火的，都习惯了，学生也习惯了。（P$_{LT}$，访20201025）

LT 老师在谈及自己愤怒的时候仿佛是在说及一件跟自己关联不大的事情，他可以采用某种旁观者的立场来理解自己课堂里的愤怒——它被理解为某种策略性的情绪工具，用以实现秩序的维系和教师的威严。从这个角度看来，愤怒并不是单纯的对目标受挫的心理反应，而是一种被操弄的情绪。这种刻意的操弄伴随着与愤怒体验之间断断续续地协商，比如蕴含其中的无奈、懊悔以及由此带来的获益（比如课堂秩序），并且最终接纳其作为教学过程的有机组成部分。

图 8.3　教师"发飙"效果良好

愤怒已成为很多老师教学过程的有机组成部分，这对班主任而言，更是如此。在 XQ 学校的年轻教师 AH 看来，班主任的身份是让人变得容易动怒的最关键因素，她说："做了班主任以后学会了一个本领，进教室秒变脸，眼神秒变犀利，沉默不语的时候，连我自己都害怕，而说话的时候呢，做到中气十足，声如洪钟！" AH 认为，这个特殊本领让她能够更好地管控班级，她后来在微信发圈感叹："自从兼任班主任后，我发现每天第一件事就是在批评学生（生气符号），唉，看着自己就觉得面目可憎。"有意思的是，AH老师的某同事在后面评论说："我批评完他们，就自己在偷笑，觉得他们的样子好好笑。"

在AH的同事JJ老师看来，生气同样也是无可避免的，"炸"（发飙）可以有效地实施对班级的管控。2020年6月初的一天，她在微信发圈（如图8.3所示）说明了这一点。对此，笔者向其追问愤怒的具体感受，她强调"生气"是"因为有爱，所以有愤怒"，这大概代表了许多教师关于愤怒的共同理解。不过，JJ老师坦言自己经过两年多的教师生涯，已经感觉变得"满心伤痕"，而且"面目可憎"。但她也已经接纳这一点，她不再避讳对学生"发飙"或者"牢骚太盛"，她也不再幼稚地认为教师——尤其是身兼班主任的自己能够在这群青春期的孩子面前强装优雅或温柔。相反地，在过去很长一段时间里，她深思熟虑的并非如何不生气，而是如何生气以实现其价值最大化。

> 大家都会发火的，甚至常常将火气带回办公室，发一通牢骚才能安定，我也不例外。面对的都是叛逆期的学生，给他们一点点好就得意忘形，三天不骂就上房揭瓦。刚来的时候，别人就告诫我，别表现出太nice，会被欺负的，要强势，确立你的威信，所以生气是必不可少的。他们教我"生气三板斧"：瞪眼睛、敲桌子、提嗓子，还算管用。但是，我也知道，别太往心里去，孩子是别人的，身体是自己的。我现在努力想做的是，搞明白为什么和怎么样：为什么发火，怎么样发火——如何发火能帮我达到什么目的。（P_{JJ}，访20200610）

JJ老师的观点与BZ学校的TL老师类似，都试图将愤怒情绪工具化，让它成为增强班级控制、改善教学效能的手段。愤怒作为带有伤害性的情绪，被理解为是教师工作中无可避免的某种代价或者"成本"。它被赋予某种高利害关系的意义，需要被理性地进行算计，其中的关键不在于为何愤怒，而在于如何愤怒。

在"如何愤怒"这一点上,有些老师逐渐习得以肢体动作来做出"愤怒"的样子来实现班级管理效果,同时避免陷入真正愤怒的旋涡以至于"伤敌一千自损八百"。比如JJ老师的三板斧——"瞪眼睛、敲桌子、提嗓子",这点类似于霍赫希尔德的情感工作。只不过,教师意识到班级管理中,"愤怒"是不可或缺的一个情绪要素,因此,带有某种表演的性质,在课堂管理中,"愤怒"的背后,可能如AH的同事所言的教师"自己在偷笑"。

三、教师的悲哀

总体而言,教师的悲哀并不是特别常见的情绪内容。但作为人类的基础情绪,它仍然时而出现在教师的日常经验中,与他们所处的境遇、所做的工作以及所在的人情纠葛于一起。如果研究者身居远处,看到教师在学校里忙忙碌碌,间或有些张烈的情绪(比如愤怒或高兴),他大概不会看到教师内心深处的哀与伤。但是,如果跟他们相处一室,倾听他们的细碎交谈或者观察他们的孤立无助,研究者大概会感受到教师内心深处的难过。

教师的悲哀通常被描述为是"难过"或"委屈"——但同时又无能为力的那种感觉。在XQ学校,2020年5月的一天下午,八年级办公室里,大家都各自忙碌,年轻的班主任DL急匆匆地走进来,阴沉着脸。然后一言不发地坐下,双手捧着腮帮子,空洞地望着天花板。

旁边的同事轻声问她怎么了。

"变态!变态!变态!"DL老师接连三声断喝,打破了办公室的宁静。然后她说遇到可恶的家长了,素质低下,不通情理,胡搅蛮缠。"他来接小孩回家……说我没有及时给他回应,让在校门口等得太久……居然骂我。"DL老师仰着头,似乎在努力让眼泪不掉下来,然后,大家开始同仇敌忾地数落那个可恶的家长。后来,笔者试着跟她了解更多情况,在访谈中,她说:

> 下午在办公室开会时,班里有位家长说在外面等孩子(接回家),等得不耐烦,甚至向我说一些不太妥的话。我内心真的感觉到

很难过，也很难受。但到班里，面对那些学生，我得消化掉……所有的委屈，我都得自行消化。唉，班里就那么一个家长就够搞死我的，而且上学期他无理取闹过两回了。（P$_{DL}$，访20200524）

在访谈中看得出，DL老师仍然没有走出其面对蛮横的家长时那种无奈而无助的感受。而且，DL老师必须独立处理这样的事情——她无法将这种对家长挑战带来的委屈和难过轻易向周围的同事寻求帮助。在她看来，每个老师都需要这样经历过来，练就铜墙铁壁才能护住柔弱的心，她事后晚些时候在微信发圈吐槽，这个吐槽得到了许多好友的温暖的回应，但DL老师也清楚，这并非意味着下一次她再次面对那位蛮横的家长时就会变得更加淡定与强韧。DL老师后来说："我有时会为自己感到悲哀，为什么一个小小班主任需要承担那么多。"

笔者在XQ和BZ学校的田野观察表明，引起教师的悲哀情绪的主要因素有两个：学生境遇和自我境遇，其中学生境遇往往是教师悲伤情绪的最常见的来源。教育工作本身是良心活，这大概是笔者接触到的所有老师都认同的信念，然而，爱之愈深，哀之愈切，在BZ学校，边远农村学生的情况常常让老师们唏嘘不已。诸如无人管教（留守儿童）、学业低下、生性顽劣等。其中，许多问题都来自无人管教，小孩子被放任长大。笔者初来乍到之际（2020年9月11日），跟BZ学校的六年级级长MI简单聊起乡村学生的问题。

笔者：现在学生的工作不好做吧，有没有常常打架的？
MI：现在的小孩不打架了。
笔者：为什么（满脸疑问）？
MI：现在的小孩不打架，都打机（玩手机游戏）。

那天中午，MI级长带我到学校周边转转，作为当地镇墟所在的中心学校，周边算是相对热闹的地方，有好些小吃店、理发店、奶茶店等。穿着BZ学校制服的小孩三五成群在这些小店里聚在一起，坐得如同群雕，没有言语，人手一部手机，都在聚精会神地玩。"你看看，他们在乎的手机里都有，都可以得到；得不到的，在手机里也都可以宣泄，可以报复。完全不需要现实中去争取，也就不会有冲突了。"MI 一边说，一边摇摇头："他们很多都是下面教学点上来的（读高年级），家里远，又没人管，所以给一部手机，好联系，也好让他们中午能够安安静静，不到处搞事。"

MI 认为这不仅是学校的悲哀，也不仅是学生的悲哀，而是社会的悲哀。在后来的访谈中，他表示："（自己）常常有种无能为力的感觉。的确是，社会很多问题，不是一个人能够改变的！大家都不容易啊！那些家长、政府、小孩、学校，都是！只能说，尽心尽力吧！"

XQ 学校的 JL 老师的悲哀则是来自学生的一份随堂作业，她在微信发圈感叹现在很多小孩的厌学问题（如图 8.4 所示）。与 BZ 学校为代表的乡镇学校相反，城市重点学校的孩子往往承载了家庭过多的期望，在学习上，他们不仅被要求在各项多如牛毛的考试中要争取高分，而且还要争取排名上游。这些小孩的家长大部分都是城市的中产阶层，在家族发展史上，往往是第一批借助良好的教育走出农田的世代，他们深谙教育的价值，因而在看待子女的学习上，更是寄予了殷殷之情。JL 老师对此颇有感触，心疼在如此期待下成长的孩子，是多么缺乏自由。

> 端午前夕，有个小孩天真地问我，为什么各种假期，老师就收到礼品，而他们只能收到作业呢？我竟无言以对，作业已经是最少的那种了。其实我也不想布置作业，还他们几天自由烂漫的时光，但是，又有谁可以这样自作主张。你想啊，回到家里后，他们爸妈还是得给他们加料，各种培训班、训练营，拼命将东西往他们头脑里塞……现在的小孩活得真累，很多都快要患上抑郁症了。（P_{JL}，访 20200511）

而正是这种被压迫下的成长，让学生更为叛逆。JL 老师说这是所谓的"超限效应"——某种压力刺激过多、过强，导致心理极度不耐烦或反抗的心理现象，所以在作业里才有图 8.4 所示的"将来成为教育局局长来解救普众老师和学生"这种荒诞而又看似合理的期待。JL老师跟大多数同事相似,面对这样的情况常是哭笑不得,却有种爱莫能助的无力感。"开始的时候吧,遇到类似荒诞不经的作业会拿出来让大家笑笑,后来发现不是学生可笑,是自己可笑……都不知道自己在做什么,能做什么",JL老师在访谈中对此有点难过。

> 教育的悲哀?
> 至少从小学阶段就厌学,孩子的后劲绝对是不足的。可是我们也不懂只能装懂,不能说只能照做,因为习惯于是当做正常。真不知是教书育人还是祸害人间😂
> 班里一孩子写到:老师说,只要努力学习,多年后成为教育局局长,就可以改变天天考试的现状!我要努力!
> 曾记否,我的小学老师也这么跟我说的😂
> 但愿他们这一代更刚些。
> 今天宜慨叹 ✨ 最美好的还是在幻想
> 收起
>
> 23分钟前

图 8.4 教师内心深沉的悲哀

对学生境遇的悲哀,常常反身性地(reflexive)折射到教师对自我的境遇或价值的悲哀,这恰恰反映了教师情绪的关系属性。在JL老师的案例中,她对学生境遇的悲哀如同纽带或桥梁,连接了与学生的关系,建构了某种共享的环境,她的思绪与言谈都交织于这个共享的环境,并借此进一步追问自我的位置和角色。如同她微信发圈所谓的:"我们也不懂只能装懂,不能说只能照做,因为习惯于是当作正常。真不知道是教书育人还是祸害人间?"因此,学生境遇在触动教师悲哀情绪的同时,往往也会引发对自我境遇的省思——尤其是那些与职业伦理和专业身份有关的面向。比如,明明知道学生陷入各种任务各种作业的煎熬中,自己却无法改变——非但如此,自己不得不站在学校—家庭的同盟这边,扮演着类似变本加厉的共谋者的角色。在中国传统语境里,教师本质上是良心活儿,学生的糟糕或不幸的境遇,往往让教师在"良心"上过不去,从而带来深深的无能感和受挫感,

171

同时以哀怨的态度来对待自己。关于自我的悲哀常常伴随着对专业身份的协商和重新认知。JL 老师作为新手，面对这些学生境遇的时候，思考着自己是否在教书育人还是"祸害人间"（误人子弟），而假以时日，在年长教师如 BZ 学校的 MI 级长那样，则可能逐渐确立了自己的职责和能力边界，接受现实，强调："社会很多问题，不是一个人能够改变的……只能说，尽心尽力吧！"

教师关于自我境遇的悲哀另一个常见的状况是自主性被剥夺或被干预。XQ 学校的 TL 老师在访谈中说：

> 这些日子，我一直在思考，我们的教育追求的是什么？我们的教育到底是进步还是倒退？在过去，很简单，追求成绩，那样的教育，大家见仁见智，可是起码有一个衡量和评判的标准。现在，学生和家长的思想更加多样，学校各种通知、各种活动像是马戏团，老师则需要三头六臂去应对各种事务。这样的教育看似内容丰富，实际上毫无头绪，没有重点。也让我越来越迷惑，教育之路，何去何从？（P_{TL}，访 20200604）

TL 老师特别强调学校的各种事务性的工作带来的巨大影响，他必须以"三头六臂"去应付，但是，这种忙乱的工作却不得要领——教师陷于其中，难以感知其职业的意义和价值。TL 老师抱怨各种突如其来的工作安排让她的日常变得支离破碎，疲于应付。她执着的，对教学工作的改进，对学生关怀的投入，都需要大量时间、付诸全神贯注的努力才能实现，这在现实中似乎尤其困难。"那些材料，表格、评比什么的，很多都是流于形式。但很多时候，这些才是我的主要工作内容，教学只是我们抽空去做的兼职。" TL 老师抱怨地说。这意味着她的工作好像就是这样"肤浅、琐碎、没有意义"。但是，作为一名年轻教师，似乎又不得不服从上级安排，着力去完成这些工作，由此，TL 老师常常体验到那种身不由己的无助、无奈、无方向、无意义的悲哀感觉。

四、教师的惧怕

在社会变革的宏大背景下,各行各业都充满着不确定性。人们的职业路径也越来越多样而易变,比如 IT 行业广为人知的 35 岁现象。但是,公办学校的教师在事业编制的保障下,其职业发展是相当安全和稳定的,是所谓的"铁饭碗"。在"惧怕"这个情绪维度上,乍一看,似乎并没有充分的动因,然而,在笔者的田野观察中,它却是一个经常被教师谈及的话题。

教师的惧怕通常表现为"担忧"或"忧虑"——关于某些意外或者糟糕的事情发生。教师惧怕的背后,通常与"责任"有关,确切地说,学校现在主流的归责制度下,教师所有的失误或者过错,都需要其个人承担相应的后果,因此,教师常常有如履薄冰之感,哪怕是他们最具权威的课堂。在与学生们斗智斗勇,管束纪律的过程中,教师还需要小心谨慎,避免言语过激,如果教师因为自己的一时不慎,引起师生冲突或被投诉,都足以让其带上"不负责任"的标签。对此,XQ 学校的 AH 老师深有体会。

AH 老师刻画了令人难过的教师日常惧怕的种种场景,这些场景都预设了教师有责任、有义务管束学生,避免各种各样的事故或意外发生。而且,当教师责任跟"校园安全"关联在一起的时候,会被格外地放大。XQ 学校所在的地区,跟别的地区一样,校园安全问题是实施"一票否决制"的,只要涉及校园安全,教师的工作绝无小事,政府和学校管理者强调的是"层层压实、具体到人"责任制,责任的最后落地往往是个体教师(尤其是班主任)。校园安全事件通常被定义为学生在校期间由于某种偶然突发的因素而导致的人为伤害事件,隐含其中的预设是:这些往往是责任人(教师)疏忽大意失职而导致的。在笔者的田野观察中,教师普遍都会担忧其所辖范围之内可能发生的那些意外事件。

在 BZ 学校,教师们担心的主要是与学生性命攸关的交通或溺水事故。BZ 学校所在的镇区有江河直流穿过,每年盛夏时节,尽管政府和学校三令五申"禁止戏水,远离河流",但是许多无人管束的中小学生仍然会(通常是成群结队)前往大小河流戏水或游泳,因而极有可能造成溺水事件。BZ

173

学校六年级级长MI就坦言：

> 每年暑假都过得不安心，最害怕收到学生溺水的信息。我们做工作都几乎挨家挨户地去宣传教育了，还是每年都有出事。出了事，都得出去找，有时候，哪怕学生只是找了个地方躲起来，我们也以为落水了，也得去（河边）找。你说怕不怕？一放假，没人管，他们（学生）就野了，就可能出事。出了事，最终学校还是得负一定的责任。（P$_{MI}$，访20201105）

MI老师还说到跟安全有关的其他问题，比如有部分学生每天都需要在乡村公路上骑行10多千米往返学校。如果到冬天，天还没亮他们就得上路，由此带来的种种风险让老师们常常提心吊胆；还有宿舍里的情况，除却那些隐匿不见的校园欺凌现象，MI老师最怕的是与用电有关的安全问题。由于年久失修，电路已然老化，但是学校也拿不出钱来改善，现在也只能竭尽所能维系不出事故。"谁知道哪一天会出事呢？学校靠近山边，龙舟水前后响雷特别厉害，电路如果出问题，就完了。"在访谈中，涉及校园安全问题，MI老师似乎就有倒不完的苦水，说个不停。在这看似絮絮叨叨的背后，不时流露出的是作为基层管理者内心深深的担忧。

笔者的田野工作表明，"安全第一"作为学校管理的主流论调，它在提升教师责任意识的同时，也逐渐成为塑造教师"惧怕"情绪的关键。它被普遍接纳为理所当然、无可争议的话语，被印刻在所有教师的职业操守中。但是，与此同时，它在某种程度上也过度扩散了教师在应对校园安全问题时的责任和义务——让"校园安全"成为教师难以承受之重，反噬了教师原本在认真保障校园安全时带来的价值感和成就感，转而给他们内心带来深深的惧怕。

除了校园安全问题之外，笔者在田野工作中观察到的另一个让教师"惧怕"的情况是应付上级检查或评估时可能的过失或疏漏。不管在XQ还是在BZ学校，教师们都需要应付延绵不绝的来自各层级各部门的检查和评估。

第八章 教师的喜怒哀惧爱

在各项事无巨细的检查和评估方案中，学校通常被预设为某种类似机器的实体，其运行应该根据特定的规范和标准，并且尽可能做到精确和平稳。为此，学校的各个处室、年级等中层单位，都会在学期开始之前早早准备好行事历以指引日常的工作。但这还不是全部，更多的则是来自上级那些临时安排的项目，比如文明城市建设、区县文艺演出、儿童安全教育部署、书香之家等。它们名目繁多，都负载着上级的"关怀备至"和"殷切期待"等光环，由于这些项目常常是多头管理或者沟通不畅，教师来回折腾、仓皇修补的情况屡见不鲜。有研究者尖刻地描述了教师当前面临的局面："教师成为配合执政者教育政策戏码的演出者，终日忙碌，却不知所以然，也不知道自己为谁而忙。"[1] 不过，除却困惑之外，教师更惧怕的是：出错！那些烦琐的资料或表格需要认真填写，如果出错，轻则返工重做，重则按章受罚。因此，教师们在参与这些评估或检查时，都战战兢兢。

除了以上关于校园安全和检查评估的担忧之外，教师工作中涉及的其他很多细碎的方面也可能导致内心的惧怕，比如来自可能发生的教学事故。教师都明白："永远不能迟到，任何时候都不能迟到。迟到就是教学事故！"然而，通过笔者的田野观察发现，教师内心隐藏得更深的惧怕却始终来自关于其身份的动摇。对此，BZ学校的MD老师分享了一个令人啼笑皆非却触动心扉的事情：

> 那天我去菜市场买菜，档主估计是之前学生的家长，认识我。他说老师你也来买菜啊。我说是的。我问价格，他跟我说了，我说太贵了。我以为会他会像书上说的那样尊师重教，大大方方说"好，你说多少就多少"，结果是"啊，老师也讲价啊？"唉，老师买菜就不能讲价吗？（P$_{MD}$，访20201109）

MD老师的遭遇尽管带有戏剧性，乍一看跟教师的惧怕没有什么关系，

---

[1] HYSLOP-MARGISON E J, SEARS A M. Neo-liberalism, globalization and human capital learning: Reclaiming education for democratic citizenship [M]. Dordrecht, Netherlands: Springer, 2007: 122.

175

但实际上，这背后折射出的是教师的一个困境：教师作为道德榜样，被无形之中当成了某种类似圣贤在当下俗世中的化身或代表，因此，其一言一行都需谨小慎微，都要体现出应有的伦理水准。被置于道德的高地，教师的言行举止自然都被无数双眼睛盯着，因此，哪怕是到了菜市场，他们也得表现出高风亮节！

MZ 老师是班主任，刚刚从事教师职业两年有余。"我最害怕的，是我作为老师，不再被这个社会相信。之所以这样说，是因为在大家看来，今天的老师好像唯有被责任裹挟、被律令管束、被后果惩戒才会去爱学生、爱教育。"他提到之前在某个发达地区学校实习的经历，各个课室都安装上了摄像头，教师的言行举止都尽在各方的监控之下，他说想到这个可能是其未来的职业场景，就心有余悸。

MD 老师的经历和 MZ 老师的担忧虽然表面看来都只是涉及其职业的外在形象和内在责任，但更深层次的问题则是教师职业的"圣化"——在当代话语中，教师职业被比喻为"太阳底下最光辉的职业"，教师被誉为红烛，照亮别人燃烧自己，或春蚕到死丝方尽，是承传孔夫子衣钵的"圣人"。但是，从生命哲学的角度而言，"教师本质上是一个本能冲动存在"[1]。不仅如此，"圣化"还需时常置于公众的面前，加以检视和督查，基于此，教师需要表现出与其身份相符合的言行举止，并树立其满足公众期待的道德形象。教师被裹挟在社会对教师过度的道德心和责任感的角色期待中，其主体建构的空间变得日益狭隘。教师自主权以及参与教育决定的机会日益减少，转而更需注重满足各方高利害相关者的诉求，其身份建构更是陷入了某种前所未有的困惑和忧虑中。

五、教师的热爱

把教师的热爱放到本章的最后并非意味着它的重要性较低，而是因为

---

[1] 胡金平. 学术与政治之间的角色困顿：大学教师的社会学研究 [M]. 南京：南京师范大学出版社，2005：69.

<<< 第八章 教师的喜怒哀惧爱

它几乎是本课题所接触到的所有教师的厚重的情绪底色。热爱，在许多教育学家看来，是教师必不可少、几乎是最重要的品质——没有热爱，就没有教育，教师从其专业训练、到身份建构都努力塑造着基于爱的职业理念。在笔者的田野调查和观察中，尽管许多教师对其工作和职业的感受充斥着看起来消极的情绪，比如愤怒、惧怕和悲哀，但教师更愿意相信，也更愿意与身边的人分享的内心深处时常泛起的热爱。

教师深沉的热爱，最重要的指向是学生。尽管在日常闲聊中，教师描述的学生都是熊孩子，带着各种毛病，比如自私、傲慢、调皮、任性、无所畏惧等。在班级管理上，教师需要跟学生斗智斗勇，颇费心机，结果往往也不尽如人意甚至是令人气馁和挫败，即便如此，笔者仍然感受到教师们目中有光、内心也有温暖和期待。教师的爱，尽管深沉，但并非如同江河湖海那般波澜壮阔，相反地，在大多数情况下，教师的热爱都只是悄无声息地融汇于日常工作与生活，如同潺潺溪流，简单而清澈。尤其是在 XQ 学校，那些年轻而富有朝气的教师中，对学生的热爱更是一个真切而灵动的主题。他们喜欢将这些爱意满满的点滴记录与分享，比如，英文老师 ZM 将她课堂上的"小日常"在微信发圈分享给大家（如图 8.5 所示），字里行间是满满的幸福与热爱的感觉。在后面的访谈中，她说：

> 这些日常琐事虽然看上去微不足道，但对我来说很重要。它们让我觉得这份工作的可爱之处，它们也在持续滋养我的热情和坚持。做老师，好像很难轰轰烈烈，它本身就是平淡如水，但也不失这些美好瞬间。我会用心记录的。嗯，不是给自己打鸡血，要不慌不忙地记录。（P$_{ZM}$，访 20191107）

在 ZM 老师看来，对学生的热爱并非简单的职业伦理，而更是自身的福祉所系，它是源源不断的动力，驱使她在职业道路上前行不已。ZM 老师的经验在很大程度上反映了知名语文老师韩兴娥关于"爱学生"的观点："爱学生，把孩子们的叽叽喳喳变成和谐的乐章，安身立命的职场就变成了充满乐趣的幸福之旅。"需要说明的是，看见并欣赏这些看似烦琐而无常的

教师的情绪：社会学研究　>>>

"叽叽喳喳"并非易事——它需要内心有所准备。清代周希陶在其《增广贤文》中指出："心有所想，目有所见；心有所思，行亦随之。"换句话说，人之所见所闻皆为内心世界的投射，尽管看上去有点唯心主义，但"投射论"在心理科学研究中仍有大量的证据支持。ZM老师对日常工作中小事的持续体察和记录中，"内心有所准备"的关键始终是对学生深厚的热爱——因为爱，而看见；因为爱，而欣赏。

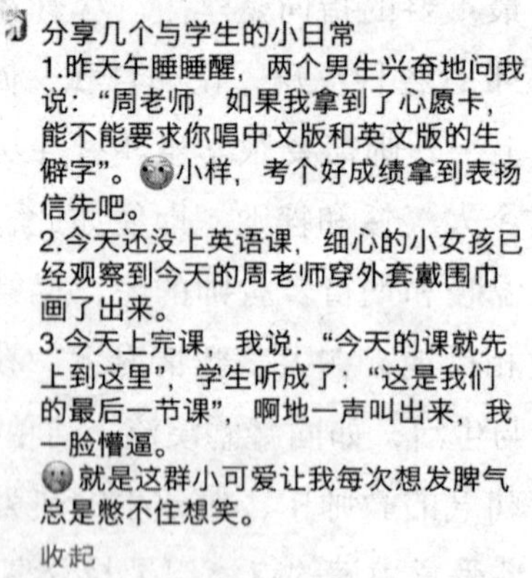

> 分享几个与学生的小日常
> 1.昨天午睡睡醒，两个男生兴奋地问我说："周老师，如果我拿到了心愿卡，能不能要求你唱中文版和英文版的生僻字"。😏小样，考个好成绩拿到表扬信先吧。
> 2.今天还没上英语课，细心的小女孩已经观察到今天的周老师穿外套戴围巾画了出来。
> 3.今天上完课，我说："今天的课就先上到这里"，学生听成了："这是我们的最后一节课"，啊地一声叫出来，我一脸懵逼。
> 😂就是这群小可爱让我每次想发脾气总是憋不住想笑。
> 收起

图8.5　ZM 老师分享的"小日常"

在BZ学校，即便是那些看似"佛系"工作的教师身上也充满着对学生的热爱。"佛系"原本只是一种生活态度和方式，是一种有目的地放下，顺境淡然，逆境泰然的生活态度。"佛系"老师的关键是在教学工作中坚持四"不"原则——不焦躁、不执着、不强求、不在意。OY老师已经快50岁，她在访谈中谈及自己早已是"佛系"，对工作的热情早已与青春一起，被时光无情地消磨掉了。然而，谈到与学生的日常相处，尽管有许多的唏嘘和抱怨，但难掩慈母般的热爱：

> 班里有个小孩住得远。大冬天的，来学校有时候迟到了，我想就算了，没有骂他。我宁愿他来得晚一点，不要那么早起——天还黑着，看不见路……山里小公路没有灯的，万一出事了怎么办？

>>> 第八章 教师的喜怒哀惧爱

> 他们的学习跟城里的（学生）还是有很大差距的。我对他们的要求是学做人——勤奋、谦和、礼貌，能做到就不错了……在考试分数外做文章，多点关心他们，跟他们说说话，了解他们的想法，给他们起码的是非观，这样会更实在一些。我觉得对他们大部分来说最好的前途是技工，所以做人比分数要重要。（P$_{OY}$，访 20201122）

谈话间，OY 老师尽管强调不会过高指望学生的成就，但是仍然透露出对学生深厚的热爱和殷切的期许，她也很乐意看到学生的进步，并且为此而愿意做出力所能及的帮助。也许在教学和其他方面并没有显得如 XQ 学校的年轻老师那般热情和投入，但也尽可能在她看重的领域（学做人）给予学生积极的引导。笔者在 BZ 学校的田野观察的最大感受之一在于：以 OY 老师为代表的那些被认为是"佛系"的年长教师身上，大部分仍然抱持着对学生的深深的热爱。或许是其职业生涯经历过太多，这份热爱被各种各样的遭遇所蒙蔽，但这份热爱依然在，只是更加素朴、低调而隐蔽而已——有时候会被误认为是冷漠或麻木。

对学生的热爱在很多老师心目中都被默认为是其安身立命之所系。这不是写在各种规章制度或文献报告或个人总结里的口号，而是镌刻在教师灵魂深处的实实在在的信念。这点结论在笔者的田野观察中不断地得到印证，比如 ZM 老师的同事，小学部的班主任 PT 老师在微信发圈分享了她在班级管理中遇到的一件小事：

> 班里闹哄哄的，班长急匆匆找我去救场。我一脸严肃去班里，突然学生七嘴八舌告诉我，班里有个学生藏了一只鸟。这只鸟紧闭着双眼，全身僵硬。我找来这个小女孩，她手里捧着这只鸟，看起来特别委屈。"你为什么想要藏它呀？"我问她，她抬头看着我，很怕被我骂，弱弱地对我说："我怕它死了，想藏起来找校医看病。""可是它好像已经死了，可是不要难受了，它只是去了另外的一个美丽的地方。咱们把它埋好，然后洗洗手，向它说再见，

好吗?"小孩的爱永远都是那么简单而纯洁。跟他们学学多好!
(P_{PT},访 20191208)

像 PT 老师一样,很多老师都愿意记录和分享这些简单而隽永的日常小事——其中蕴含了教师灵魂深处的温度与热情。这让笔者不断地反思自己进入田野观察之前的批判性的立场。亦即,基于情绪与主流话语的关系,教师对学生的热爱,可能或多或少地受到宰制性的基于标准和结果导向的评估文化的影响,而表现出扭曲的样态。比如,他们可能会基于绩效的算计来决定是否对学生付出和投入感情,换句话说,教师的热爱,是所谓的热爱之劳动（love labour）,旨在于为了获得报酬而投注情感、承诺、专注、时间和物质资源。① 这在 XQ 学校的田野观察中有所体现,比如前述的 JL 老师对于其"热爱"的理解："热爱的定义应该加上策略或者方法,如何爱,如何获得效果,这是巨大的挑战。就像心理学说的,教师的爱更像是工具性的,是方法或手段。"或者有老师认为："我们的良心,一文不值。"然而,更为普遍的是,如同本节内容说到的 ZM 和 PT 老师还有他们的许多其他同事的经验,教师对学生的热爱并没有明显地受到绩效文化变更的冲击。哪怕是在 2020 年绩效改革颁布前后,整个 XQ 学校都在关注这个崭新的方案,而且随后的评估过程也牵动着许多老师的心意和福祉。但面对学生的时候,教师内心深处的热爱并未有明显的"算计"基调或"表现"意味,依然是真实而醇厚。这个结论让笔者感到欣慰的同时,也颇为诧异。在 PT 老师分享了上述小事之后,笔者问她,为什么你愿意发圈记录和分享这样的日常琐事。

> 我也说不上来,主要是觉得有点感触。小孩子的爱意就是简单而纯洁,我们大人的心可能逐渐被蒙蔽了。记录这个,我觉得是对自己的提醒,曾经也是这样的女孩,做老师的热爱也应该是

---
① LYNCH K. Love labour as a distinct and non-commodifiable form of care labour [J]. The Sociological Review, 2007, 55 (3): 550-570.

简单而纯洁。我觉得是这个女孩对小鸟的方式，帮我找回内心深处曾经的热爱，这算是教学相长吧。教学相长不只是在教学过程中，在师生互动中也可能。(P_{PT}，访 20200411)

PT 老师将记录和分享其与学生互动的"日常小事"视作是类似教学反思的活动——旨在于实现教学相长。这在某种程度上反映了著名的小学数学特级教师俞正强的观点：教师的进步离不开领导、离不开同事、离不开家人，但是作为教师，成长过程最离不开的还是小朋友。与学生互动的日常为教学相长打开了可能性，这意味着教师对学生的热爱并非是自上而下，给予与接纳的关系，而是本质上体现为相互增益、相互成就。

教师对学生的热爱是相互增益、相互成就，因此，对学生的热爱在某种程度上可以折射教师对职业的热爱。但是，需要说明的是，这并非意味着教师对其职业都有着炽烈而醇厚的热爱之情。虽然本节至今为止强调的是大部分前线教师对学生的热爱，都并未因为绩效文化而偏离传统语境下教师职责和使命的论调，仍然表现为发自肺腑的关心和护佑，而且大部分教师也认同热爱学生为其安身立命之本。但就其职业而言，教师的感情是相当复杂的，如同在前述第四章"变革背景下的教师情绪"说明的，笔者在田野观察中发现，很多教师认为其所从事的是一份工作，而非事业——尽管主流的话语都强调教师是"天底下最光辉的事业"。尤其是伴随绩效评估的变革，老师逐渐适应了以标准和结果为导向来指引自己的所作所为，并以此来衡量自己的价值。教育因此更多地被理解为工作，即"在长时间内做着重复的一系列动作或事情"——个体因此而能够更好地生活，而非事业，即终其一生为实现目标而坚持不懈的努力——旨在于满足高层次的需求，获得社会认可和实现自我价值。事业的持恒追求基于自己喜欢，自己愿意，自己快乐，作为一份工作的关键考量是投入产出比，因此，如果面临更好效益的选择，教师通常会选择改变职业路径。在 XQ 学校，一位相当优秀的骨干外语老师 FF 收到了当地政府部门的邀请，希望其借调到外事部门协助。笔者跟 FF 老师聊了一下他的新的工作机会：

FF：我觉得这样也挺好。去那边历练一下。
笔者：以后还回来不？
FF：看上边安排吧。如果可以，我想会过去的。
笔者：你觉得那边比现在做老师更好吗？
FF：不一定吧。我也不知道，不过据说待遇会高一些。

笔者并不是说FF老师主要考虑"待遇"来决策将来的发展路径，只是在这些只言片语之间听到离开或"摆脱"当前职业在他看来好像是件简单而轻松的事情，并没有特别的情绪上的波澜起伏。从这个角度而言，作为教师的职业，并非其托付终身的追求，而是某种选项——在利弊权衡之间可取亦可弃的选项。在2020年暑假将至的几天里，很多老师都知道了FF老师的新的职业机会，办公室间或有人在讨论，还有人恭贺FF老师：

F哥，你终于脱离苦海了！
F哥，什么时候请客吃饭啊？改口饭啊，以后叫你F科（长）。
人生赢家，F哥是我们的榜样！

类似的许多言语，虽然大部分是玩笑或戏谑，但从某个侧面反映出在看待自身的职业上，教师们的认可和理解并非"事业"那般高尚伟岸。相反地，有少数教师甚至强调，这份职业本身就是无可奈何的选择，因为"如果不做老师，不知道可以做什么"。由此可见，老师作为职业实在是难言由衷的"热爱"。

在BZ学校，教师将其职业理解为"工作"而非"事业"是比较普遍的。接近50岁的平均年龄，而且多数并没有经过正规的高等师范训练，再加上经年累月扎根于边远农村地区，教师们的言行举止之间带着浓厚的乡土气息。因此，在谈及对教师职业的理解时，他们几乎不会用"事业"的方式来进行定义——他们不太习惯甚至不太能够将心目中"这份工"与其自我价值与社会地位相联系进行更深刻的解读。对他们而言，最重要的事情是把他们该做的"做完"——而如果能够"做好"就已然是优秀了。他们会强调每个月1500元左右的农村地区补贴对其生活和工作的增益意义，他们也在乎这个相对安逸、轻松且无须顾忌"丢饭碗"的职业（这种论调在2020年尤其凸显，因为彼时当地很多年轻人处于无业状态，在街头巷尾无所事事）。但说到热爱，是很难在教师们的言辞之间获得清晰的界定。如果有，那也主要跟这份工作给他们带来的好处或收益有关。比如，级长MI老师在访谈中强调：

> 我都是认真做好这份工（而已），没有说要追求更多。对得起学生，对得起家长，教师（职业本身）无所谓自豪不自豪的。工作做完做好，就无事一身轻。但话又说回来，这份工对我们来说还是不错的，稳稳当当，每个月固定出粮（发放工资），寒暑两假也算是自由。但是，你也不能求取更多，都是平平淡淡。（P$_{MI}$，访20201005）

笔者在进入田野之前，以为教师对其职业缺乏"热爱"主要是工资待遇导致的。但是，笔者进入田野之后发现，教师对其职业难言"热爱"的原因错综复杂。基于量化评估的绩效改革、日益变得支离破碎却不得要领的行政与教学工作，养家糊口的薪水待遇，缺乏成就和意义的课程教学，等等，现实中诸如此类的缘由，纠缠不清且绵延不绝，都可能在逐渐消磨教师对其职业的热爱。

教师对学生和对其职业的"热爱"的差异在问卷调查的数据中也有所体现。在问卷的"热爱"维度，题项1、2是对学生而言的（1. 我很乐意见证学生的成长。2. 我很乐意为学生的学习做出贡献），题项3、5则是对教师职业而言的（3. 我喜爱教师这份工作，它让我有成就感。5. 我喜欢当老师，因为这是一份可以获得社会尊重和认可的职业），题项4是涉及教学的（4. 我对教学很有热情）。在李克特（Likert）6分量表上，第1、2项的均分分别是5.27和5.33；而第3、5项的均分分别是4.97和4.72。可见教师对学生的"热爱"与对其职业的"热爱"是有所差异的，这个"差异"是困惑笔者许久的问题。在结束田野工作半年有余，回味这个微妙而又有趣的现象，笔者的反思断断续续如下：

> 教师对学生的热爱大概是出于职业的"本能"。以千年计的延绵不绝的传统文化所强调的"师道"或许早已深深地印刻在教师的灵魂深处，从他们接受的师范教育、再到工作场域的各种训练、政策和制度文本，都在不断地提醒（nudge）或规劝教师将关爱学生当作其安身立命之本。"热爱"学生由此而成为其职业正当性最关键的因素。因此，教师作为职业难以在认知层面上提升到"事业"层面，而被姑且地视为"工作"。恰恰是因为教师内心仍然有"热爱"——而且相信自己仍然在"热爱"学生，让原本更多地旨在于维持生计的"工作"也被赋予了值得留恋与肯定的积极意味。（省20201222）

小结

网上充斥着关于教师情绪的文字，打开搜索引擎，输入"教师情绪"，映入眼帘的是诸如以下的问题："教师脾气为什么普遍不好？""教师如何调节自己的心情？""当老师如何才能不生气？""老师最大的快乐是什么？""当老师是一种怎样的体验？"大家都在试图理解教师的日常情绪。本章聚焦于常见的五种情绪，即欢喜、愤怒、悲哀、惧怕和热爱，描述了许多教师的感受片段。笔者呈现的并非某种预设或基于特定理论模型的状况，也未曾采用干预或调适的立场，而是笔者的田野研究的所观所感。诚如2020年10月的某个下午，太阳已挂在BZ学校后山的树梢上，笔者兀自站立在大门口，看着学生、教师鱼贯而出，走在回家的路上，瞬间便能感受到那种扑面而来、弥散在空气中的满满幸福感。

教师的情绪总是碎片化地发生，来得快去得也快。间或有些内容可能长久驻留，但工作和生活都是延绵不断地往前，随之而起的体验也变化莫测。教师大部分时候都疲于各种琐碎事务，难有空闲体悟内心，因而其实也在有意无意间忽略着内在的真实感受。不过，这并非意味着它们可以风过无痕般消逝，相反地，本章所言及的"喜""怒""哀""惧""爱"，其实如同"威风潜入夜，润物细无声"所昭示的，都在无形之中烘托着教师的言行举止，并进而使之获得别样的意义。如同常见的愤怒，它并非单纯的宣泄，它更是及时的提醒，让教师能够考虑它于学生/课堂管理的价值和意义，并且由此进而思考自己的角色和身份。这些看似细碎的情绪片段，实际上在很大程度上类似于教师持续自我进修的素材或提醒——借由它们，教师得以更好地观照以及关照自己。

不过，本章的书写也表明，教师在其日常中往往都难以让情绪得以发声。情绪无论在学界研究还是教师心目中，好像都不用特别去聚焦的内容：它是个人事务因此不便言说，它是当下感受所以难以言说，它与理智相对立所以无以言说，等等。但五颜六色的情绪/情感始终都在，所以它们主要被理解为构成教师身份建构或职业发展的某些点缀——因为它们促成了特定的反思或认知从而助益于个体的自我转换。但从这一点来看，情绪归于理性和认知，但也丰富而延伸了理性和认知。

但情绪其实同样需要回归到身体，回归到其所处的社会文化的建构意义。身体并非单纯作为情绪发生的载体——它存留着过去诸多的痕迹，包含其内在的体验和意志，对教师情绪的探究如果抽离出其身体，则难以从个体的记忆和历史的角度来获得更为深入和丰富地理解。而对情绪所依托的社会文化的强调，则能够凸显其发生和存在乃是个体与外在相互作用的结果。比如，对于源于身份被动摇而带来的忧虑，教师的理解主要聚焦在"自我"的脆弱性（vulnerability），而对于自我与置身其中的过度强调道德性和责任心的话语空间的相互作用，则未曾有更好的体悟和感知。这让教师对个人情绪的理解更加朝向私隐的、认知的面向——将其归结于内在的特质或价值等，从而失去与身体以及外在脉络协商、对话以及相互建构的机会。基于此，未来的研究和政策尤需强调教师为自己情绪发声的机会。

第九章

关于教师情绪的主流话语：批判性思考

尽管教育领域都在强调情绪的价值，因为它跟课程教学、自我效能、学习动机等密切关联。但是，在实际的教学工作中，根据笔者的观察，情绪的位置显得单薄而卑微。理科教师出于对科学和真理的尊重，往往会刻意淡化情绪的意义，而文科教师，甚至是语文教师，在课堂内外关于情绪和情感的认知也都常常显得偏颇且狭隘。许多语文教师心目中，他们讲授学科的焦点并非蕴含在经典文段深处的情绪/情感要素以及学生的"感同身受"——尽管这是获得美学和伦理上升华的关键途径，相反地，他们更在乎的是答题方略的"传道受业解惑"——语文本质上沦为工具性的学科，用于培养学生听说读写的技能。

本课题的民族志研究描绘了两所迥然不同的学校里教师们色彩斑斓的情绪/情感生活。作为研究结果，这些情绪/情感都是活生生的、个人化的、碎片化的，看似有点杂乱无章、模棱两可，但它们也正好折射出原本有着丰富经历的个体，身处社会和教育变革的宏大脉络之下，与各种外在力量（比如课程改革、消费文化、网络技术等）相互作用中的真实而复杂的感受。这些感受并非仅按照主流的教师准则，比如强调乐观、积极和热情等来体验和表达，而且，教师情绪深处的意义，也并非仅是对现实的反映，而是在有意或无意间能动地参与构建着栖身其中的现实世界，并由此而转化着自我觉知、身份建构、专业发展等诸多方面。总体而言，在本书的最后，有些议题需要重新提及，以对教师情绪的某些主流论调做批判性的检视。

一、情绪：理性的二元对立者抑或共同建构者

关于教师情绪，主流的观点强调其从属于理性的地位。在日常工作中，教师需要注重调节和管理其内在的感受，以至于能充分利用情绪的价值，促进理性能更好地应对各项层出不穷的挑战，实现其最大的效能。尤其是那些消极的情绪，比如愤怒、哀怨或冷漠，教师更是需要义无反顾地克制它们，才不至于沉溺其中而难以自拔，避免影响工作和职业发展。而欢快、乐观和热爱的情绪，则是"必须的"，至少是值得"追求的"，因为它们对教师工作的产出及其职业成长具有良好的促进作用。这种看待情绪—理性关系的视角反映了传统的二元论思想，即认为情绪是与理性天然对立的，而且情绪应该受制于理性——置于理性的驾驭、管理和控制之下。

然而，本课题的民族志研究却发现，情绪并非如同二元论所描绘的那样是对立于理性，并成为需要被控制、支配和压抑的对象。相反地，它可以被隐喻地理解为个体生活和工作所在的组织得以运行的润滑剂或催化剂。隐喻而言，情绪如同机构运作的空气，潜移默化之间影响着特定的认知、思想和价值的生成、传播和确立。从这个意义上说，情绪其实与理性是有机的共同建构关系。

（一）情绪作为机构运作的空气

情绪与理性的关系远非传统的二元论刻画得那般泾渭分明。根据 B. 安德森（Anderson）的观点，情绪，尤其是群体情绪，有机地参与建构了特定的场域，网络以及流行的观念。他以新自由主义作为例子，认为它是某种观点的氛围，源自多样的群体情绪/情感，并且呈现为分散的情绪品质或感觉。[1] 在当前的学校管理中，教师的情绪可以隐喻地理解为机构运作的空气——它滋养和促动着特定的论调和逻辑的生成、流转和改变，并且最终转化为相应的政策或项目。

---

[1] ANDERSON B. Neoliberal affects [J]. Progress in Human Geography, 2016, 40 (6): 734-753.

伴随着整体的中国社会走在快速开放与发展的进程，市场化的力量席卷了方方面面。尽管学校作为相对保守的阵地，更注重在文化上"递薪传火"的使命，但在强调效率和成本管理的政府管理氛围下，也不得不面对彼此竞争，以获取更优势的资源（包括财政的、社会声望的等），尤其是类似 XQ 学校的重点单位，它们原本承载着政府部门、当地民众和广大学生的殷切期待，享受着优越的办学条件和政策支持，但它们也需要跟其他兄弟单位直接竞争，力求上游。这个局面在教育相关利益者（包括政府部门、社会公众、学生家长等）的相互作用下，让系统中的个体日渐感受到竞争的氛围，而这进一步促成相应的管理方案或政策条例的建立和实施，比如带有新自由主义色彩的绩效改革。这些制度，从发布的初衷和字面表达的意义而言，毫无疑问都是指向敞亮的未来：学校勇立潮头、教师不负使命、学生前途光明等。但是，这些制度，如同本课题的民族志观察所揭示的，实际上也在不经意间进一步地强化了竞争的价值，并由此而让置身其中的个体（尤其是年轻老师）感受到职业安全感的缺失。

而在乡村的劣势学校，由于远离市场竞争的中心，教师关于其职业安全的感受仍然是相当信任的。几乎所有的在编教师，特别是占据多数的年长教师，他们现在能够充分预见接下来职业岁月（在他们退休之前）的发展路径和工作图景。学校需要做出与教育当局或其他管理部门改革相对应的变化，但在具体的实施过程中，学校往往拥有更大的弹性空间。这些变化，对教师个体的情绪生活的影响，并没有在重点学校里发生的那么直接而深刻。如果从优势学校的视角出发，劣势学校的个别教师是在"混日子"或所谓的"躺平"，虽然说不上"误人子弟"，但也是对时代洪流"无动于衷"，是"不负责任"，类似 BZ 的劣势学校，置身于剧烈变革的环境，仍然按照自己惯常的步调，不紧不慢地运行着。从教师的角度来看，尽管或多或少地会有些变化和波折，但总体而言，他们内心期待并相信能够安然过渡到下一个职业阶段——自由而相对富足的退休生活。

尽管 XQ 学校与 BZ 学校有着巨大的差异，但是，教师们都在按照其内在特定的逻辑展开职业生活，这个"逻辑"并非是完全理性的，或者即便被认为是"合理"的，其实也是思考与情绪融合的结果。情绪其实构成了

第九章 关于教师情绪的主流话语：批判性思考

"普遍而且肯定合乎情理的行动的基础"，借由特定的情绪体验，教师得以在充满不确定的教育场域里期许、定向、穿行和坚持。这些看似日常而模式化行为的背后，人们能够很容易理解到蕴含的情绪/情感——因为这些是"合乎情理"的。许多研究者发现，组织或社群在关系、知觉和评价上往往呈现独特的模式或格调，它们虽然是隐而不宣，却对个体如何理解和认识周遭世界有着潜移默化、不可忽视的影响。在这一点上，R. 斯克鲁顿（Scruton R.）的观点颇有意味：当个体置身于不知道要有何种感受（not knowing what to feel）的局面时，共同的文化（common culture）在无形之间协助他产生适当的情绪并进而理解周遭世界，同时也提示或引导他当以何种行动来回应这种觉察。① 毫无疑问，教师的情绪是学校"共同的文化"的有机组成部分，它们实则参与并构成了教师行动的"逻辑"，由此而指导他们的行动，比如加入竞争或选择"躺平"。

因此，在理解教师的情绪与理性的关系上，无法做到泾渭分明的割裂，而是应该采用整合的视角。情绪作为充盈于机构的"空气"，它让栖身其中的个体在呼吸之间能够感受到共通和共享的现实。国内学者李昕桐基于施密茨（Hermann Schmitz）的情感理论认为，情感不是心灵状态而是类同天气或气候，"将身体置于其中的气氛"，因而具有"气氛权威"。比如在每周一早晨的升旗礼，情感的"气氛权威"责成"敏感的、情绪上易受牵制的人们遵守其约束性准则，不去冒犯这种权威"，而且它"不是命令式的准则……（而）是通过对主体来说几乎没有否认的证明来建立准则的效用"。② 置身于这个"气氛权威"，人们进一步产生某种心理上的联结，形成类似生活社区的感觉。基于彼此的心理联结，各种论调和观念在人群中的传播和流转都变得更为快速而富有张力。其中，有些论调和观念逐渐成为宰制性的信条，并成为许多教师在理解自己行动和选择时的合理化依据。这些信条或许与学校文件精神相异甚至相悖，但作为流传的、在地的（local）指南却被实实在在地认可和接纳。比如在BZ学校，"身体健康"这

---

① SCRUTON R. The significance of common culture [J]. Philosophy, 1979, 54 (207): 60.
② 李昕桐. 新现象学的情感伦理 [J]. 道德与文明, 2014 (4): 26.

一素朴的原则俨然成为许多年长教师看待教育变革以及决定个人行动的关键考量——它无疑超越了学校当局和教育部门强调的诸如勇于担责、勇立潮头的时代精神。由此看来,情绪伴随着某些论调和观念展开,并最终融汇于特定的逻辑的形成之中,而成为其不可分割的部分。

将情绪视为机构运作的空气的观点在某种程度上解构了根深蒂固的情绪—理性的二元论。它有助于在理解教师工作时,将出发点从"脑"(head)重新转向"心"(heart),"头"和"心"在这里作为隐喻,分别代表着理性和情感。如果一味地强调"脑"对"心"居高临下的宰制地位,那教师的工作势必更多地锚定于冷硬的算计过程的功利和绩效要素,而不是依托于柔软的体悟过程的热爱与温情,这势必造成教师的冷漠、强于算计,进而表现为"精致的利己主义者"。教师的工作本质上要求"脑"与"心"的协同平衡,而且,"心"更应该成为根基与底色。《圣经》有云:"心硬者得世界,温柔者成神。"亦即,能忍心处理问题、危难时表现冷漠无情的人,能够占有世界;温柔的、和蔼可亲的人能够让人感觉很舒服,就像和照顾大家的神在一起。教师的职责不单是"传道受业解惑"的问题处理过程,并借由"理性"获得功成名就;同时,更为重要的是陪伴学生,诚如流行语所言,"陪伴是最长情的关爱"——借由"陪伴",师生之间维系彼此的守望、对话,并且实现教学相长的机会,而教师得以陪伴学生的关键,恰恰是内心的温柔和和蔼可亲。总而言之,在越来越多人强调理性选择、问题解决、成功导向等价值的氛围之下,本课题试图突出情绪如同充盈于学校的"空气",对情绪的感同身受,呼吸之间,都浸润着教师使命和灵魂深处的热爱与温情。

(二)教师情绪:感觉结构(structure of feeling)

经过大概一年半的民族志历程,笔者置身于当下的基础教育的现实情境中,对普通教师的日常有着许多感同身受的见证与经历。但是,许多时候,当笔者与教师一样,直面自己的情绪/情感生活时,最大的感触却是无以名状。除非有那些特定指向的、显而易见的心情,比如学生捣乱课堂而导致的愤怒,家长横加干预而带来的气馁,领导无端指责而造成的委屈等,多数情况下,教师对工作和身份相关的情绪的体验都是弥散的、模糊的。

但即便如此,这些情绪仍然可以在他们的经验分享中可见端倪。

对此,跟"情绪作为机构运行的空气"的隐喻相一致,英国文化研究学者R. 威廉斯(Williams R.)提出"感觉结构"(Structure of feeling)来加以说明。威廉斯认为,每个特定时间区段下的特定空间都会形成特定的文化、生活方式、社会结构等,而感觉结构意味着错综复杂的社会脉络下存在某些整体的社会共同感受的体验与认同,而这样的体验与认同是在特定的时间和空间中人们切身的生活经验,这些零散的体验与认同会有一些结构性的关联,却往往难以名状,类似某种萌芽的状态,交织着冲动与不安。[1] 它在我们的活动最微妙和最不明确的部分中运作。威廉斯之所以使用"结构",乃试图区别于那些诸如世界观与意识形态等正式的、系统的观念,而强调那些被人们在其现实生活中所感同身受的意义和价值。人们在特定历史时期和环境背景下的感受,表现为某种"结构",意味着这些感受虽坚固而确定,却消融于人们的微不足道且无从捉摸的寻常生活中。在某种意义上,情感结构是一个时期的文化。根据威廉斯的观点,传统的社会学研究聚焦的对象是惯常的过去式的(habitual past tense)——它们是既存的、确定的、已完成的,而非此时的、此地的、过程性的社会现实。而"感觉结构"作为启发式的概念,强调的恰恰是对后者的分析,并且尤其强调个人的、活生生的日常经验。

威廉斯认为我们能够在文学作品中找到这样的蛛丝马迹——"文学使人看见",看见作为文化生活之主体的普通人的"生活经验"。本课题研究强调,民族志的观察和书写也能够实现类似于作家对生活世界的刻画和描绘,从而理解和体验那些置身于交织着传统与变革的旋涡之中的教师的真切感受——他们同时肩负着"春风化雨""递薪传火"的使命以及"踔厉奋发,逐梦新征"的责任。而他们在日常生活与工作中,有着自身的视角、应对,且相互联结、汇聚而生成所在机构的特定的情感结构。这样的情感结构是一种正在发生的社会经验(social experience),承载着丰富的意义和

---

[1] WILLIAMS R. Marxism and literature [M]. New York: Oxford University Press, 1977: 128-135.

价值。他们的情绪和情感经验,有些是深深地根植于传统的、以孔孟学说为基础的师道文化,比如对"传道受业解惑"的身份的坚守,更有些则迥异于这个传统的、新的、替代性的价值和信条正在形成之中。比如,教师日益强调与市场竞争与绩效计算相关的品质和理念——教学工作主要指向可预见的学科测试结果,而非学生的个人发展;教师作为个体需要为自己负责,而非所在集体的支持等;教师也逐渐意识到情绪是个人隐私的事情,对其关切,是自身的而非所在集体的责任。这些与传统思想迥异,甚至是冲突的观念或信条,由于切合了当下强调市场竞争和个人主义的核心逻辑,在教师(尤其是年轻教师)群体中逐渐萌芽发展。它们并没有被总结和提炼为某种清晰明了的价值体系或意识形态,但是,它们真真切切地存在于教师群体的日常工作和人际沟通中,在不经意间已重构他们所处学校的情感结构,同时也重构了他们的相互关系、工作方式乃至身份建构,进而持续影响着他们日常的悲欢喜乐。

这些悲欢喜乐在一定程度上折射了当下教师群体置身于某种"新兴文化"(emergent culture)的生成过程中。这种文化或许有多样的标签来进行注释,但其中显而易见的是新自由主义的影子,新自由主义本是西方社会20世纪七八十年代开始流行起来并延续至今的政治—经济哲学思想,反对政府干预、强调市场竞争、推崇个人归责等。新自由主义的影响已溢出经济和市场的范畴,而对原本属于非经济的领域,包括价值观念、情绪体验、身份建构、自我认同等,带来深远的影响。

新自由主义的情绪性(emoitionality)本质上是反身性的(reflexive)。情绪的意义在于引领着我们检视和思考内在感受以及我们自身,而情绪的反身性旨在将情绪作为资源,能够变现为个体——作为实用主义者以及利己主义者的最大化的价值。[①] 基于新自由主义的逻辑,个体与其自身的能力、气质等关系是工具性的,换句话说,能力、气质或其他禀赋都被视为是可以使用的资源,让个体能够追求自我或生活的品质。情绪亦然,情绪

---

① BINKLEY S. The emotional logic of neoliberalism: Reflexivity and instrumentality in three theoretical traditions [M] //CAHILL D, COOPER M, KONINGS M, et al. The Sage handbook of neoliberalism. London: SAGE, 2018: 580-595.

第九章 关于教师情绪的主流话语：批判性思考

并非需要简单压抑的对象，而是具有生产性（productive）的要素，同样也应该被视为某种资源或工具，让个体能够增益其提升竞争实力、以及促成其实现市场机会。年轻教师的新自由主义的情绪性在XQ学校的改革背景下相对较为显著，比如，有部分老师倾向于站在绩效的立场，将自己的情绪管理和表达视为某种交换利益的策略或工具，在高强度的加班文化下，他们也自嘲为"打工人"——额外的付出旨在于换取较高的绩效作为回报。基于感觉结构的内涵，"打工人"代表了一批焦虑的年轻教师对现实不满的共同体验，也蕴含着他们对重塑新的工作方式和意义的期待，以及对重构变化的身份的某种尝试。它带有恶搞的意味，在一定程度上折射出宣泄不满，也昭示着内在的谦卑，以及直面体制胁迫时的自我保护，而且能够在同侪中引起共鸣使彼此"结盟"以达到集体娱乐的效果。

需要指出的是，教师这些个人色彩的情绪体验和认知，尽管与新自由主义框架下的市场竞争或者绩效考核等核心价值有着若隐若现的关联，但总体而言，他们对这个迥异于传统教育文化现象的理解是模糊而松散的。它们参与并构成了威廉斯意义上的情感结构。对此，本课题认为，教师情绪及其蕴含的教育文化变迁的议题亟待后续更为深入地探索。尤其是当教师逐渐接受一种工具性和资源性的方式来理解个人的情绪/情感时，由此带来的个人身份、职业伦理和学生主体建构等都面临着新的挑战，比如以下三个方面：

第一，前文提及的"打工人"标签在某种程度上是自我戏谑，但它同时也映射出教师在理解其加班过程中的"牺牲"和"贡献"时，采用的框架已与传统文化标榜的"蜡烛"或"春蚕"的隐喻有所不同，而是带有最大化利用自我资源（时间和情绪）的意味，并借此而进行内在的商议，达成妥协并最终实现内心的安宁。由此看来，喜怒哀惧的背后，教师身份是如何因应于变革而流变的？

第二，教师对其职业伦理的理解在很大程度上锚定于"良心"的概念，而"良心"往往蕴含于教师对学生无私的关爱中，教师的关爱，作为深沉的情绪/情感，以"随风潜入夜，润物细无声"的方式消融于其与学生的关系中，因此，"关爱"并不具有即时的绩效价值，也难以进行客观的评量。

在本课题的研究中，笔者发现教师时有感叹："我们的良心，一文不值。"而这个困惑的背后，也折射出一个关键的问题：教师对其情绪的工具性或资源性的理解，对其职业道德而言又意味着什么？

第三，教师在其日常教学工作中，有意或无意地利用情绪来提升教学效果。教师强调的情绪的生产功能在不经意间渗透于其跟学生的关系中，由此而带来的微妙影响是对学生情绪生活的评价、引导与重构。其中，学生也同样地被鼓励或期待管理和调节其个人情绪，并且注重积极情绪（比如欢乐、感激、热爱）的养成，而对于那些消极情绪（比如抑郁、焦虑或恐惧），则需要进行"调节"而不至于让它们影响到学习效率或生活质量。由此，教师将其"情感结构"弥散于学校且与其他来源的论调交织一起，而这个混杂的话语资源对学生的情绪主体建构又意味着什么呢？

对这些问题的回答需要研究者下沉到当前学校系统的具体运作，进入个体教师的微观感受世界。未来的研究需要的不仅仅是采用调查或实验的方式去描述教师的情绪，而更应该以扎根理论的立场，理解教师如何体验其作为教师的身份、如何体验与工作场域遇见的他者（包括上级、同事、学生和家长等）等。借由多元的社会理论的视角，感同身受地去揭示和理解他们那些看似模棱两可的个人感受的深处，隐匿的可能的声音和立场。这些声音和立场或许在主流的或官方主导的话语体系里往往是被湮没、被静默以及被边缘化的，但或许昭示了某些新异的、替代的或者抵抗性的文化。这些未能言明的文化与主流的教师教育文化持续共存与互动，携手描画着教育场域以及教师发展的未来图景。

二、教师幸福感及其悖论

当前关于教师情绪研究的一个主要聚焦是幸福感，"幸福、幸福感、幸福教育"在许多相关学科业已成为热门议题，被广泛地研究，学院的旨趣毋庸置疑地也折射了公众的关切。幸福在普通人心目中被置于相当重要的位置——它几乎成为某种终极意义上的人生追求。关于教师幸福最为浪漫的理解是：只有幸福的教师，才能培育出幸福的学生，或者"只有教师幸福地教，学生才能幸福地学"，因此，幸福俨然不再是个人的事情，而是专业和职业的重要关切，是需要努力去追求和实现的品质。有人用宋词来表达教师追求幸福过程的三种境界：从"昨夜西风凋碧树，独上高楼，望尽天涯路"式的明确方向，到"衣带渐宽终不悔，为伊消得人憔悴"式的执着追求，最后到"众里寻他千百度，蓦然回首，那人却在，灯火阑珊处"的终有所获。这些众说纷纭的背后，其实都强调了一个事实：幸福感是今日教师成长的关键主题之一，它越来越影响教师的工作态度、心理状态、价值取向和精神归属。

在心理科学领域内，教师幸福感的研究主要聚焦在四个方面：幸福感总体水平、人口统计学差异（如性别、年龄、收入水平等）、前因变量（如人格特质、社会支持、生活事件等）以及效用（如对工作投入、绩效、动机等的影响）。也有研究者聚焦于探寻教师幸福感的内涵，在胡忠英的因素分析中发现，教师幸福感包含四个维度：教育教学满意感、教师专业身份认同感、职业情境舒适感和教师人际交往和谐感。

社会学领域的教师主观幸福感研究则主要采用批判立场。比如，周旻指出教师劳动的异化导致其主观幸福感的降低，他详细地分析了当前教师劳动异化现象，认为教师劳动目的不再是自由选择和发展，并在岗位上奉献自己从而实现价值、获得幸福，而是强调功利主义——教师职业成为其谋生手段，从而失去主体意识；在劳动成果方面，教育评价机制作为劳动成果衡量的尺度，有失公正和公平，偏颇而狭隘，使教师难以从劳动中感受到价值和喜悦。

（一）专业化与教师幸福

周旻的批判性观点提示了教师幸福感的某些悖论所系。在本课题的民族志研究中，XQ 和 BZ 两所学校的教师，跟其他地方的同事类似，对个人幸福有着拳拳的追求，也同时在努力培育学生更有可能获得幸福的素养。尽管他们在日常生活中甚少直接论及"幸福"，而主要是通过身体和灵魂感受着间或而至的喜悦和欢愉——身体和灵魂是其渴望、良知、思想、情绪/情感和现实生活映像的交错纵横的栖息地。对于他们而言，幸福常常是难以言谈的话题，它也总是经不起更多的追问，在教学工作中，凭着内在的良心做事，在许多老师看来就已然是最大的幸福，这意味着回归初心、放飞梦想、享受真实与安宁。但是，这些真实体验并不总是那样如期而至，在现实的生活/工作情境下，它们往往被蒙蔽、被扭曲和被破碎。教师所在的工作单位以及之前师范培训学校，本质上都是制度化、体系化的专业世界，其核心旨趣之一在于效率和合理，因应地，教师的发展则强调"专业化"。根据《中华人民共和国职业分类大典》，教师被归为"专业技术人员"，即"从事各级各类教育教学工作的专业人员"，教师专业化是现代社会化大生产对劳动分工精细化和高效化要求在教育领域的体现，其目的指向教育对社会进步的贡献而非教育者和受教育者自身的生活和发展。

然而，教育原本是与生活浑然一体，所谓"教育即生活，生活即教育"，但是，现代教育的特点之一是形式化，即依赖于符号来传递经验和知识，相应地，教师的工作也更多地表现出技术主义和实用主义。王爱菊指出当前的教育和教师的困境在于：

> 教育成了生活之外的专门活动，每个人都需要专门拨出一部分时间用来接受教育，在教育之外生活并用从教育中获得的东西来经营生活。教育渐渐远离了生活，也背离了它最本己的目标，退化为生活的工具而不是生活本身。效率成了衡量教育的尺度，真正的教育被遗忘了……（教师）被矮化为养家糊口的职业，教学成为纯粹的技术性活动。[①]

而且，教师专业化目的指向教育对社会进步的贡献而非教育者和受教育者自身的生活和发展。诚如 XQ 学校的绩效改革所昭示的，教师成为被改造和控制的对象，而非自我改造和自我控制的主体。学者宋广文和魏淑华认为，当前对教师专业发展的研究或政策多从促进学生发展和社会进步所需要的角度出发，"片面夸大了教师专业发展的工具价值，忽视了教师专业发展满足教师自身需要的本体价值，教师本人作为人的尊严与需要，已经

---

① 王爱菊. 教师专业化批判——兼论教师幸福 [J]. 教育发展研究, 2008, (18): 72.

不得不退隐到了作为背景的地位"①。由此，专业发展中的教师主体性受到很大程度的压制。

与专业化的精神相符，教师被期望或要求成为类似"熟练工人"的角色——其教学技艺越来越精，教学效率越来越高，越来越能胜任社会化大生产的要求。如同笔者的民族志观察显示的，不管是城市里的重点学校还是乡镇的劣势学校，教师都被要求通过一系列的方式或策略来提升工作效能，比如教学竞赛、技术训练或者各种名目繁多的辅助措施。教师产出的核心指标是学生的表现，确切地说，是学生的学业成绩，即便在教师最为关切的与学生的关系问题上，也被这种狭隘的专业化所扭曲。学生作为"受教育者"，成为教师职责所系的、必须被"改变"或"塑造"的对象，而不是教师生命中必不可少的部分，学生在专业化框架下不再是教育的终极目的，而是实现目的的工具或载体。由此，王爱菊感叹："教师越专业，教师和学生离本真的教育就越远。"

这种狭隘的专业化概念同样也影响着教师对个人幸福的感知。作为"熟练工人"，最终的价值体现在于"产品"生成中，所以，其幸福体验的关键在于结果。而日趋流行的基于量化思想的教师绩效评估也在这方面起着潜在的推波助澜的作用。诚如在XQ学校情况，部分教师在理解其课堂行为和其他专业活动（比如参加教学竞赛、申请科研课题等）时，都会在"提升个人专业素质"的冠冕之下加注诸如职称、绩效或者收入等方面的考量。

教师对当前专业化的参与跟其个人幸福之间的关联与耦合并非生搬硬套，而是在相互作用中实现彼此共同的建构。借由教师的深度卷入，当前专业化的概念和实现过程被赋予特定的情绪，比如个人荣耀、尊严、成长的喜悦等。因此，尽管从批判的角度而言，当前教师专业化显得狭隘而偏颇，但仍然被赋予合理化的价值，并构成了教师的成长文化，亦构成了学校的"真理政权"。蕴含在专业化的关于情绪管理的相关准则或规定，也被教师及其所在的团体认同和接纳，从而引导、塑造和胁迫教师如何去感受、

---

① 宋广文，魏淑华. 论教师专业发展 [J]. 教育研究，2005, 26 (7): 72.

表达和管理情绪。而教师情绪的感受、表达和管理，交织于与利害关切者各方的权力关系之中，进而在学校形成所谓的"情绪体制"。根据 W. M. 雷迪（Reddy）的理解，情绪体制是一套规范的情绪以及表达和灌输它们的正规仪式、实践和述情话语，是任何稳定的体制必不可少的支撑。[1] 情绪体制反映了情绪是个体生活的中心而深受社会的影响，并跟权力关系耦合相联而具有莫大的意义。很多人都相信："好教师是幸福的"，于此，"好"与"幸福"之间相互定义。作为教师，如果幸福感缺失，则可能也意味着道义或责任上的缺失，即不够"好"，因而亟待通过组织和个人的各种策略和努力来加以帮扶和"救赎"。与学校的其他成员（尤其是上级和学生）相处过程中，做一个幸福的教师，或者哪怕做一个假装幸福的教师，是教师义不容辞的责任——因为教师是太阳底下最光辉的职业，也理应成为最幸福的人。[2]

随便翻看热门网站或公众号，总有许多"专家"或"贤者"以循循善诱引导着教师如何获得幸福感。有人强调幸福是一种态度，是来自我们面对生活的态度，具体而言，幸福包含以下关键方面：善待自己——别跟自己过不去；善待学生——努力做一个成功的教师；善待同人——做一个与人为善的人。有人则强调教师幸福的关键是："对爱和奉献的更深理解、尊重'爱教育是一种行为能力'、终身学习，坚定终身追求。"也有人热情洋溢地讴歌教师的幸福不应只是来自外界的赋予、物质的回馈，而应是得益于内心的充盈，来自心灵的呵护、薪火的传承；来自精神的给予、青春的气息、执着的奉献。所有这些，连同主流的专业化思想，都在建构着教师"幸福"的概念——它进而影响着教师的感受、行动以及对自我和职业的理解。

其实，对于教师幸福的关键也许应该从其从事的"职业"（vocation）的词源意义得以释然。Vocation 的词源是拉丁语动词"vocāre"，"vocāre"

---

[1] REDDY W M. The navigation of feeling: A framework for the history of emotions [M]. London: Cambridge University Press, 2001: 129.
[2] 井光进. 什么是教师的幸福？怎样收获幸福？不妨从这4点做起 [N]. 中国教育报，2019-12-18.

的意思是"召唤,召集：to call"。这点与汉语的"職"的古体字"戠"实为异曲同工,因为"戠"有受到号召和召集("音"字的意思)后聚合、聚会的意思。你是被召唤去从事某种职业,你是被选择,并非你选择职业,因此职业是你的天命。当然"召唤"的实现需要自身的努力,自己先要变得敏锐,愿意接受"召唤"。职业跟生涯（career）的词源意义不同,后者源自"道路",具有向外延展的意涵,引申为一生的进步与发展,以及所担任的职务、角色或其他非职业活动。而职业的意涵在于个体生涯开展历程中不断向内发展的脉络,进而构建对人生意义和自我完整的灵性追求。职业和生涯的词源比较不仅仅是从象征或玄奥的意义上而言的,实际上,"职业"昭示着幸福本质上伴随着其对内心的持续叩问——只有当教师真正感受到其劳作作为某种召唤而激起内在的活力,并深受鼓舞时,其生活和职业才会有深刻的幸福意义。

（二）重思当下的幸福概念

如前所述,个体的幸福感被诸多学科聚焦和强化,在教师的日常生活和职业发展中,它也成为理所当然的个人追求,然而,幸福作为概念,本身并非是一成不变的,而是因应于特定历史和社会文化背景的。有研究者认为,一般人对幸福的理解,包括寻求幸福的方式,以及是否预期自己能够获得幸福,确实也随着文化与时代的不同而常有天壤之别。根据西方历史视域下的概念变迁,"幸福"在希腊悲剧中是天神的礼物,而在罗马时期则是喜悦与丰饶。亚里士多德认为幸福并非感官感受,而是德性的生活,基督教里幸福是神承诺的最后天堂,启蒙时代开始,幸福逐渐成为世俗生活的期待,甚至是天赋人权、以及人生的追求目标。

幸福作为历史的概念,折射了特定的价值观,抑或"什么对人最重要"。由此看来,教师对幸福的追求并非如同口号,显得敞亮而理直气壮,而是需要加以深入的检视,才能厘清"幸福"的背后,教师在乎的是什么。从历史的角度而言,传统中国文化里对教师的传唱与写意通常都跟"贡献""品德""典范""自我牺牲"等有关,诚如那些积淀在诗词或经典的言语里所描述的。但是,伴随着市场经济和消费文化的扩张和渗透,教师的身份建构和自我理解都受到潜移默化的影响。国内学者靳玉乐和王磊认为消费文化导致教师从"圣化存在"蜕变为"功利实体","教师职业不再'与道相关',而是'与利相随';于教师而言,教师职业也不再是'明道之业',而是纯粹的'治生之法'"。① 于此相对应,教师的幸福更多地表现为感官意义上短暂的"快乐"(hedonic enjoyment),而非人生意义上长期的"幸福"(eudaimonia)。2019年"双11"前后几天,笔者所在的XQ学校八年级办公室常常充盈着欢声笑语,许多教师(尤其是年轻教师)都在相互分享着购物节有关的信息,带着与消费相随的轻快与喜悦。毋庸置疑的是,消费在很多人看来都是具有"治愈"功能的,是获得快乐的一种关键方法。

然而,强调借由消费而获得的"快乐"日益僭越成为"幸福"的关键,它成为某种带有强迫意味的理念,类似无形的魔咒,作用于教师对自身感受乃至职业的理解。如果教师无法达成"幸福",则面临社会压力与自我否定,诚如在强调合群、外向性格的文化里,作为社会学动物的个体而言,"孤独是可耻的"。教师如果快乐缺失,那多半是自己的问题或者过错,因此,这是需要掩饰的、不可见人的隐私。

悖论的是,当镶嵌于当前消费文化的"快乐"概念甚嚣尘上,日益彰显的时候,人们在这方面的需求和期待也在不经意间水涨船高。心理学关于幸福有一个简约而素朴的公式:幸福=满足水平/期望水平。而作为个体,伴随着持续高涨的期望水平,转而需要更多的满足才能维系相应的幸福。从这个意义上而言,个人幸福在某种程度上如同手里攥着的沙子,越是强调,越是流失。而且,这种消费文化下的幸福理念,在鼓励追求快乐的同时,往往让人容不得不快乐或看不见不幸福,这样的视域显然窄化了个体的社会联结与责任。

在对幸福的理解上,不同的历史时期或者社会文化各有相应的词汇或概念。比如中太平洋的密克罗尼西亚群岛上,雅浦(Yap)人在理解幸福时,更凸显出生命中悲苦的意义,这并非雅浦人喜欢受苦,而是受苦这件事让人们能看见过去到未来的牺牲、照顾、归属,有道德光环。雅浦社会

---

① 靳玉乐,王磊. 消费社会境遇下教师身份的异化与重构[J]. 全球教育展望,2018,47(1):86.

强调受苦（suffering）的道德性，人们喜欢强调共苦，而非自甘。就中国传统文化而言，"苦"本身也具有丰富的美学和伦理学意义，即便在教师非常熟悉的领域，比如在谆谆教导学生时，会强调"苦尽甘来"。于此相关联的是大量的诗词，比如"长风破浪会有时，直挂云帆济沧海""山重水复疑无路，柳暗花明又一村""行到水穷处，坐看云起时""宝剑锋从磨砺出，梅花香自苦寒来"。这些质朴的话语恰恰说明教师职业总是苦乐相依，辩证而生。在笔者看来，教师的幸福常常带有"苦中作乐"的色彩，是在持续的、忍耐的付出中，某些美好瞬间的不期而至。

三、现代性语境、个体化与教师情绪

在社会学研究视域下，现代性（modernity）理论描述了经济与情绪生活之间关系，特别地，强调前者对后者的决定意义。现代性起源于启蒙运动，强调追求理性和崇尚科学，并且坚信在两者基础上构建的现代文明，被相信可以保证自由、平等的社会关系。虽然现代性原本鼓吹理性之精神、自由之意志，但是，理性与资本主义以及工业主义结合在一起，却在不经意间反噬了"自由之意志"。但诚如马克思主义强调的，冷硬的工业资本主义逻辑异化了工人的劳动，如同福特工厂的图景所描画的，工人被配置进入钢铁构建的流水线，成为孤独的、冷漠的、工具性的存在。

现代性当前的发展已经超越了福特工业时代，当下社会被许多研究者标定为"后福特"的全球经济社会，或所谓的"后期现代性"（late modernity），它以非物质性的劳作（服务型经济）作为关键的标志。在 O. 西蒙诺娃（Simonova）看来，"后期现代性"文化的核心内涵是情感或情绪资本主义（affective or emotional capitalism），即个体的情绪经验被商品化并产生经济效益。[1] 西蒙诺娃使用情绪原则（emotional imperatives）来说明人们在特定的社会文化脉络下的情绪体验、表达和应用所受到的规范和准则的约束。

---

[1] SIMONOVA O. Future of our feelings: sociological considerations about emotional culture in pandemic era [J]. ulture e Studi del Sociale, 2020, 5 (1): 211-225.

这些规范和准则显然具有强制性，但这并非意味着它们是压迫性的或抑制性的，它们其实同时也被普遍接受而认为是至关重要的，甚至理所当然的。本课题的研究表明，教师有意或无意间都在采用特定的情绪原则来引导和规范自身内在的感受和体验，其中，最为常见的包括："理性管理原则"以及"个人主义原则"。

（一）情绪的理性管理

情绪的理性管理原则虽然并没有明文规定，但是约定俗成的。教师被认为是成熟而稳重的人，因此，应该致力于对自己的感受进行理性的管理。研究者认为，西方发达国家的公共部门（包括学校）于20世纪90年代末逐渐转向于客户聚焦（customer-focused）的服务文化，因此日益强调"情绪的理性管理原则"。这多少折射了社会学者B. H. 罗森维恩（Rosenvein）的观点："西方的历史就是情感克制不断加强的历史。"[①] 近些年来，中国教育版图中，教师的角色也伴随着消费、服务等相关意识的流转而发生微妙的变化。传统上，教师的"传道受业解惑"的使命担当仍然重要，但当前，教师面向学生、家庭和社会的服务意识和心态日益彰显，尤其是"双减"政策背景下，教师需要越来越多地承担课后服务相关的工作，教师的情绪管理或多或少地被赋予商品化的色调，因为"服务"不仅是教学上的，更是与关怀有关。因此教师被期待避免、压抑其消极的情绪，同时需要提升情绪智商、情绪能力和内在的情绪自我控制。

本课题的观察表明，教师在与高利害关切者的交往过程中，情绪的理性控制的痕迹尤其显著。比如，教师的工作主要是通过声音或肢体语言与学生或家长接触，接触过程中需要产生相应的接纳、包容和平和/愉悦，而且受制于相关的主管（比如校长）。于教师而言，务求努力对自己的情绪实施调控，一方面，为了追求个人的报偿，另一方面则是为了配合组织的需求。尤其是面临某些突发事件或人（比如胡搅蛮缠的家长）的时候，教师往往比较被动，在情绪上表现出内敛而谦和，稍有过激，教师便会担心带

[①] ROSENWEIN B H. Worrying about emotions in history [J]. The American historical review, 2001, 107 (3): 821-845.

来某些难以预估的后果。教师最为担心的事情是激化和扩大某些事件带来的影响，所以在这种理性算计之下，最优的情绪策略是避让和搁置争议，由此而获得事态平复。

在理性管理原则下，情绪往往被工具化。由于绩效考核的驱动，教师追求的主要是某些表现性的（performative）目标（比如考试分数等），强调其"短、平、快"的实现，其因应之道在于将情绪当作实现目标的某种工具，即便是教师工作最为关键的情绪内容，即关怀，在理性管理的原则下，也逐渐带有算计的内涵。关怀本身却常常不经意间成为教师的某种管教手段——控制学生或与学生达成尊严交换的策略。情绪工具性还体现在情绪如同货币或商品，教师用以交换相应的报偿，比如主管的认可、家长的赞赏等。

理性管理原则意味着情绪是某种智力或胜任力，如同认知或运动技能，是可以通过训练或实践得以培养的。因此，在生活中，许多教师都热衷于学习某些情绪调控或管理的"技能"或"智慧"。然而，这种情绪能力化的观点在某种程度上可能损害教师的自主性，以及随之而来的个人职业追求的内在动机缺失。情绪，不管所谓的积极还是消极的，都如同其英文的拉丁词源"motere"所昭示的，具有"移动"的意思，意指情绪隐含着某种行动或驱动的倾向。我们可以说，教师的情绪实则是个体自我转化的场域所在，并且进而作为动力推促教师自我实践。情绪在教师的心智版图里并非是需要压抑或管制的消极成分，而恰恰是隐含生命能量的地方，推促诸如反思、承诺、关爱等对于教学和教师职业发展而言至关重要的要素的生成和维系。

笔者认为，教师丰富的个人情绪中蕴含无穷的教学和职业发展的价值，这亟待深入的审视和挖掘。比如，课堂中教师因学生挑战而产生的愤怒、气馁或者别的消极情绪，从心理体验层面而言，是消极的；而且站在后期现代性的情绪资本论立场上，则是教师主体建构缺乏胜任或素质的表现。因此，教师对这些负性情绪体验习惯于逃避、管制或讳莫如深。而倘若回归到情绪的本质意义，则意味着某些新异的或替代的伦理自我（ethical self）建构或再构的机会，因为这些情绪/情感是自我转化过程中必不可少的扰动,并且促动深刻的自我反省——借此,教师可以看到隐含于某些消极情绪对工作以及学生的炽热的爱,如古训所言:爱之愈深,恨之愈切。

在 BZ 学校,QM 老师述及其在课堂上某次受到学生挑战而体验到"尴尬"的情绪:

> 小学生说话也不避讳,很有意思的。写个作文,题目是"我的老师",收上随堂读几篇给大家听,乱七八糟,什么都有。有同学留意到我秃头,说老师头上顶着个"地中海",他们都笑得夸张。我开始还是很尴尬,有点生气,但是,也没有必要太较真。他们观察到的,对他们阅读和写作有用,就没所谓了。

在上面的访谈节录中,一个随堂写作课,QM 老师随机抽取几个学生来诵读自己的文章,结果学生因其童真,而口无遮拦地以看似冒犯的方式夸张描述老师的某些体貌特征,QM 老师的瞬间反应是尴尬。尴尬是难以接受的情绪体验,然而,此"尴尬"恰恰促成了 QM 老师后续的思考,并且认为是"他们观察到的,对他们阅读和写作有用,就没关系了",直至后来 QM 老师自己也感到趣味盎然。因此,"尴尬"让 QM 老师将注意力聚焦于学生,进而接受学生的挑战并且视之为学生的勇气,课堂因而变成一个充满不经意的愉悦的地方。

由此,哪怕是消极的情绪,亦有其价值所系,并不需要在它们酝酿或发作之前就通过"理性"策略性或预见性地给予擦除抹杀。尽管快乐乃众人之孜孜以求之的经验,但快乐或其他愉悦感受让人们更倾向于觉得所处情境是合意的、美好的,因而缺乏变革改良之动机。研究者 H. 布列斯(Bless)等人发现,与快乐相对,悲伤其实更能推动个体参与到对自我和置身其中的世界的改变——因为悲伤者更倾向于关注蕴含的那些可能"不合理"或"错误"的地方,并付诸努力去尝试改变。[①] 所以,情绪始终都在,

---

① BLESS H, CLORE G L, SCHWARZ N, et al. Mood and the use of scripts: Does a happy mood really lead to mindlessness? [J]. Journal of personality and social psychology, 1996, 71 (4): 665.

而蕴含其中的生命或职业启迪的意义也始终都在。理性管理的关键并非单纯压抑或抹杀真实的感受，而是探究和理解这些感受背后蕴含的启迪意义。根据心理学的研究，情绪在很大程度上反映了个体的目标，或者可以说，情绪的强度实际上是由激起情绪的事件的"合意度"决定的——事件对特定目标的影响越大，主体对其反应越是激烈。因此，那些情绪的背后，其实是一个隐匿的通道，借此教师可以更加深入地审视其职业或伦理方面的目标和旨趣所系。

（二）情绪的个体化

学校作为科层官僚体系，在具体的运作过程中往往突出年级/班级和学科的基层组织和管理功能，因此，从表面上看，教师往往归属于相应的年级/班级和学科，并借此而展开其教学工作以及职业发展。不同年级的教师往往待在各自的独立办公室，或者在学科会议室里碰头，他们的团队意识在很多时候都是被强调的重点，但是，实际的情况则常与此有背道而驰之嫌。研究者邓涛和孙启林认为这种由年级/班级和科组构成的学校类似于"蛋箱"，在其中生活与工作，教师相互之间往往缺乏深入和切实的合作与交流。"学校的每一个教室就是一个独立的王国，教师在其中独立地开展自己的教学，不愿意与同事探讨自己教学上的困难和问题，也不愿主动帮助别人改进教学。"[1] 这无形之中滋长了学校的个人主义文化。D. C. 罗迪（Lortie）也发现"学校的基层组织结构意味着教师必须私下与困难和焦虑做斗争，在脱离同事的物理环境中独立度过自己的大多数时间"[2]。

国内学者丁敏和惠中认为教师文化的重要特征表现为"马赛克"（mosaic）。"马赛克"原意指不同颜色的小块玻璃、碎石等材料拼凑、镶嵌而成的图画或图案——远看似乎是完整的，浑然一体，近看则各自分离独立，互不涉及，各具特色。"在学校组织中，教师对课程与教学问题拥有极大自主权，纵使有年级组和教研组等促使教师合作的组织结构，还是会形成教

---

[1] 邓涛，孙启林. 论个人主义教师文化及其变革 [J]. 比较教育研究, 2007 (6)：26.
[2] LORTIE D C. Schoolteacher: A sociological study [M]. Chicago: University of Chicago Press, 2020: 57.

师在学校教学中单打独斗的局面，教师之间往往也缺乏真正的合作与沟通。"① 这种乍一看精诚合作，仔细看个性突兀的教师之间貌合神离的现象，即所谓的教师"马赛克"文化。由此看来，"马赛克"文化的本质仍然是个人主义，教师们多以"独行者"的角色出现，在封闭的课堂中教学，甚少参与同事之间的协同工作，在专业成长中追求自给自足，强调个人成功。

学校个人主义文化的另一个促动力量源自制度框架。如同在XQ学校的民族志观察所显示的，管理的基本立场具有鲜明的理性化特征，强调严格的规章制度、明确的职责分工、严厉的奖惩纪律等，这种理性化的管理主要通过量化考核等手段对教师实施外在的控制与监督，而在具体的学校管理和教学实践，"层层压实责任、狠抓工作落实"作为基本的原则常常被强化。这个口号的背后，反映的是教师个体，而非其所归属的年级或科组作为实质的担责者。而学校的绩效机制也在很大程度上反映了这个教师工作个人化（individualisation）的趋势，对于教师而言，他/她的日常教学、薪资待遇、职业发展（职称或者专业素质提升等），实际上主要都是个人的事情，背后多多少少有着年级或科组的支持，但是，最终还是在个体的层面上来执行和体现。如同在XQ学校的新的绩效方案里所展现的，那些借由参与竞赛、发表论文、斩获奖项等，绝大部分都是个人事务，而非团队协作。由此，教师的"自我作为企业家"或者"自我作为打工人"的认知逐渐扎根和成长，教师之间围绕着绩效机制倡导的特定标准，展开竞争。教学工作个人化，而且"成败皆靠自己"，这进一步加剧了教师之间的孤立与封闭，为学校的个人主义文化推波助澜。

裹挟于个人主义的文化，教师的情绪变得更加隐私，内化而成为纯粹的个人事务。在学校的公共场合下（比如课堂、办公室等），教师更加强调对情绪表达和感受进行有效的操纵和管理，唯有在私密的场合，比如两三个亲密同事之间的小圈子，真实的情绪才得以畅快地表达。但情绪，尤其是所谓的消极情绪，总是难以被压抑或者选择性遗忘，它们通常需要出口，

---

① 丁敏, 惠中. 独立与融合——教师"马赛克"文化的解读[J]. 外国中小学教育, 2005 (9): 39.

由此，越来越多的教师（主要是年轻教师）在社交网络的隐匿群组（主要微信朋友圈）里表达真实而细碎的与工作有关的感受。微信本质上是私密化与熟人化的，年轻教师倾向于在其中打造个性化的空间，尽管这种个性化的空间看上去似乎缓解了当前公共空间的日益"原子化"趋势，但实际上，借助内嵌于微信的各种机巧设置工具，教师能够重新在其线上生活的世界里竖起许多隐而不宣却无法逾越的"藩篱"，这可以保障他们内在的声音、真实的感受和隐私的经历都能够相对安全而随意地得以表达。笔者在BZ学校的许多年轻教师的朋友圈里总是能感受到素朴而真切的与工作有关的情绪和情感，这些情绪和情感往往得到大量的回应，那些感同身受者往往能够带来微妙的体贴、安慰或者鼓励——有时候只是在一起吐槽或贫嘴，也能够让彼此获得彼此安在或相互扶持的感觉。

这些私密的共同体，在某种程度上构成了教师生活和工作的"后台"——于其中，被压抑的真实性格和体验得以释放，这些共同体，在让参与其中的教师获得归属和安全的同时，也让他们在相互激励中，确立内在的真实感与自我感。不过，很多时候，它们也表现为流淌着嘈杂声响的回音壁（echo chamber）或"资讯茧"（information cocoon），让教师的情绪生活以及由此带来的智识启迪都表现为同质化。如同XQ学校的教师TY在同事LT吐槽其受杂务差使，工作生活皆支离破碎的动态后面做出回应："我们都是苦命的打工人"（LT的说法），由此而带来圈子里许多感同身受者的共鸣。"打工人"作为看似戏谑的概念，却在不经意间成为共同接纳的标签，而这种自我经验的认知和体验，让置身其中的成员获得归属和相互支持的感觉的同时，也让其对职业和身份的理解显得狭隘且同质化。

四、教师的情绪教育：意义与可能性

尽管如今的教师带着着冷静的头脑、规训的躯体行走于崇尚理性和效率的社会文化情境下，但这并非意味着教师简单地消融于其间并成为这些核心论调流转的节点。相反地，教师的情绪始终扮演着必不可少的、生产性的角色。在日常生活和教学工作中，教师不应该仅仅是其情绪的被动拥有者或者遭受者，而是情绪内容和意义的能动的创造者。如同本研究所发现的，愤怒本身可以被当作课堂秩序维系的手段，因此，情绪其实是某种可运用的、影响他者的工具或策略。

本研究也指出，教师的情绪在无形之中受到主流论调的刻画和建构，但它仍然是一个归属自我、相对私隐的领域，它是自主性得以孕育、萌芽和发展的膏腴之地。情绪始终是某种善意的信号提醒着，或者如前述所言的"空气"浸润着教师对自我的感知，对自我与周遭情境关系的反思、以及对自我发展可能性的检视等。情绪的意义之一在于它昭示或启发了某个特定的管道，让人们借此而认识自己所经验的世界，并由此而对它做出判断、改变或操弄。因此，情绪教育应该成为教师教育的有机构成部分。

当前关于教师情绪的教育，囿于理性主义的智识传统，主要突出情绪管理和调适的方面——教师能够借此而实现最大化效用。但是，教师的七情六欲并非可以生硬地归结为积极情绪或消极情绪，并且认为后者对于个体及其工作而言都是累赘或障碍，相反地，这些多变而无定的情绪，恰恰构成了教师成长和发展的关键。在笔者看来，情绪至少与教师的内在伦理建构有着密切的联系，并且是其抵抗周遭压迫性话语环境的关键资源所系。

（一）情绪与教师伦理

N. 霍克维（Hookway）观察到西方社会当前正处于道德持续沦落的局面，而这个背后的深刻动因之一来自对情绪及其附着的身体与感受作为道德发动力量的漠视。霍克维认为，西方社会在传统上主张通过对情绪和身体的严格限制和压抑来创造和实现其内在的道德秩序，倘若那些源自社会的、宗教的或者社区的惩戒力量缺失的话，未有管束的情绪和身体实际上是亵渎神灵，绝无圣洁可言，因此，西方式社会应对道德沦落的困境的预设处置方案是：强化对攻击的、感官的冲动进行限制和压抑。[1] 总体而言，情绪及其依附的身体于道德生活而言，是不可靠、不可信的，因此应该被驱逐、被鄙夷。在霍克维看来，这种文化上对情绪与身体的悲观论是反本

---

[1] HOOKWAY N. Emotions, body and self: Critiquing moral decline sociology [J]. Sociology, 2013, 47 (4): 841-857.

<<< 第九章 关于教师情绪的主流话语：批判性思考

能和反欲望的弗洛伊德式的传统——它忽视和质疑情绪与躯体感受对道德生成和行动的价值。这种传统论调实际上是基于弗洛伊德主义的预设，即个体借由父亲而完成分离、压抑以及威权，其人格和品质如此而形成于男性气概的与理性的关系中，而非形成于与母亲在躯体、联结以及情绪的认同的关系中。

然而，实际上，情绪和躯体感受并非与道德生活毫无关联。恰恰相反，它们促成了能动性和反身性的思考，是自我及主体性形成的有机构成。抛开活生生的情感和情绪经验，建构的伦理主体本质上只是干瘪的、虚空的"知的主体"——它总是在不经意间粗暴而傲慢地忽视个体真实的生存体验。然而，本课题对 BZ 学校中老年教师的观察表明，身体在其情绪生活乃至工作相关的行为选择和道德判断都具有至关重要的意义。情绪以及蕴含其中的道德经验本质上依赖于自身的，尤其是与健康相关的感受。当情绪推动道德判断时，身体与周遭环境相互作用，实际上构成了教师生活和工作的伦理维度。

在后现代社会的伦理建构中，人们强调行从我心（acting out of affections），情绪是个体与他者（Other）之间无条件的责任关系中促发道德行动的关键。人们并非简单地基于他律准则（heteronomous rules）的服从来表现出道德，更主要地，人们在与他者的相遇（encounters）中，是通过情绪的驱动，而选择和表现特定的行动。在 S. 安米德（Ahmed S.）看来，情绪本质上是关系性的，移动于特定的身体与客体之间，如同行进于自我与他者之前的边界上的交通工具。① 安米德这个隐喻的要义在于：正是借由情绪，他者不再是虚幻而抽象的，遥不可及的，而是根植于情绪交换、沟通并由此而能够感同身受的所在。

道德的底色是由情绪或情感铺就的。如同福柯临终前所说的那样："一般而言，在我们社会，道德的主要领域，我们身上与道德关系最为密切的

---

① AHMED S. Strange encounters: Embodied others in post-coloniality [M]. London: Routledge, 2013: 147.

部分，实则是我们的情感。"① 心理学的研究也表明，置身于切身性（direct practicality）的困境中，大脑的情绪中枢会在第一时间被激活，有助于人们形成符合道义论（deontology）的直觉，并进而指导其后续的觉察和理解，表达为赞同或反对、支持或谴责、正确或错误、好的与坏的，即道德判断。② 根据道德直觉理论，这个过程往往是"突然呈现"，个体并未有意识地觉察到自己经历了寻求和劝和证据，或者逻辑推演出结论的步骤。

借由情绪，教师职业最为关键的伦理实践——关怀他者（主要指学生）得以可能。教师在与学生共处的过程中，情感上的互动是最有力的纽带，是教师行为的动力源泉，教师从学生身上获得心理报偿，体现自我价值，从工作和兴趣中获取快乐与满足。教师在关怀学生中的伦理实践因此而具有休谟意义上的"德行"的内涵，注重"效用"，即"给予旁观者以快乐的赞许情感的心理活动或品质"。③ 这种视角认为职业伦理实践不仅是内在品质的修为，而更是瞬间的践行——这种践行并非深思熟虑的选择或决策，而是借由新现象学学家施密茨所谓的"情绪震颤"的瞬间的启迪。身体"情绪震颤"的事态，在施密茨看来，是无须借助感官就能亲身体验到的一切，比如畏惧、疼痛、压抑、惊恐等，它亦指主体与他者（包括他人、技术、物件等）发生关联时置身其中的感受、体验，如热爱、冷漠、憎恨等。总而言之，它是个体在某个时刻、某个处境下的遭际，是其生存、体验的最基本的"当下"的事实状态。在教师的日常生活和教学工作中，充斥着许许多多的"情绪震颤"：置身躁动的班级时的不满、面对不公的待遇时的愤怒、碰到工作的挫败时的沮丧等。这些源自事态、程序或问题的情绪震颤，向作为教师的主体袭来。教师无法逃避地自我卷入其中，真正地领会其中的意义，检视自我，并获得新的理解，从而获得成长、积累、升华的经验，借此而形成和确立自我。

---

① FOUCAULT M. On the genealogy of ethics: An overview of work in progress [M]. London: Penguin, 1983: 352.
② GREENE J D, NYSTROM L E, ENGELL A D, et al. The neural bases of cognitive conflict and control in moral judgment [J]. Neuron, 2004, 44 (2): 389-400.
③ 休谟. 道德原则研究 [M]. 曾晓平, 译. 北京: 商务印书馆, 1980: 141.

笔者认为，教师的伦理建构本质上并非认知或理性方面的选择，而是身体性的践行，是在无数的情绪震颤中揭示（revealing）出来的、自发的、能动的经历。教师的伦理实践这种视角在很大程度上让其职业幸福感复归其原本的意义。幸福的英文单词是"happiness"，从词源（hap）上而言，含有偶然、机遇与幸运的意思，由此而积累、沉淀，然后才逐渐演变成一种内在状态，是教师能够努力达致的目标，而教师在其日常生活和教学工作中所经历的大大小小的"情绪震颤"，恰恰具有这种"偶然"的特性。尽管很多时候，这些"情绪震颤"都被教师在主流的二分法框架下归为"消极"的，并贴上负面的标签加以压抑和清除，但它们构成了教师置身其中的"气氛"，教师的身体能够敏锐地感受到，某些变化的力量在内心进行角逐、冲突，如同在茫无边际的旷野，它被召唤着进行重新定位、确立目标、调整方向，这是教师成长和发展的路径。尽管它常常承受着酸楚与痛苦，但如同挂在树梢历经春秋的果实，在遭遇无数次的风吹雨打之后，仍然只想着为精心培养它的主人带来丰收的幸福。于教师而言，他们在乎的是为学生——那些让他们的生活和职业充盈着意义的人们——带来成长的幸福。由此，他们历经"情绪震颤"，并由此而实践着教师的伦理和幸福。

（二）抵抗的可能性

置身于特定的学校脉络，教师的情绪并非无所谓的副产品。如前所述，它本身具有促动功能——让个体生成特定的行动或认知，或者它本身就是某种形式的行动或认知，因而，情绪在个体与情境相互作用的过程中产生，同时也反作用于这个相互作用。它允许教师借此而检视个人内在的品质、动机以及外在环境的结构、文化等，由此进一步思考未来的决策和行动。由此，情绪可以隐喻地理解为社会行动和变革的催化剂。对教师而言，情绪有助于他们觉醒，并转化为动力，促使他们深入探究个人及其周遭环境面临的问题和局面。这个"催化剂"的隐喻预示着情绪在教师个人抵抗中的可能性。

在日益理性化的机构里，教师的情绪时时刻刻受到特定的潜移默化的归责的控制。它们如同某种契约，在很大程度上定义了情绪的形态、内容和表现，它们无形中让权力和政治僭越取代个体而赋予情绪于意义。教师情绪通常表现为权力运作的场域。在本课题的民族志研究中，极端的案例如 JP 老师所觉察的 PUA 式领导风格对教师情绪生活的压制，更为典型的则是日常生活中，大部分教师都表现出内敛、顺从而拘谨，常常是一副小心翼翼的模样，这个与其工作环境里那些天真烂漫、机巧灵动的学生形成鲜明的对比。大部分老师内心都很清楚，学校不是教师为所欲为的地方，学校容不下偏见、任性以及个人化的情绪。教师工作的特征之一是可见性（visibility），基于福柯的理论，可见性意味着被监视和被规训（discipline）。学校是一个聚光灯下明晃晃的舞台——教师处在无数双眼睛的"注视"下，因此必须按照特定的剧本来进行"表演"，包括思想、行动乃至内在的情绪。

即便如此，教师如同其他行业的个体一样，有着许许多多"苦"中作乐的智慧。其实，笔者在教师办公室体会最为深刻的是，大部分教师都有着优秀的心理韧性（resilience），常有灵光乍现的幽默、漫不经心的戏谑、笑而置之的泰然，尤其是当主管领导不在场的情况下，淳朴而稍显玩乐旨趣的本性就得以彰显，办公室由此而成为某种意义上的"后台"，获得了情绪的庇护所的意义。同事在相对平等的氛围下，断断续续的交谈往往超越那些所谓的理性、规矩或主流价值，而表现出异彩纷呈，甚至光怪陆离，也常常有微妙的、张扬的、充满抵抗能量的吐槽。比如，XQ 学校八年级办公室几个老师吐槽自己的班主任身份："上辈子杀猪，这辈子当老师；上辈子杀人，这辈子当班主任""世上待遇最低的主任""最小权力、最难撤职的主任""最爱趴窗前的动物"……这些自嘲式的吐槽，让教师们从繁重、乏味的工作中抬起头来，获得短暂的休憩。其中的幽默智慧表现在将原本毫不相关、不协调的符号或元素拼凑在一起，移花接木、颠倒语境产生出意想不到的诙谐或戏剧效果，教师的个人情绪也由此而获得了抵抗的意涵。抵抗在这里并非是指向颠覆和解放，而是指向于机构主张的价值或信念，以自己所认同的美学与创意方式，在属于自己的空间里发出声音。而且，这种轻松愉悦的情绪，如同他们正在共同经历的班主任身份带来的其他感受一样，将他们联结在一起，让彼此接纳和认可，并获得归属的感觉。

有趣的是，教师不仅消费这些浸润着私人感受的想法和观念，他们也常常参与创作和传播，他们将个人的经验与周遭环境的话语进行耦合、改编、修订、变形、拼凑等，形成类似于无意的闲谈、玩笑或游戏，混杂了社会批评、幽默诙谐乃至喜怒哀惧的感受，在安全的情境下（比如亲密同事构成的圈子）彼此分享和共构。它们在某种程度上是教师生活的亚文化——也反映了他们对主流文化所框定的身份或价值的偏离甚至抵抗。当然，这种个人抵抗主要是随机地、杂乱地浮现，表现为即兴的、零散的、浮光掠影式的个人展示，而没形成持续的、系统的、组织性的生产活动。如同部分青年老师在戏谑之间自嘲为"打工人"，并在微信圈子里扩散传播那样。不过，借由隐喻（比如"打工人"）或幽默诙谐（比如"上辈子杀猪，这辈子班主任"）等符号的流通，浸润其中的某些情绪/情感得以展示、表达、积聚和传播。克拉克（Clack T. J.）认为，"没有表达，情绪就仅仅是社会结果，而非社会力量"。借助这些符号和交谈，情绪转化为教师省思的力量，其内在主体的某些面向得到彰显或认同，从而构成其自我理解的有机部分。这种微弱的、源自边缘位置的抵抗，让教师能够合理化他们那些迥异于机构主导的职业价值和生活/工作方式。

　　传统意义上，这种情绪驱使的个人化的抵抗是消极的，或常常与组织的价值或理念相悖，因此，在学校管理中，它们总是受到压制和批判。但从积极的面向来看，抵抗可以视为处于劣势位置群体的发声方式。借由浸润着情绪的自嘲、诙谐、搞怪或其他，教师在表达对情绪自由空间的诉求、对自我身份建构的反思、对学校情绪体制的阻抗等。学校的回应不应停留在简单的压制或批判，而更应是抱持真诚、宽容的姿态来聆听、理解和容纳。教师的情绪不仅是教师个人自我洞察的驱动力，实际上也是学校组织变革的驱力，然而，在学校变革过程中教师的情绪资源甚少被挖掘和利用，这部分归因于中国文化背景下的组织特征，即较高的权力距离指数（人们对组织中权力分配不平等情况的接受程度较高）。普通教师甚少有机会参与学校层面的决策过程——他们被期待为合格的任务执行者，需要服从和支持上级并接受其指导。然而，哈格里夫斯的研究指出，教师并非一味地反对变革，他们体验到变革的消极面向主要是因为他们是被动的接纳者；倘若变革是自我驱使（self-initiated）的，那么，教师将表现得更为参与和支持,从而导向更好的结果。① 教师的情绪是其内在需求的反映,如果它们能够被纳入学校变革的设计和实施的考量之内,则在无形之中转化成为动力之源泉,促使变革更为顺利和成功地展开。

小结

　　教室和学校实质上都是情绪空间(emotional space)。但是,过往的教育研究和管理政策对于情绪在教育中的地位都是避重就轻的,比如强调师生的情商培养、注重师生的心理健康等,对于情绪于学校、教师、以及学生更为具体而深远的意义,则往往是含糊不清的。当前的教育似乎默认了一个前提:学校工作的核心关切应该是学生在认知和学术层面的产出,这体现在各级相关部门的评估和评估体系中。教师的情绪以及情绪所系的肉身,通常被是视为某种亟待解决的问题或挑战,因应地,教育研究和管理政策提出的主要指导方案是调适和压抑——它们认为这样可以帮助教师适应竞争日益激烈的教育体系。

　　本章试图澄清与情绪等同于问题或挑战的认识论有关的一些议题。首先,情绪被隐喻地理解为某种类似"空气"或者"氛围"的存在,它有助于相应的想法、信念和价值的孕育与发展,并进而成为学校的文化或章程,于个体而言,呼吸之间皆有切身的体验,而这同样是其智慧生长的土壤。其次,情绪中的"幸福感",作为当下主流的个体旨趣,被置于专业化的背景下日趋狭隘与偏颇,本课题强调应该返璞归真地重新回到教师作为"职业"本身的意涵,接受内心的召唤,珍惜工作和生活中那些点滴而细碎的不经意间的"遇见"。再次,情绪也被置于现代性的语境下,检视其在理性化和个体化趋势下局促窘迫的境况。对此,本课题强调情绪对个体自我转化的价值——那些丰富多彩的感受构成了场域,促成真实而多样的自我实践。最后,本章指出教师情绪教育的机会与意义,其中最为关键的是教师

---

① HARGREAVES A. Inclusive and exclusive educational change: Emotional responses of teachers and implications for leadership [J]. School Leadership & Management, 2004, 24 (3): 287-309.

情绪教育不能简单囿于管理或调适技能，而是转向挖掘和利用其中的个人伦理建设的机会。而且，情绪教育的指向之一是：允许教师直面潜在的规训性的结构化力量时，能够检视和觉察内在的抵抗的可能性。

总而言之，教师情绪的健康与发展并不能单纯建立在抽象的认知管辖之下，而是必须尊重内在的感受。当然，情绪体验也无须杜绝理性的介入，毕竟，原本含混的感受需要概念来澄清、掌握和理解，并由此获得更具启发性的意义，减少飘忽不定、混沌不明的反思经验，从而更有利于教师的自我认识以及人际沟通。在这个过程中，教师需要特别留意流转在组织机构或社会公众之间的暗示性以及胁迫性，尤其是那些看似理所当然、隐匿的论调或者信念——它们无时无刻不在诱惑或说服着置身其中的个体，进而规训着个体，乃至其最为隐私的人际和情绪世界。

附录1 教师情绪问卷

1. 性别（请勾选）：男 □　　女 □
2. 现在是否担任班主任（请勾选）：是 □　　否 □
3. 你现在所教的年级：_____ 年级
4. 你的年龄____ 岁，从教时间：____ 年（请填写具体数字）
5. 现在主要的教学科目：_____（请填写1—2门课）
6. 居住所在地（勾选）：城市 □　　农村 □
7. 每个月平均工资：____ 元（请填写具体数字）

仔细阅读下列提项，请您在对应的选项画"√"来选择您在上个学期里的情绪频率。

题 项	从不	很少	有时	一半以上时间	经常	几乎总是
1. 我很乐意见证学生的成长						
2. 我很乐意为学生的学习做出贡献						
3. 我喜爱教师这份工作，它让我有成就感						
4. 我对教学很有热情						
5. 我喜欢当老师，因为这是可以获得社会尊重和认可的职业						

续表

题 项	从不	很少	有时	一半以上时间	经常	几乎总是
6. 当看到学生投身于学习中时，我很欣喜						
7. 当学生能学以致用时，我很受鼓舞						
8. 我很享受将创新理念融入于我的教学中						
9. 当学生喜欢我的教学时，我很欣喜						
10. 当获得学校领导的支持时，我很受鼓舞						
11. 当没能纠正好学生学习态度时，我很懊恼						
12. 当和学生关系不融洽时，我很懊恼						
13. 当遇到不公平待遇时（如：工作量安排、工资待遇、绩效评价），我很气愤						
14. 当侮辱我的职业时，我很气愤						
15. 被社会或公众以无任何缘由或证据谴责时，我很恼怒						
16. 当学生行为不端时，我很伤心						
17. 当学生不主动学习时，我很挫败						
18. 当教学活动没达到预期时，我很挫败						
19. 当我的职业理念和教育改革的要求有冲突时，我很沮丧						
20. 面对僵化的政策和体制，我感到很无力						
21. 当学生因考试而产生压力时，我很担忧						
22. 我担心如何提高学生成绩						

续表

题　项	从不	很少	有时	一半以上时间	经常	几乎总是
23. 当工作量大时（如：备课），我很有压力						
24. 我担心我是否可以得到合适的晋升机会						
25. 当同事间存在不良竞争时，我很有压力						
26. 当遇到不理性的家长时，我很有压力						

附录 2　Chen Junjun 教授的问卷使用许可

> **RE: Request for The teacher emotion inventory. Thank you!** ☆
> 发件人：**CHEN, Junjun [EPL]** <jjchen@eduhk.hk>
> 　　　　（由 auto_hh_sky+274173863=qq.com@126.com 代发）
> 时　间：2018年9月27日（星期四）下午4：12
> 收件人：黄华 <hh_sky@126.com>
> 附　件：**2 个**（TEI (English Version)_JunjunChen.doc...）

Dear Hua,

Please see the attachments. Thanks for your interest.

Best,

Junjun

From: 黄华 <hh_sky@126.com>
Sent: 2018年9月27日 4:06 PM
To: CHEN, Junjun [EPL] <jjchen@eduhk.hk>
Subject: Request for The teacher emotion inventory. Thank you!

参考文献

中文专著：

[1] 皮埃尔·布迪厄，华康德. 实践与反思——反思社会学导引 [M]. 李猛，李康，译. 北京：中央编译出版社，1998.

[2] 陈向明. 质的研究方法与社会科学研究 [M]. 北京：教育科学出版社，2000.

[3] 赫尔曼·施密茨. 新现象学 [M]. 庞学铨，译. 上海：上海译文出版社，1997.

[4] 胡金平. 学术与政治之间的角色困顿：大学教师的社会学研究 [M]. 南京：南京师范大学出版社，2005.

[5] 克里福德·格尔兹. 文化的解释 [M]. 纳日碧力戈，郭于华，李彬，等译. 上海：上海人民出版社，1999.

[6] 罗伯特·科尔维尔. 大加速：为什么我们的生活越来越快 [M]. 张佩，译. 北京：北京联合出版社，2018.

[7] 曼纽尔·卡斯特. 认同的力量 [M]. 曾荣湘，译. 北京：社会科学文献出版社，2006.

[8] 马克斯·韦伯. 世界经济通史 [M]. 姚曾廙，译. 上海：上海译文出版社，1981.

[9] 休谟. 道德原则研究 [M]. 曾晓平，译. 北京：商务印书馆，1980.

中文期刊：

[1] 邓涛，孙启林. 论个人主义教师文化及其变革 [J]. 比较教育研究，2007：6.

[2] 李昕桐. 新现象学的情感伦理 [J]. 道德与文明，2014：4.

[3] 靳玉乐，王磊. 消费社会境遇下教师身份的异化与重构 [J]. 全球教育展望，2018，47（1）.

[4] 黄华，张旭东. 朋友圈里的"我"：青少年的经验 [J]. 当代青年研究，2014：6.

[5] 穆洪华，胡咏梅，刘红云. 中学教师工作满意度及其影响因素研究 [J]. 教育学报，2016，12（2）.

[6] 宋萑. 质性研究的范式属性辨 [J]. 全球教育展望，2018，47（06）.

[7] 宋广文，魏淑华. 论教师专业发展 [J]. 教育研究，2005，26（7）.

[8] 王爱菊. 教师专业化批判——兼论教师幸福 [J]. 教育发展研究，2008：18.

[9] 王铭铭. 教育空间的现代性与民间观念 [J]. 社会学研究，1999：6.

[10] 伍新春，齐亚静，臧伟伟. 中国中小学教师职业倦怠的总体特点与差异表现 [J]. 华南师范大学学报（社会科学版），2019：1.

[11] 吴重涵，张俊，王梅雾. 是什么阻碍了家长对子女教育的参与——阶层差异，学校选择性抑制与家长参与 [J]. 教育研究，2017：1.

[12] 武向荣. 义务教育教师工作满意度影响因素的实证研究 [J]. 教育研究，2019，468（1）.

[13] 徐继存. 教师身份的伦理认同 [J]. 教育科学，2020：4.

外文专著：

[1] AHMED S. Cultural politics of emotion [M]. Edinburgh, United Kingdom: Edinburgh University Press, 2014.

[2] BANTOCK G H. Education, culture and the emotions [M]. London: Faber & Faber, 1968.

[3] BOLER M. Feeling power: Emotions and education [M]. London: Routledge, 1999.

[4] BURMAN E. Deconstructing developmental psychology [M]. London: Routledge, 2016.

[5] BUTLER J. Gender trouble: Feminism and the subversion of identity [M]. London: Routledge, 2011.

[6] DAVIES J, SPENCER D. Emotions in the field: The psychology and anthropology of fieldwork experience [M]. Stanford: Stanford University Press, 2010.

[7] DENZIN N K. On understanding emotion [M]. San Francisco: Jossey-Bass, 1994.

[8] DENZIN N K, LINCOLN Y S. The Sage handbook of qualitative research [M]. London: Sage, 2011.

[9] ELSTER J. Alchemies of the Mind: Rationality and the Emotions [M]. New York: Cambridge University Press, 1999.

[10] FOUCAULT M. Power/knowledge: Selected interviews and other writings [M]. Hertfordshire: Harvester Press Limited, 1980.

[11] FOUCAULT M. On the Genealogy of Ethics: An Overview of Work in Progress [M]. London: Penguin, 1983.

[12] FOUCAULT M. Madness and Civilization: A History of Insanity in the Age of Reason [M]. New York: Vintage, 1988.

[13] GEERTZ C. The interpretation of cultures [M]. New York: Basic books, 1973.

[14] GIDDENS A. Modernity and self-identity: Self and society in the late modern age [M]. Stanford: Stanford University Press, 1991.

[15] HARDING S. Whose science? Whose knowledge? [M]. New York: Cornell University Press, 2016.

[16] HINE C. Virtual ethnography [M]. London: Sage, 2000.

[17] HOCHSCHILD A R. The managed heart: Commercialization of human feeling [M]. Oakland: CA Univ of California Press, 2012.

[18] HOLSTEIN J A, GUBRIUM J F. The self we live by: Narrative identity in a postmodern world [M]. New York: Oxford University Press, 2000.

[19] JOHNSTON L, LONGHURST R. Space, place, and sex: Geographies ofsexualities [M]. Lanham, Maryland: Rowman & Littlefield, 2010.

[20] LEVINAS E. Totality and infinity: An essay on exteriority [M]. New York: Springer Science & Business Media, 1979.

[21] MALINOWSKI B. Argonauts of the Western Pacific: An account of native enterprise and adventure in the archipelagoes of Melanesian New Guinea [M]. London: Routledge, 2002.

[22] MCMAHON D M. Happiness: A history [M]. New York: Grove Press, 2006.

[23] MESSER D E, SHUMWAY D R, SYLVAN D. Knowledges: Historical and critical studies in disciplinarity [M]. Charlottesville, VA: University of Virginia Press, 1993.

[24] REDDY W M. The navigation of feeling: A framework for the history of emotions [M]. New York: Cambridge University Press, 2001.

[25] SOLOMON R C. True to our feelings: What our emotions are really telling us [M]. New York: Oxford University Press, 2008.

[26] TAYLOR S J, BOGDAN R. Introduction to qualitative research methods: The search for meaning [M]. New York: John Wiley & Sons, 1984.

[27] TURKLE S. Alone together: Why we expect more from technology and less from each other [M]. New York: Basic books, 2012.

[28] WEBER M. Economy and Society: An outline of interpretative sociology [M]. Berkeley: University of California Press, 1978.

[29] WILLIS P. The ethnographic imagination [M]. Cambridge, UK: Polity, 2000.

[30] WINNER L. Autonomous technology: Technics-out-of-control as a theme in political thought [M]. Cambridge: Mit Press, 1978.

[31] ZEMBYLAS M. Teaching with emotion: A postmodern enactment [M]. Charlotte, NC: Information Age Publishing, 2006.

外文期刊：

[1] APPLE M. Comparing neo-liberal projects and inequality in education [J]. Comparative Education, 2001, 37 (4).

[2] BALL S J. The teacher's soul and the terrors ofperformativity [J]. Journal of Education Policy, 2003, 18 (2).

[3] BEAUCHAMP C, THOMAS L. Understanding teacher identity: An overview of issues in the literature and implications for teacher education [J]. Cambridge Journal of Education, 2009, 39 (2).

[4] BROWN A D, HUMPHREYS M. Organizational identity and place: A discursive exploration of hegemony and resistance [J]. Journal of Management Studies, 2006, 43 (2).

[5] HALL D, MCGINITY R. Conceptualizing teacher professional identity inneoliberal times: Resistance, compliance and reform [J]. Education Policy Analysis Archives, 2015, 23 (88).

[6] HARGREAVES A. Emotional geographies of teaching [J]. Teachers College Record, 2001, 103 (6).

[7] HARGREAVES A. Inclusive and exclusive educational change: Emotional responses of teachers and implications for leadership [J]. School Leadership & Management, 2004, 24 (3).

[8] HOOKWAY N. Emotions, body and self: Critiquing moral decline sociology [J]. Sociology, 2013, 47 (4).

[9] HOCHSCHILD A R. The sociology of feeling and emotion: Selected possibilities [J]. Sociological Inquiry, 1975: 45.

[10] HUANG H, LIN X. Chinese parental involvement and class-based inequality in education: the role of social networking sites [J]. Learning, Media and Technology, 2019, 44 (4).

[11] KUPPENS P, VAN MECHELEN I, SMITS D J M, et al. The appraisal basis of anger: Specificity, necessity, and sufficiency of components [J]. Emotions, 2003: 3.

[12] LASKY S. A sociocultural approach to understanding teacher identity, agency and professional vulnerability in a context of secondary school reform [J]. Teaching and Teacher Education, 2005, 21 (8).

[13] LEAVITT J. Meaning and Feeling in the Anthropology of Emotions [J]. American Ethnologist, 1996, 23 (3).

[14] LYNCH K. Love labour as a distinct and non-commodifiable form of care labour [J]. The Sociological Review, 2007, 55 (3).

[15] LOSEKE D R. Examining emotion as discourse: Emotion codes and presidential speeches justifying war [J]. The Sociological Quarterly, 2009, 50 (3).

[16] MAUSETHAGEN S. A research review of the impact of accountability policies on teachers' workplace relations [J]. Educational Research Review, 2013: 9.

[17] MELANIE M K, EVA S B. Teachers' emotions and emotional authenticity: do they matter to students' emotional responses in the classroom? [J]. Teachers and Teaching: theory and practice, 2020, 27 (5).

[18] SHIELDS S A. The politics of emotion in everyday life: "Appropriate" emotion and claims on identity [J]. Review of General Psychology, 2005: 9.

[19] SUN W. Romancing the vulnerable in contemporary China: Love on

the assembly line and the cultural politics of inequality [J]. China Information, 2018, 32 (1).

[20] TARLOW S. The archaeology of emotion and affect [J]. Annual Review of Anthropology, 2012: 41.

[21] THOITS P A. The sociology of emotions [J]. Annual Review of Sociology, 1989, 15 (1).

[22] ZEMBYLAS M. Caring for teacher emotion: Reflections on teacher self-development [J]. Studies in Philosophy and Education, 2003, 22 (2).

[23] ZEMBYLAS M. Emotions and teacher identity: Apoststructural perspective [J]. Teachers and Teaching: theory and practice, 2003, 9 (3).

[24] ZEMBYLAS M. The emotional characteristics of teaching: An ethnographic study of one teacher [J]. Teaching and Teacher Education, 2004, 20 (2).

后 记

社会学家 D. S. 马瑟（Massey D. S.）强调情绪在人类社会生活中的意义，他认为规范和价值是社会结构和情绪大脑（emotional brain）交互作用的结果，共同生活创造出内隐记忆，将行为、体验、思想和主观情绪状态联系起来，并最终塑造出未来的理性行动。[1] 任何社会结构都包含着情绪的持续累积和沉淀、也都在诱发着相应的情绪的生成和表达。

教育与情绪原本是不可分割的。教育虽然强调"传道受业解惑"的认知过程，但这个过程原本就是与情绪/情感浑然一体，比如：对真理的"热爱"，对成就的"钦佩"，对谎言的"愤懑"，对偏见的"蔑视"，对推理谬误的"嫌恶"，对严谨考证的"欣赏"等。情绪一方面提供了重要的线索，助益于我们认识世界，另一方面则是关键的动力机制，支撑和促使我们笃定而持恒地追求理智的旨趣。

进一步地，就教师的职业伦理而言，如前所述，情绪也同样是必不可少的要素。基于传统的二元论观点认为，情绪过盛蒙蔽了人们智慧的眼睛，因而无法专注于德性之美。但笔者认为，情绪恰恰是使我们"看见"，或更确切地说，使我们"体察"到周遭的情境、内在的声音、他者的诉求等。如果抱持冷硬而超脱的"理智"，个体或许能够对面临的情况进行概念化、问题化并且形成某种理论，但他/她往往难以感受到可能的伤害或侮辱，或

---

[1] MASSEY D S. A brief history of human society: The origin and role of emotion in social life [J]. American sociological review, 2002, 67 (1): 1-29.

者无以觉察内心重要的关切。在心理学上，与之一致的是"理智化"（intellectualization）的防御机制，所谓理智化，简单而言，意指面对某些糟糕的感受时，人们借助思考作为应对策略加以回避。由于只是通过脑海中建构起抽象的理论解释，以高度概括性的思维去理解与讲述世界以及自我，并由此而以绕开"具体"，隔离"具体"的方式去认知把握事实。理智化使内心真实的感受得不到体认而被压抑，由此带来的结果是理性与情绪之间的割裂，而如果"理智化"作为教师在真实生活和工作中的主要策略来达到其所谓的情绪管理和调适的目的，那么结果将是令人不安的，比如，霍赫希尔德认为这可能导致与认知失调相似的情感失调，或"异化"。理智化带来的可能后果之一则是让教师的职业伦理建构成为冠冕堂皇却抽象虚幻的空中楼阁。

在教师的伦理发展中，情绪作为个人的"体察"过程应该被强调。情绪不是单纯被文化脉络和机构规则所束缚、刻画和设定的个人经验，不是预先被包装好的（prepackaged）某些反应，情绪更主要是源自肉身的驱使、"心"的觉醒，而非纯的出于理智的算计，"脑"的抉择，情绪是流淌在自我与他者以及周遭世界中间的媒介——它让彼此能够获得感同身受的经验。因此，情绪作为"体察"过程彰显了其本质上的主体间性，即一个人的情绪会引起其他人的情绪，从而形成某种相互的关系。借由"体察"，教师能够拥有敏锐的感受力，以觉知自我、理解和关怀他人。在此基础上，教师才能更好地依托工作场域构建共同体，也是在此基础上，教师的职业伦理建构才会显得丰满而鲜活，温润而包容。

卢梭在《爱弥儿》里写道："生活得最有意义的人，并非那些年岁活得最为悠长的人，而是对生活最有感受的人。"对教师而言，彰显情绪/情感体验的自由和力量，本质上能够协助他们成为更丰富、更敏锐的人，并进而反哺于其教学工作。行文至此，恰有网络新闻述及云南蒙自某中学高三政治教师在晚修课上让学生走出教师，欣赏灿烂的晚霞，这事在网络上好评如潮。其实这些好评的背后，折射了对教师角色中的温柔人性、开阔心怀以及丰满情感的期许与认同。而这位教师不同寻常的做法从学校的章程体制（包括内隐的情绪规范）而言，其实是带有僭越的意味，所以，对该教师的好评如潮的背后，其实也蕴含了对教师情绪表达自由的呼吁和希冀。毋庸置疑的是，生活在机构化的脉络中，人们已习惯了日益渗透的情绪规范的约束，如同福柯的"全景畅视监狱"（panopticon）所喻。于此，该教师推开大门，鼓励学生走出阳台，举目瞭望天边霞光万丈，其实在某种程度上也代表着一个隐喻：向往情绪自在的天性回归。

当代学界的情感转向（affective turn）往往在有意无意之间淡化了社会结构和历史脉络对个体体验的影响，而将宏观的问题转化为个体的情绪问题。比如，将教师的"职业倦怠感"理解为动机缺乏，"愤怒"乃情商低下，焦虑则是认知偏差或过度聚焦等。本课题的研究表明，教师的情绪不是单纯个人的、隐私的事件，而是需要在更为宏大的背景下发生和发展的。那些看似是发生在肉身之躯的感受，其实是跟教育变革乃至全球化的背景相互作用的结果，也可以是源自与社交网络为代表的沟通技术和工具的相互作用的结果。由此，情绪的生成和传导不再依赖于和局限于特定的社会群体和关系纽带，而是直接让个体与置身其中的社会组织氛围相融相通，并进而彼此建构。因此，本课题的意义并非只在于描述前线教师个体的情绪经验——尽管从内容篇幅的角度而言这是重要部分，但实际上是以此而揭示以下的事实：对个体的情绪经验发生和发展的理解需要将其置于更为宏大的背景之下，洞悉其中的关键的结构性要素，包括政策、技术、收入、工作条件和人际关系等带来的微妙而深刻的影响。这些结构性要素构成了雷迪（Reddie）强调的"情感体制"，它们流转于人际交往和互动情境之中，往往是秘而不宣却约定俗成的社会性安排，并且深深地渗透于生活的各个核心领域。借由这些个体经验，本课题试图理解这些容易被忽视的社会性安排，由此而进一步洞悉教师自身的生存境况以及我们共同的时代精神，也为认识教师情绪背后的某些共同成因和未来趋向提供启发式的借鉴。

教师的情绪：社会学研究　>>>

在人们的认识中，情绪通常与颜色相提并论，因为两者都具有相当明显的主观性和经验性。两者之间的联系体现在心理学关于色彩的联觉研究中，比如蓝色代表着安宁、红色代表热烈、黑色代表深沉、粉色代表温暖等。五颜六色构成了万花筒般的日常世界，折射到教师的内心深处，呈现出异彩纷呈的情绪/情感世界。借由情绪/情感，教师如同蜜蜂穿行于绿野繁花，体察其工作与生活有关的冷暖人间，并由此而有了热爱，有了情怀，亦有了自我超越的勇气，进而实现其作为教师的伦理身份建构。确切地说，教师的成长，在很大程度上仰赖于将情绪相关的某些事件或议题提升到意识层面，而获得重新聚焦和关注。与此相随的种种酸甜苦辣，恰恰符合福柯所说的"伦理工作的苦心经营"。在福柯看来，这个过程如同艺术家雕琢作品——人持续地作用于自我并进而创作为伦理的主体，借用F. 皮娜忒李（Pignatelli）的表述，这意味着"承担创意而勇敢地实现'伦理自我'的挑战"。①

G. H. 鲍尔（Bower）认为，情绪是某种赋予我们生活意义的进化方式。他强调，置身于变化莫测的环境中，情绪是个体目标导向行动的伴随品质。情绪的意义不仅在于促进或阻抑个体的行动，而且也蕴含着个体内在的——往往是隐而不宣的目标。② 由此，本课题中最重要的启迪之一是：教师的情绪具备其职业发展和个体成长的合法性——情绪让教师"看见"，看见自己、看见学生、亦看见置身其中的情境脉络。这里的"看见"，如前所述，更是"体察"，需要类似曲径通幽或拨云见日的勇气、忍耐和智慧，才能达至。

对于管理者而言，本课题的意义在于如何在学校层面上主导、营造和运行恰如其分的情绪氛围，或雷迪所言的"情绪政体"。显而易见的是，严格的情绪政体提供强有力的情绪管理工具，借由各种仪式或象征性活

---

① PIGNATELLI F. Mapping the terrain of a Foucauldian ethics: A response to the surveillance of schooling [J]. Studies in Philosophy and Education, 2002, 21 (2): 157-180.
② BOWER G H. How might emotions affect learning [M] //CHRISTIANSON S A. The handbook of emotion and memory: Research and theory. Hillsdale, N J: Erlbaum. 1992: 4.

动，而持续强化某种特定的情绪，但这往往是以栖身于此的教师的自我探索和导航空间的自由为代价。作为替代性的思考，本课题对学校管理者的启迪是：建构适度宽松的情绪氛围，允许教师在师生之间、同侪之间、学科/处室/社团之间存在多样的、丰富的情绪管理手段，并鼓励彼此交融与对话，从而让教师的情绪体验和由此昭示的自我探索有着更具建设性的意义。